转型期农业发展与农民增收

盛来运　主编

中国统计出版社
China Statistics Press

图书在版编目(CIP)数据

转型期农业发展与农民增收 / 盛来运主编. —— 北京：中国统计出版社，2016.3

ISBN 978—7—5037—7757—8

Ⅰ. ①转… Ⅱ. ①盛… Ⅲ. ①农业发展—研究—中国 ②农民收入—收入增长—研究—中国 Ⅳ. ①F323 ②F323.8

中国版本图书馆 CIP 数据核字(2016)第 048430 号

转型期农业发展与农民增收

作　　者/盛来运
责任编辑/郭　栋
封面设计/黄　晨
出版发行/中国统计出版社
通信地址/北京市丰台区西三环南路甲 6 号　邮政编码/100073
电　　话/邮购(010)63376909　书店(010)68783171
网　　址/http://www.zgtjcbs.com/
印　　刷/北京九州迅驰传媒文化有限公司
经　　销/新华书店
开　　本/710mm×1000mm　1/16
字　　数/260 千字
印　　张/27.5
版　　别/2016 年 3 月第 1 版
版　　次/2016 年 3 月第 1 次印刷
定　　价/68.00 元

编　委　会

前　言

“重农固本，安民之基”，对于中国这样一个人口大国，农业始终是安天下、稳民心的根基产业。《中共中央关于制定十三五年规划的建议》指出，农业是全面建成小康社会、实现现代化的基础，进一步凸显了党对“三农”工作的重视。近年来，国民经济整体呈现增速换挡、结构优化、动力转换的新常态，农业发展环境和条件发生了深刻变化。一方面，工业化、城镇化、信息化、市场化、国际化深入推进，产业结构、居民消费结构加快升级给农业发展带来巨大机遇；另一方面，农业发展面临着资源环境约束强化、生产成本上升、务农劳动力数量减少等严峻挑战。我国农业如何抓住历史机遇、应对风险挑战，不仅决定了新的历史时期农业现代化的道路选择和实现程度，而且也将对我国宏观经济的结构性改革和转型升级产生深刻影响。

“三农”领域涉及的问题很多，抓住关系全局的根本性问题对推动农业发展至关重要。2015 年 4 月 30 日，习近平总书记在中共中央政治局第二十二次集体学习时指出：“要加快推进农业现代化，夯实农业基础地位，确保国家粮食安全，提高农民收入水平。”可见，现阶段粮食安全问题、农民增收问题是“三农”领域的重中之重，是新常态下农业发展的根本性问题，而为了实现这两个方面的协同发展，就必须加快推进农业现代化，改革现有的农业生产模式，以适应新常态下农业发展的需要。

国家统计局综合司组织全国省级统计局和调查总队的综合统计分析部门，集中力量对上述影响全局的农业发展问题进行了研究，研究重点聚焦粮食生产，农民增收以及农业规模化经营三个方面。通过大量专题调查、理论研究、实证分析和案例剖析，形成了一批质量较高的研究报告，也从中收获了一些有价值的研究结论，主要内容综述如下：

(1)粮食供给需求分析与未来粮食安全展望

粮食的供需关系直接决定粮食的安全问题。近年来,我国粮食连年增产,但未来粮食供需情况会发生什么变化?影响我国粮食生产的因素有哪些?我国粮食安全在未来将会面临怎么样的挑战?为了提高对粮食安全问题的认识水平,有必要对这些问题进行系统的研究。

改革开放以来,我国粮食产量总体呈较快增长趋势。2015 年全国粮食产量达 62144 万吨,较 1978 年增加 1.04 倍,年均增速为 1.9%。特别是在 2004～2015 年间,粮食产量实现十二连增。伴随着国内粮食产量的增长,粮食需求也保持快速增加的趋势。2004～2012 年,工业用粮、饲料用粮、口粮的年增长速度分别达到 9.4%、2.3%、0.7%。尽管我国粮食产量实现连续增长,但是为了满足国内粮食消费需求,中国粮食进口也在逐步增加,并在 2004 年后长期成为粮食净进口国。对于"十三五"期间粮食供求情况,基于 BP 神经网络模型的研究显示,预计到 2020 年全国粮食产需缺口为 10012 吨,而粮食进口量将超过 11000 吨。由此看出未来中国的粮食安全问题不容忽视。

粮食生产与物质和科技投入、国家政策、自然条件等因素密切相关。

物质和科技投入在促进粮食生产中起到了重要作用。以山西省为例,基于柯布一道格拉斯函数的生产模型显示,农业化肥施用量对粮食生产的影响在该模型诸要素中最大,在其他要素保持不变的情况下,农用化肥施用量每增加 1%,粮食产出可增加 0.5%。根据山东调查总队的研究,粮食增长与农业机械总动力、科技进步贡献率的灰色绝对关联度分别达到了 0.9905 和 0.9135。然而在物质与科技投入方面,我国农业仍然存在着一些问题。根据甘肃调查总队的调查研究,甘肃省玉米制种行业存在着科研实力薄弱、产品质量良莠不齐、行业无序竞争等问题,这也使得其受到国外制种企业的冲击。因此,加大物质和科技投入对促进粮食生产至关重要。

国家政策与粮食生产之间也存在着密切的关系。其中,土地制度直接影响农民的生产积极性,从而影响粮食产量。陕西调查总队的研究表明人民公社化的土地制度对粮食产量存在明显的负向效应,影响程度均值为−2.33%;家庭联产承包制对粮食产量存在正向效应,影响程度均值为1.84%;土地承包经营权流转制度对粮食产量的正向影响均值为1.79%,与家庭联产承包制的影响相当。对历史数据的实证研究也很好地支持了这个结论。可见,建立土地流转制度对提高农民积极性,促进粮食生产将起到重要作用。自2004年以来,国家陆续出台了一系列粮食补贴政策。广西调查总队针对粮食补贴政策的研究表明,在全国范围内,粮食补贴政策调动了农民的生产积极性,对粮食增收起到了很好的促进作用。以广西省为例,基于VAR模型的方差分析显示来自种粮补贴对每亩总产值预测误差的贡献程度稳定在60%左右。可见,粮食补贴对每亩粮食产值的变动具有重要的作用。当然,粮食补贴政策中依然存在着一些弊端有待解决,特别是现行的"普惠制"农业补贴机制需要进行有针对性的调整。在进行补贴时,应当摒弃平均主义的倾向,而向粮食主产区、种粮大户、种粮能手倾斜,起到引导农业产业结构调整优化,淘汰落后的生产方式的作用。

自然条件对于农业生产起到了决定性的作用。水资源、土壤、光照、温度、灾害等自然因素都会直接对农作物的生产造成影响,也决定了各地的粮食供应结构。以山西省为例,由于自然灾害等因素的影响,山西省粮食产量呈现出较大的波动。另外由于地理环境和气候条件的复杂性,山西的粮食供给结构呈现出品种结构不对称的情况,其中小麦的缺口在2011年达到了56%,近年来稻谷的缺口甚至达到了99%以上。而诸如高粱、大豆却略有剩余。由于其得天独厚的自然优势,新疆的粮食产量在改革开放以来快速增长,人均占有粮食远超全国平均水平以及国际公认粮食安全警戒线。自然条件不同于科技投入、土地制度等因素,具有一定的客观性。因此各地需因地制宜,在考虑当地客观条件的优势和不足的前提下,进行农业基础设施建设和自然灾害防治工作。

(2)农民收入变化及收入增长动力剖析

我们党历来高度重视农民收入问题,习近平总书记曾指出,中国要富,农民必须先富。没有农村的小康,就没有全面小康。可见,农民收入问题作为"三农"问题的核心值得重点关注和深入研究。农民收入现状如何?未来又会有怎样的发展趋势?农民增收的动力源泉在哪里?这些问题关系到全面小康的实现,需要深入分析。

经过改革开放三十多年来的发展，农民收入总量和收入结构均发生了根本性的变化。2015 年，全国农民人均可支配收入达到 11422 元。在收入总量不断提高的同时，农民收入结构也在发生着变化。各地的数据一致显示，尽管在量上保持增长，家庭经营收入在农民收入中所占的比重正在逐渐降低，而第一产业收入在家庭经营收入中比重也逐渐降低。与此同时，工资性收入和转移性收入占比逐年提高。

伴随着农民收入结构的变化，农民收入与粮食生产之间的相关性也在减弱。江西调查总队对改革开放以来江西粮食生产和农民增收之间的关系进行了分析。模型结果显示，粮食生产和农民增收之间并不存在显著因果关系。这说明当前农民收入结构已经出现了根本性转变，在各地，农民收入的主要来源已经或正在由农业转为非农业。这一现象表明单纯依靠粮食生产已无法保证农民增收的目标，反而可能产生“增产不增收”的困境。

传统农业生产模式动力的枯竭是造成粮食增产与农民收入增加不协调甚至相背离的根本原因。以黑龙江主栽作物水稻、玉米、大豆为例，2013 年三大作物平均亩产 644 斤，比 2004 年仅增加了 40 斤，年均增长率仅为 0.7%。而基于 GLS 估计面板模型的关于宁夏产粮大县影响农民收入因素的研究显示粮经比例(粮食作物面积与经济作物面积的比值)在诸因素中影响最小。可见简单地扩大生产规模无益于农民增收。而另一方面，尽管城镇化进程能够吸纳就业，增加农民收入，但是也会造成土地撂荒，耕地紧张，威胁到粮食安全问题。

(3)推进土地规模化经营与新型农业生产方式

农业生产方式直接影响农民生产积极性和生产效率，而以家庭农场为代表的农业规模化经营是否是农业现代化的必然选择？新型的农业生产方式又面临怎样的机遇和挑战？围绕这些问题，我们进行了一些探索研究。

目前，我国农业生产仍然以传统散户经营为主，存在着土地经营分散，户均面积小，机械化水平、组织化水平不高等问题。2012 年，我国人均粮田面积仅为 1.35 亩，不到美国的 1/4；劳均耕地面积为 6 亩，不到美国的 1/100。耕地不足问题直接制约了农民增收。另外，我国农业机械化水平也较低。在农业生产中,我国拖拉机使用量仅为日本的0.06%;联合收割机的使用量相当于日本的0.03%。这无疑提高了农业的生产成本,降低了农业生产效率,阻碍了城镇化进程。可见,土地规模化经营势在必行。而家庭农场作为一种土地规模化经营的有效模式正在逐渐受到越来越多的关注。

2013年,中央“一号文件”在政府层面首次提出了家庭农场概念。家庭农场是指以家庭成员为主要劳动力,从事农业规模化、集约化、商品化生产经营,并以农业收入为家庭主要收入来源的新型农业经营主体。近年来,家庭农场这种新型农业经营方式在国家政策的大力支持下得到了迅速的发展,产生了很好的经济效益和社会影响。但与此同时,这种模式也面临着一些问题与挑战。

要使家庭农场模式得到进一步的发展,首先应当进一步推进土地制度改革。土地确权是家庭农场模式的前提,如果土地产权和承包经营权不明晰必然会阻碍土地流转,从而对家庭农场的发展造成不利影响。一些地区由于土地流转中各方的权利义务关系不明晰,农民对政策不了解、不信任,给土地流转带来了一些问题:如土地难以成片、流转形式多为出租转包、土地流转期限较短、流转合同不规范、土地价格较高、可流转土地不足等。这都给家庭农场的生产经营造成了较大的困难。比如,土地分布分散不利于机械化生产,而租期较短使得农户不愿意经营农业周期较长的项目。另外由于缺乏纠纷调解机制,为了降低交易成本,农民更乐意与将土地流转给同村村民而不是“外人”。例如,吉林省的调查显示,62.7%的农场主认为“可供流转的土地太少”;57.3%的农场主认为“土地权属不稳定”;31.8%的农场主认为“流转信息不畅、流转中介服务少”。因此应当加大土地流转政策宣传力度、建设土地流转交易平台、完善流转机制,降低土地流转中的交易成本,从而促进家庭农场的经营发展。

完备健全的农业社会化服务体系是家庭农场发展的动力保障。土地流转集中了分散的土地,但是土地被集中起来并不代表规模化经营的实现。在融资方面,根据江苏省的调查结果,85.3%的受调查农场表示农场投入基本依靠自有资金。据江苏省农委统计,全省3.38万个家庭农场中,获得过银行贷款支持的家庭农场有1296个,比例仅为3.8%。而对河南省的调查显示，超八成农场有融资诉求。因此需要切实解决家庭农场融资难问题，为农户提供便捷的融资渠道。在生产销售方面，天津市的调查显示，大多数家庭农场是通过互联网自行搜索农业生产经营信息，而得到过政府相关部门提供的专门性生产经营信息的仅占 3.7%。而互联网上的信息鱼龙混杂，农户很容易受到误导进而出现市场判断失误。因此，对于农业基础设施建设、农业科技推广、社会保障服务等方面，应该结合家庭农场的特点，适当向其做出倾斜和调整。

党的十八届三中全会明确指出，推进以人为核心的城镇化，促进城镇化和新农村建设协调推进。推进农业规模化经营也应该以人为核心，即一方面应当破除城乡二元体制障碍，推进农民市民化，另一方面应当提高农民的素质和科学文化水平。首先，为了实现土地流转正常进行和农业经营规模化，就需要保持农业新型经营主体（家庭农场等）的土地需求与农民退出释放的土地供给基本同步，这与城镇化的目标是一致的。其次，相对于过去的散户经营，规模化的经营模式对农场主的科学文化知识和管理水平提出了更高的要求，但是在各地存在着受教育程度不足的问题，如天津市受调查的家庭农场主中有 74.1%只有初中文化水平，吉林省受调查的 110 个家庭农场中，农场主小学文化水平 15 人，初中文化水平 69 人。虽然大部分农场主生产经验丰富，但是囿于学历、理念等因素，很难承担起现代农业发展的重任。为解决这个问题，一方面国家应该想方设法吸引人才，留住人才；而另一方面则需要狠抓农村基础教育，提高农村人口教育水平，为农业生产储备人力资源；另外，需要及时开展职业培训，让农场主及时“充电”，助力家庭农场生产经营。

通过产业链拓展与规模化经营可以极大地提高农业生产效率，帮助农民增收。以湖北荆门为例，沙洋县金鑫惠家庭农场采取“香稻嘉鱼”模式，在不改变基本农田用途的前提下，实现亩平均纯收入过万元，较之传统种粮模式提高 10 倍；京山县高田生态鱼鳖养殖合作网络在采取鱼鳖混养养殖模式后，使常规养殖利润翻番，达到 6000 元/亩。根据广东省调查总队的研究，截至 2013 年底，广东省梅州市农民专业合作经济组织共实现经营总收入约 15 亿元，带动农户增收约 20%以上。这些例子都证明在规模化经营的前提下，通过转变农业结构并拓展价值链，可以大幅提高农产品的增加值和农业经济效益，实现农民增收。

农产品的销售作为整个农业生产循环中的最后一个环节其重要性不容忽视。湖北省荆门市大力发展订单农业，由农户与农民专业合作经济组织或者是当地农业产业化龙头企业签订购销合同，由此确保农产品在产、销环节不脱节，让农民不愁卖、价格好、收入增。同时这些合作经济组织和龙头企业还向农民提供技术指导，进一步提升了农业生产效率。而海南省则借电子商务的东风，着手培育新兴涉农电商，大力发展特色农产品电子商务，呈现出喜人态势。在 2014 年一季度，海南农产品网上销售额达到 15 亿元，其中生鲜产品销售额呈几十倍增长。自 2013 年 12 月淘宝网"特色中国—海南馆"正式开馆以来，进驻商家 540 家，共销售 6000 个品种的商品。截至 2014 年 7 月累计网上成交额上亿元。

最后，在城镇化进程不断推进的条件下，农村过剩劳动力、留守儿童、孤寡老人等问题如果得不到解决，农业的发展，农村的稳定就无从谈起。因此，首先应该着力提高农村人口素质，普及义务教育。并针对成年人提供职业技能培训与就业指导。与此同时，应当统筹公共服务，妥善解决农民就业、教育、医疗以及社会保障问题，消除农民的后顾之忧。

农业问题关系经济社会发展乃至国家民族命运，其重要性不言而喻。而无论从广度还是深度上来考察，这都是一项重大而复杂的系统工程。囿于水平有限，该课题研究内容还存在这一些疏漏，研究方法也有不足，研究结果只是课题组的一些粗浅的认识。希望本书能够抛砖引玉，为解决粮食安全问题，提高农民收入，推进农业现代化贡献一份微薄之力。

最后，要感谢各级领导对该课题研究的鼎力支持，同时要感谢各省市自治区调查总队的同志，现在的研究成果离不开他们的辛勤付出。

编　者

2015 年 12 月于北京

目　录

第一部分　粮食安全

第二部分　农民收入增长

第三部分 家庭农场和土地规模经营

第一部分　粮食安全

第一章　我国粮食供求及“十三五”时期趋势预测

摘要：本文分析了改革开放以来我国粮食供求状况，基于BP神经网络模型预测了“十三五”时期我国粮食供求变化趋势，分析了粮食安全方面存在的隐忧。研究发现：“十三五”期间我国粮食产量将在波动中提高，粮食消费总量将平稳增长，其中饲料粮和工业用粮需求增幅较大，粮食供需缺口有所扩大。建议要进一步完善粮食安全调控机制，稳步提高粮食综合生产能力，合理引导粮食消费结构调整，充分利用国际资源促进粮食贸易平衡，加强粮食流通体系建设。

对于我国这样一个拥有13亿多人口的发展中大国来说，如何解决我国粮食供求矛盾，保障国家粮食安全是关系全局的一个重大战略问题。本文分析了改革开放以来我国粮食供求状况，基于BP神经网络模型预测了我国粮食供求变化趋势，提出了政策建议。

一、改革开放以来我国粮食供求变化情况

（一）粮食生产

改革开放以来，我国粮食产量总体呈较快增长态势。2013年全国粮食产量达60194万吨，较1978年增长97.5%，年均递增2.0%，具体可分为4个阶段。

第一阶段（1978～1984年）：粮食产量持续大幅增长。1978至1984年，全国粮食产量年均增长5.0%。在这一阶段，粮食增长主要受单产水平提高驱动。1984年，全国粮食播种面积较1978年下降6.4%，但粮食单产则增长了42.8%。

第二阶段（1984～1998年）：粮食产量波动中增长，增速有所下降。单产

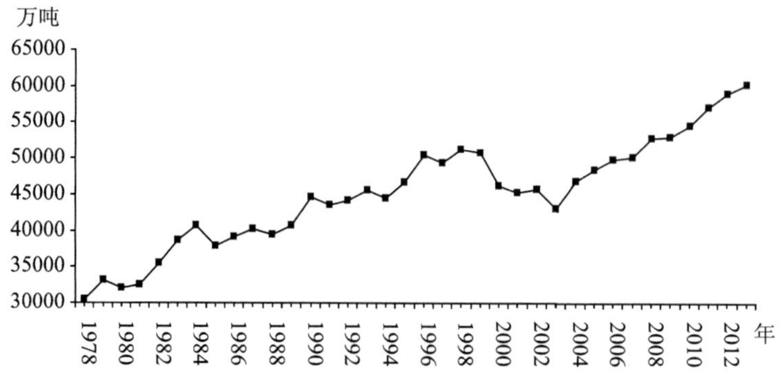

图 1　1978～2013 年中国粮食总产量

水平提高仍是该阶段粮食总产量提高的主要驱动因素。1998 年较 1983 年全国粮食总产量增加 10499 万吨，增长 25.8%，年均增长 1.7%。其中，粮食播种面积增长 0.8%，单产提高 24.8%。

第三阶段(1998～2003 年)，粮食产量持续减产。该阶段的突出特点是：不仅粮食播种面积有较大程度减少，单产水平也有所降低。2003 年，全国粮食产量仅为 43069.5 万吨，较 1997 年减少 15.9%，年均递减 3.4%，为 1990 年以来的最低水平。

第四阶段(2003～2013 年)：粮食产量持续增加。2003～2013 年，全国粮食增产 17124 万吨，增长 39.8%，年均增长 3.4%，其中，播种面积增长 12.6%，单产增长 24.1%，对粮食增产的贡献分别为 31.7%和 68.3%，粮食播种面积的扩大和单产水平的提高，同时支撑着粮食总产量的增加。

(二)粮食净进口

中国是世界人口第一大国，虽然国家粮食自给能力不断增强，解决了人民吃饭问题，但国内粮食[①]需求持续增长，中国粮食进口也逐步增加，已成为粮食贸易大国，在世界粮食市场上占有重要地位。

一是贸易规模不断扩大，总体以进口为主。2012 年中国净进口粮食 7747 万吨，比 1980 年增长 5 倍，年均增长 5.8%。2004 年以前，中国粮食净进口数量不大，并有若干年为净出口。2004 年以后，中国粮食净进口量快速增长，并长期为粮食净进口国。此后，中国粮食净进口数量几乎一年一个台阶，于 2012 年突破 7000 万吨，直逼 8000 万吨大关。

① 粮食按作物品种包括谷物、薯类和豆类，而谷物主要包括稻谷、小麦和玉米等。

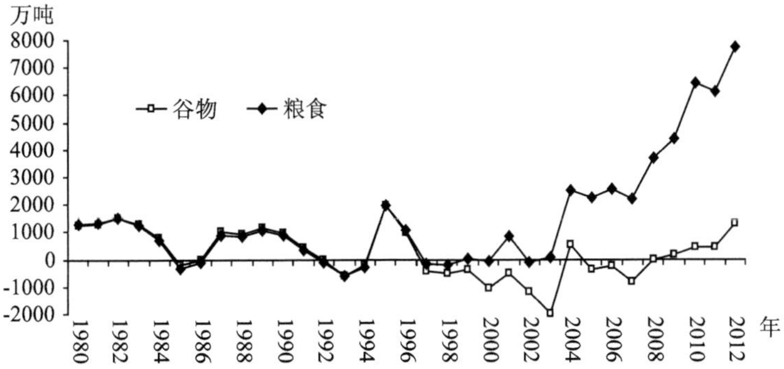

图 2　1980～2012 年中国粮食和谷物净进口数量

二是贸易品种结构不平衡，波动性较大。从结构看，中国主要出口玉米、大米，进口小麦。玉米和大米总体为净出口，小麦总体呈净进口。其中，玉米出口量很大，波动也相当大，净进口量峰值与谷值之差达 2146 万吨，大米进出口量较稳定，波动较小，但两者出口量均呈逐年下降趋势，近几年均为净进口，特别是 2012 年净进口量分别达到 495 万吨和 209 万吨，创 1980 年以来新高，均比 1980 年增长 2.2 倍；小麦进口量明显下降，出口量有所增长，净进口量波动较大。

粮食总产量与净进口量，构成我国粮食的总供给量。改革开放以来，我国粮食总供给量逐年上升，从 1991 年的 43866 万吨增加到 2012 年的 66705 万吨(表 1)。

表 1　1991～2012 年中国粮食供应总量

单位:万吨

年　份	粮食	谷物	＃稻谷	＃小麦	＃玉米
1991	43866	40014	18326	10832	9099
1995	48629	43588	18682	11378	11706
2000	46176	39459	18520	10052	9553
2001	46099	39116	17599	9385	10813
2002	45609	38602	17279	8994	10965
2003	43123	35443	15830	8443	9944

续表

年　份	粮食	谷物			
			＃稻谷	＃小麦	＃玉米
2004	49431	41659	17894	9812	12797
2005	50629	42389	18042	10038	13073
2006	52340	44853	18121	10757	14857
2007	52358	44801	18518	10633	14742
2008	56534	47820	19126	11219	16569
2009	57479	48339	19467	11577	16392
2010	61068	50088	19553	11613	17869
2011	63223	52368	20108	11833	19439
2012	66705	55237	20633	12472	21056

(三)粮食需求

在人口增长、饮食结构变化、农产品加工、生物、医药、能源产业发展等共同影响下，中国包括口粮消费、饲料消费、工业消费在内的粮食需求持续增长。从三大类来看，工业用粮和饲料用粮增长较快，而口粮需求缓慢增长。2012 年工业用粮消费量达 10130 万吨，较 2003 年增长 123.8%，年均增长 9.4%；饲料用粮紧随其后，2012 年消费量达 14722 万吨，较 2003 年增长 23.1%，年均增长 2.3%；口粮消费量虽仍最多，为 25389 万吨，但较 2003 年仅增长 6.9%，年均增长 0.7%。

分品种看，作为工业和饲料用粮主力的玉米和小麦，消费快速增长，增速明显快于口粮为主的稻谷。2012 年玉米消费量达 20000 万吨，超过稻谷成为粮食第一大消费品种，较 2003 年增长 50.5%，年均增长 4.7%；小麦消费量 12417 万吨，较 2003 年增长 15.5%，年均增长 1.6%。2012 年稻谷消费量为 19961 万吨，较 2003 年增长 5.6%，年均增长 0.6%，其中口粮增长 8.7%，年均增长 0.9%，工业用粮增长 8.0%，年均增长 0.9%，而稻谷的饲料用粮作用持续削弱，导致消费下降 18.3%。

表 2　2003～2012 年稻谷、小麦、玉米消费量

单位：万吨

年份	稻谷				小麦				玉米		
	国内消费量	食用消费量	饲料用粮	工业用粮	国内消费量	食用消费量	饲料用粮	工业用粮	国内消费量	饲料用粮	工业用粮
2003	18900	15690	1936	1121	10747	8050	923	731	13285	9100	2675
2004	18791	15690	1754	1094	10697	8000	923	731	13445	9100	2830
2005	18766	15590	1779	1144	10572	7950	903	701	14075	9350	3180
2006	18242	15200	1779	1144	10600	7900	948	721	14435	9300	3580
2007	18079	15200	1660	1100	10622	7800	950	1400	14595	9000	4080
2008	18118	15450	1500	1050	10440	8000	1000	970	14623	9280	3830
2009	18869	16150	1550	1050	10609	8050	1040	1050	17070	10500	5000
2010	19400	16550	1630	1100	11049	8150	1080	1350	17800	10780	5350
2011	19840	16900	1618	1200	12219	8300	1150	2300	19111	11600	5700
2012	19961	17058	1582	1210	12417	8332	1182	2654	20000	11957	6265

注：图 3 和表 2 数据是根据《中国统计年鉴》、农业部软科学委员会办公室提供的相关数据推算。

二、“十三五”期间我国粮食产量和消费量预测

本文利用 BP 神经网络对我国“十三五”时期粮食产量和消费量进行预测。BP(Back Propagation)网络是 1986 年由 Rumelhart 和 McCelland 为首的科学家小组提出的，是一种按误差逆传播算法训练的多层前馈网络，是目前应用最广泛的神经网络模型之一。BP 网络能学习和存贮大量的输入—输出模式映射关系，而无需事前揭示描述这种映射关系的数学方程。它的学习规则是使用最速下降法，通过反向传播不断调整网络的权值和阈值，使网络的误差平方和最小。BP 神经网络模型拓扑结构包括输入层(input)、隐层(hidden layer)和输出层(output layer)。

(一)粮食产量预测

本文选用以下影响未来粮食产量的因素进行分析和预测：前期粮食产量(万吨)、粮食作物播种面积(千公顷)、农业机械总动力(万千瓦)、有效灌溉面积(千公顷)、农用化肥施用量(万吨)、农村用电量(亿千瓦时)、农业灾害成灾面积(千公顷)、全国人口(万人)、农林牧渔业总产值(亿元)。定义 X_i 为影响某年粮食产量的第 i 种主要影响因素，Y 为 j 年的粮食产量。将数据

分为两类，前 35 组（1978～2012）样本数据设为训练样本，2013 年的样本数据设为检验样本。设置一组检验样本主要是为了检验网络是否具有一定的泛化能力。利用训练样本数据预测 2013～2020 年的粮食产量。设定训练样本中输入向量为 $p=X_i$，输出向量为 $t=Y$。

隐含层神经元个数的确定。确定输入层神经元的个数为 8，输出层神经元的个数为 1。其中 n 为输入层节点数，m 为输出层节点数。隐层节点数取值区间为 $c\in[\sqrt{2n+m}, 2n+m]$，得出隐层节点数的范围为[4，17]，而最佳的节点数还是要通过实验来确定，运用 MATLAB 进行仿真实验，可知从 4 开始，随着节点数的增加，训练误差逐步减少，但测试误差在 8 处达到最小，为了兼顾训练时间和测试误差，选择了 8 个节点。BP 神经网络是一个具备高度自学能力的模型，故输入层权值和阈值初始值对最终结果没有太大影响，好的初始值会减少运算时间，加快模型的学习，故这里选取系统默认值。

根据 BP 神经网络的计算原理，学习速率的取值范围为 $0<lr<1$，学习速率在 0.01 左右是比较好的，故本文选取 $lr=0.01$。经过 1000 次迭代训练，达到事先设定的收敛精度要求，训练结束，训练的网络误差学习曲线如图 3：

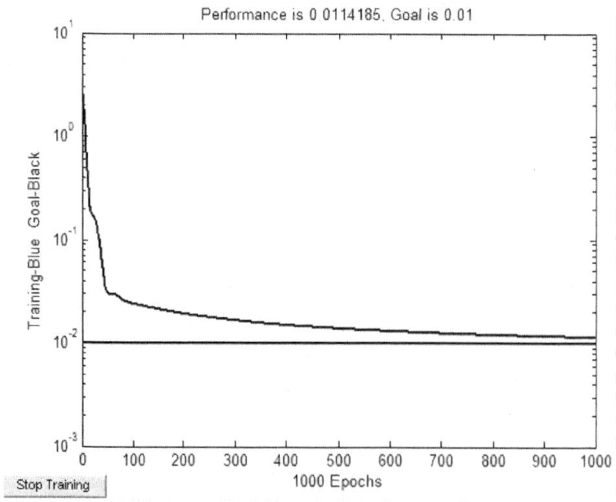

图 3　BP 神经网络学习曲线图(粮食产量)

2013 年全国粮食总产量基于 BP 神经网络的预测值与真实值之间的误差率为 0.007，说明用 BP 神经网络对我国粮食产量的预测效果较好。预测结果显示，粮食产量波动上升，到 2020 年我国粮食总产量达到 63399 万吨，比 2013 年增长 5.3%。其中稻谷、小麦、玉米分别达 21087 万吨、13007 万吨和 24009 万吨,分别增长 3.6%、6.7%和 9.9%。具体预测结果如表 3。

表 3 2013～2020 年全国粮食产量预测

单位:万吨

	2013		2014	2015	2016	2017	2018	2019	2020
粮食	60194	60635	61338	61954	62862	61546	62435	62515	63399
稻谷	20361	20148	20326	20650	20723	20536	20709	20995	21087
小麦	12193	12114	12399	12398	12506	12730	12896	12900	13007
玉米	21849	21875	21971	22060	22675	22818	23337	23835	24009

注:2013 年第一列为实际产量,第二列为预测产量。

(二)粮食消费需求变化趋势预测

选用以下影响因素对粮食消费需求进行预测:前期粮食产量(万吨)、全国人口(万人)、城镇化率(%)、工业化进程(工业占 GDP 比重,%)、居民收入(利用城镇居民与农村居民收入加权平均计算,元)、粮食价格指数、农林牧渔业总产值(亿元)。

选用 BP 神经网络进行预测,利用前 35 组(1978～2012)样本数据设为训练样本,学习速率的取值范围为 $0<lr<1$,学习速率取 0.01。经过 4000 次迭代训练,达到事先设定的收敛精度要求,训练结束,训练的网络误差学

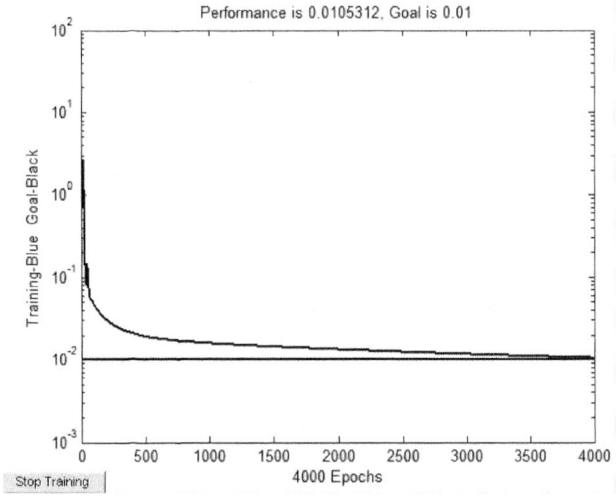

图 4 BP 神经网络学习曲线图(粮食需求)

习曲线如图 4 所示。

利用 BP 神经网络预测显示,“十三五”时期我国粮食消费需求量将平稳增长,口粮消费保持基本稳定,饲料用粮和工业用粮持续增加。稻谷和小麦的需求保持稳定,玉米、大豆和杂粮的需求呈现规模和比重双增的态势,饲料粮将会继续成为我国粮食需求增长的主体,工业用粮的需求仍将迅速扩张。预测表明,到 2020 年,我国粮食需求总量将达到 73411 万吨。

表 4　2013～2020 年粮食消费量预测

单位:万吨

	2013	2014	2015	2016	2017	2018	2019	2020
粮　　食	63414	64769	66153	68565	71006	71877	72678	73411
谷　　物	53128	53890	54663	55447	56242	57048	57867	58696
口粮消费	25580	25771	25964	26159	26355	26552	26751	26952
饲料用粮	14948	15177	15410	15647	15887	16131	16379	16631
工业用粮	10774	11460	12189	12964	13789	14666	15599	16592

(三)粮食产需平衡分析

1. 粮食产需缺口有所增大。预计到 2020 年全国粮食产需缺口为 10012 万吨,主要由国外进口粮食补充,粮食进口量将超过 11000 万吨。

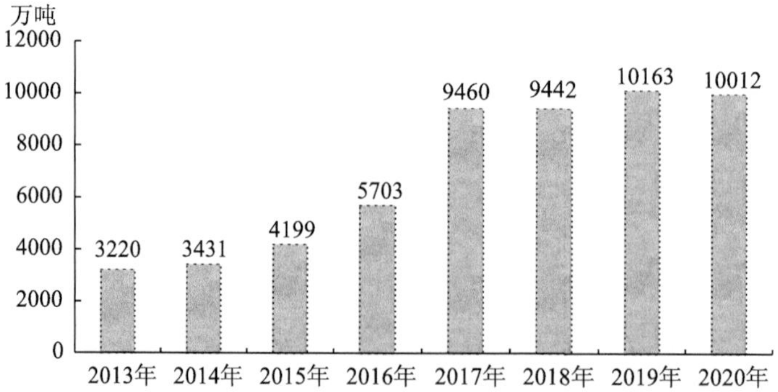

图 5　“十三五”期间我国粮食产需缺口预测

2. 谷物产需基本平衡。“十三五”期间,我国谷物产量和消费量之间基本保持平衡,到 2020 年谷物(包括稻谷、小麦、玉米)消费量预计达到 58696 万吨,谷物产量达到 58103 万吨。在“十三五”前期产量超过消费量,到后期,消费量略高于产量,到“十三五”末期,我国谷物产需基本平衡。

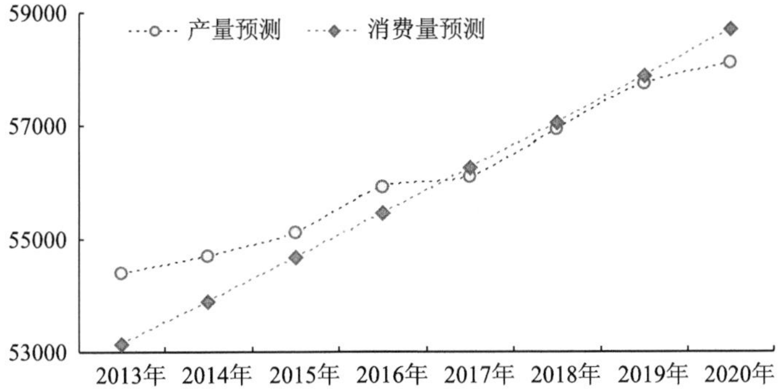

图6　谷物产需预测图

三、构筑我国粮食安全的政策建议

(一)完善粮食安全调控机制

一是要建立政府责任体系。由于公共产品、市场垄断、外部经济、信息不对称等原因,以及粮食生产受价格调节之后、粮食产业的天然弱质性等原因,粮食市场必须在充分发挥市场配置资源的前提下,建立政府责任体系,政府要通过建立宏观政策组合,提高政府对粮食市场的宏观调控能力。二是要完善粮食产业政策。完善财政支出结构,加大农业基础设施改造、农业科研和推广力度,提高收入补贴和农业结构调整补贴规模,提高农业财政投入的比重。建立由目标价格、最低收购价和市场价格构成的粮食三元价格体系。平衡粮食主产区与主销区关系,完善利益补偿机制。三是要加强风险管理体系建设。建立短期、中期及长期粮食供求紧平衡预警模型及指标系统,最大限度实现政府为粮食安全付出成本最小化、农民获得粮食价格的收益最大化。设立粮食安全管理组织和机构,创新粮食安全风险管理工具和产品,完善粮食安全风险管理制度和政策。

(二)稳步提高粮食综合生产能力

一是要继续实行最严格的耕地保护制度,确保18亿亩耕地红线不动摇,严格审批农地转用,积极推进土地开发复垦,加大补充耕地投入,保障粮食自给的能力。二是要加强水资源有效利用。严格执行用水配额管理制度,在流域区域用水上加强管控;同时实行分阶段分区域有偿用水制度,利用价格杠杆对水资源的配置进行调节。三是要加强基础设施建设。加大政府投资特别是中央政府投资，多方式多渠道吸引社会资本投入，加强大型农田水利设施建设。四是加快粮食主产区建设。按照资源禀赋、生产条件和增产潜力等因素，加快建设粮食生产核心区和开发后备产区。实现主要粮食作物全程机械化、生产专业化和标准化，提高产业链配套水平，提高粮食产业的经济利润水平。五是强化生产资料供给。通过补贴降低农资价格，加强质量和价格监管，提高生产资料的技术含量，保证种子、农药、化肥等基本农用生产资料供给。六是提高自然灾害防御能力。加强农业灾害保险，完善农业保险体系。加大科研力度，培育耐寒、耐旱、耐涝、耐虫等特性的粮种，提高抗灾能力。

（三）合理引导粮食消费结构调整

一要提倡科学健康的粮食消费观。随着我国经济发展和群众消费水平的提高，粮食消费中谷物消费比重将继续下降，肉、蛋、奶和植物油的比重会持续提高，应提倡和推广植物性食物为主、动物性食物为辅，“中热量、高蛋白、低脂肪”的消费模式。二要多方开辟饲料资源。合理调整种植结构和养殖结构，扩大高效饲料作物种植，充分利用饼粕、糠麸、糟渣、秸秆等原料制作混合饲料，提高饲料转化率，缓解饲料对粮食需求的压力。三要严格控制加工用粮。我国的基本国情决定了我国不能以牺牲粮食安全为代价来发展生物能源，应严格控制利用玉米、油料等作物来制作生物质原料。四要减少粮食浪费。据估算，在消费环节，全国每年浪费食物总量折合粮食约1000亿斤，可供养约3.5亿人一年的需要，相当于全国粮食总产量的十分之一。此外，在种植、收获、储藏、运输、加工等环节也存在巨大浪费。因此，减少粮食浪费，对降低粮食需求和保障粮食安全意义重大。五要开发非粮食物资源。积极发展优质畜牧业、水产养殖业、远洋渔业、油料豆类果蔬类及野生食品类等非粮食物，拓宽食物源，提供非粮食物共计，补充和调整粮食消费结构。

（四）积极利用国际资源促进粮食贸易平衡

一要积极利用国际资本。创新投融资体制，创造良好投资环境，引导外资投资农资生产、农技服务和农业基础设施建设。二要推动国际技术贸易。加强政府间、政府与国际组织合作，以无偿或低成本获取技术援助、科技合作、学术交流、技术考察等技术转移。三是有效分解国际压力。与主要粮食出口国签订长期稳定的粮食进口合同，稳定获取粮食资源。加快自由贸易区建立步伐，加强各成员国在农业方面的合作。加强海外投资，建立海外农产品供给基地和化肥基地，有效避免国际粮食价格波动和化肥价格垄断。

（五）加强粮食流通体系建设

一是加强粮食储备体系建设。优化中央和地方储备粮布局，调整粮食库存储备结构。加强中央储备粮宏观管理，维护粮食市场平稳运行能力。深化地方储备粮体系改革，落实粮食安全责任。二是要加强粮食物流体系建设。建立沟通协调机制，统一协调政策性和经营性粮食物流的组织和运行。加强流通基础设施建设，统筹规划、整体推进，提升粮食运输能力。改造跨区域粮食物流通道，编制粮食现代物流网络，畅通北粮南运通道，加强西部与中东部粮食运输通道建设。建立粮食物流公共平台，提高物流效率。

完 成 单 位：国家统计局重庆调查总队
课题负责人：童泽圣
课题组成员：李涛明　滕　红　张　龙
　　　　　　巩委伟　谌　思

第二章　粮食供需平衡问题研究(一)：以山西为例

摘要：粮食安全是一个重大战略问题，研究区域粮食安全影响因素和供求平衡问题十分重要。从1996～2013年的18年中，山西粮食只有1996年、2011～2013年4年生产量大于需求量，其余14年生产量均小于需求量，其中产需缺口在200万吨以上的有6年。影响粮食生产的因素有自然气候、政策、物质投入和科技等多个方面。选择相关指标，用柯布—道格拉斯生产函数构建粮食生产模型，回归结果表明农用化肥施用量对粮食生产影响在诸要素中最大，弹性系数高达0.5017。农业机械化水平的提高对推动粮食增产起着较为重要的作用，弹性系数为0.2172。有效灌溉面积对粮食产出的弹性系数为0.3474。上年粮食价格指数对粮食生产的弹性系数为0.2335。农作物受灾面积对粮食生产的弹性系数为－0.1725。结合实际情况和各种影响因素的弹性系数，使用时间序列移动平均预测方法，对2020年山西省粮食供需情况预测表明：到2020年，山西小麦、稻谷的产需缺口仍呈扩大态势。其中，小麦一般年景产需缺口达290万吨，产需率仅为45%。丰产年景缺口仍达270万吨。欠收年景产需缺口将扩大至330万吨。依据以上分析，山西保障粮食安全应采取设定粮食播种面积和储备量安全线、加强农田水利建设、提高农业生产技术水平和引导资金流向粮食种植领域等措施保障粮食安全。

粮食生产既是一个重大的经济问题，也是一个重大的政治问题。保持粮食生产的稳定增长和供需平衡，对保持国民经济持续健康发展和社会稳定至关重要。2004年起，全国粮食总产连续10年增产，2013年达到60194万吨，10年间年均递增3.4%，粮食生产取得了举世瞩目的成就。但是，由于粮食需求持续增长，10年中粮食进口量也呈快速增长态势，粮食净进口量(进口量—出口量)从2004年的1784万吨增加到2012年的7748万吨，9年间增长3.3倍，年均递增17.7%，粮食的对外依存度也从2004年的3.7%提高到2012年的11.6%。2014年中央一号文件再次把完善国家粮食安全保障体系作为重要任务明确下来,提出"实施以我为主、立足国内、确保产能、适度进口、科技支撑的国家粮食安全战略","加大力度落实'米袋子'省长负责制,进一步明确中央和地方的粮食安全责任与分工"。在这种情况下,研究区域性粮食供需,制定切实可行的粮食安全战略,具有十分重要的现实意义。

一、山西粮食供需现状

(一)总量供需现状

从"九五"计划初的1996年到"十二五"规划中期的2013年的18年,是农村政策不断完善、惠民措施逐年强化的时期,也是农业生产条件、农业科技水平、农业现代化装备显著改善和提高的时期,山西粮食的供给和需求都高速增长,产需平衡状况变化较大。

粮食生产方面,1996年山西粮食总产达到1077.1万吨,首次突破千万吨大关;1998年再创新高,达到1081.5万吨。但是,1999年后由于连续3年遭受严重旱灾,山西粮食生产持续大幅度减产,特别是2001年全省粮食总产降到692.1万吨,比历史最高的1998年减产389.4万吨,下降36.0%,成为1980年以来的最低水平。面对粮食生产大幅度波动的情况,山西出台了一系列惠农政策,从降低农业税税率到全部免除农业税,从种粮直接补贴到粮食综合补贴,从补贴小麦、玉米到补贴全部粮食作物。其中,2013年中央和省共安排粮食直补、农业生产资料综合补贴34.5亿元,中央财政安排良种补贴资金3.8亿元,省财政安排专项资金1亿元对种粮面积在100亩以上的种粮大户实施奖补,三项合计补贴资金总额39.3亿元,相当于生产1斤粮食补贴0.15元,全省农民人均得到粮食补贴资金180元。在各项惠农政策的作用下,2004年起,全省粮食作物种植面积持续下滑的局面得以扭转。2005年全省粮食作物播种面积恢复到3000千公顷以上,达到3034千公顷;2008年起超过3100千公顷,2010年起超过3200千公顷,从2010年到2013年连续4年保持在3200千公顷以上。从2010年到2013年的4年中,全省粮食总产连续4年刷新历史纪录,且每年跨上一个新台阶,2010年达到1085万吨,2011年达到1193万吨,2012年达到1274万吨,2013年达到1313万吨。

与大幅度波动的粮食生产相比,山西省的粮食消费水平呈稳定增长态势。1996年全省粮食需求总量为1058万吨，其中口粮消费686万吨，饲料用粮231万吨，工业用粮98万吨，种子用粮43万吨。2013年，全省粮食消费总量增加到1198万吨，比1996年增长13.2%，年均递增0.7%。其中口粮消费636万吨，比1996年减少7.3%，年均递减0.6%；饲料用粮402万吨，比1996年增长74%，年均递增3.3%；工业用粮121万吨，比1996年增长23.5%，年均递增1.2%；种子用粮39万吨，稳中有降。

由于粮食生产的大幅度波动和粮食需求的稳定增长，从而导致山西粮食产需不平衡。从1996～2013年的18年中，只有1996年、2011～2013年等4年生产量大于需求量，其中1996年生产量大于需求量19万吨，2011～2013年生产量分别大于需求量8万吨、117万吨和115万吨。其余14年生产量均小于需求量，其中产需缺口小于100万吨的有3年，即1997年14万吨，2006年81万吨，2010年73万吨；缺口在100～200万吨的有4年，即2004年158万吨、2007年108万吨、2008年105万吨和2009年199万吨；缺口在200万吨以上的有6年，即1999～2003年的270万吨、270万吨、436万吨、224万吨、229万吨和2005年的257万吨。

产需的不平衡导致多数年份山西需调入一定数量的粮食以弥补不足。从1996年到2013年，除1996年、2011～2013年为净调出，净调出量分别为19万吨、8万吨、117万吨和115万吨外，其余年份均为净调入，18年平均净调入粮食129万吨，占年均需求量的11%。也就是说，山西粮食总量供需平衡体系中，通过生产粮食满足消费需求的89%，通过调入粮食满足消费需求的11%。而这种调入量在年际间差异很大，最大净调出量为117万吨，最大净调入量达437万吨。

（二）结构供需状况

山西省粮食供求结构的基本特征是品种结构不对应，短缺与过剩并存。山西南北跨度大，境内山地、丘陵、平川、盆地错落分布，地理环境和气候条件的复杂性，决定了物种的多样性，塑造出山西粮食生产的特色，这就是粮食品种多而杂，是全国有名的杂粮产区。山西生产的粮食品种主要有玉米、小麦、谷子、高粱、莜麦、荞麦、黍子、糜子、大豆、绿豆、红小豆、马铃薯、红薯、稻谷等20余种。分品种观察，从1996～2013年的18年中，全省玉米年均总产量为589万吨，占粮食总产量的58.2%；小麦年均总产量为250万吨，占24.7%；谷子年均总产量为37万吨，占3.7%；高粱年均总产量为18万吨，占1.8%;大豆年均总产量为25万吨,占2.5%;马铃薯年均总产量为45万吨,占4.4%;红薯年均总产量为14万吨,占1.4%。上述7种作物年均总产量占粮食总产量的96.7%,其它10余种小宗粮食作物总产量仅占全省粮食总产量的3.3%。

特殊的粮食生产结构,形成了山西居民粮食消费的显著特点。在粮食统购统销时期,山西各地维持着生产什么、消费什么的格局,粮食的消费结构和生产结构趋同。随着粮食市场的放开搞活和城乡居民收入水平的提高,这一特殊的消费格局早已被打破。从粮食消费资料可以看出,1996～2013年,全省小麦年均消费量达498万吨,占粮食消费量的43.6%;玉米年均消费量为396万吨,占34.7%;稻谷年均消费量为92万吨,占8.1%;大豆、谷子、高粱、马铃薯、红薯等杂粮年均消费量为156万吨,占13.6%。

从以上分析可以看出,山西粮食结构供求关系的基本格局是:小麦、稻谷消费量明显大于生产量,需大量调入。其中小麦年均调入量达248万吨,调入量最多的2011年达307万吨,占当年小麦消费量的56%;调入量最少的1997年也达96万吨。近年来山西稻谷年产量已不足1万吨,而年均消费量在100万吨左右,绝大多数需从省外调入。玉米生产量大于消费量,年均调出量达194万吨,调出量最多的2013年达493万吨。谷子、高粱、大豆、马铃薯、红薯等小杂粮维持在供需基本平衡、略有剩余的水平上,年均调出量约在18万吨左右。

二、影响山西粮食生产的主要因素分析

粮食生产是生物再生产和经济再生产相互交织的生产过程。影响粮食生产的因素很多,有自然气候的影响,有政策因素的影响,有物质投入的影响,有科技发展的影响,也有市场需求的影响。本文运用1978～2013年全省粮食生产及其相关因素的数据资料,通过构建粮食生产函数模型,对全省粮食生产的主要影响因素进行了定量分析,以期揭示粮食生产与相关因素之间的内在联系。

(一)代表影响因素的变量选取

粮食产量由播种面积和单位面积产量两个因子构成。纵观山西粮食生产历史,粮食播种面积呈稳定减少态势,年际间波动较小;粮食单产呈增长

态势，但年际间波动较大。因此，分析粮食产量的影响因素，关键在于分析粮食单产的影响因素。

影响粮食单产的因素很多，大体可以分为物质和科技投入、政策和市场、自然条件三类。物质和科技投入。主要包括粮食作物种植规模、从事粮食生产的劳动者数量和质量、生产工具（如农机具、灌溉设施等）的更新和种植技术的进步以及现期投入（如种子、化肥、农药、燃料油、农用电等）的增加等。政策和市场因素主要包括农村的基本生产关系、土地政策、粮食流通体制、购销价格政策、农业财政政策和农业税收政策等。自然条件主要包括降水量、温度、光照和各种灾害。

考虑到统计资料的支撑问题，为了定量地分析主要生产因素对粮食单产的影响，我们对上述影响因素做了进一步筛选，归结为下述 5 个指标：农用化肥施用量 X_1；农业机械总动力 X_2；有效灌溉面积 X_3；上年粮食收购价格指数 X_4，1999 年以后因全国取消了粮食收购价格指数的统计，用粮食生产价格指数代替；农作物受灾面积 X_5。

（二）模型构建

粮食生产函数的一般形式为 $Y=F(X_1,X_2,\cdots,X_n)$ 其中，Y 为粮食单产，$X_1,X_2,\cdots,X_n$ 为影响粮食单产的各种要素。具体模型的选择，应以能够准确体现粮食生产的内容、准确反映粮食生产的特点、表达粮食生产的客观实际为原则，同时还要考虑到现有计算条件下通过现有资料进行模拟的可能性。因此，参考学术界比较成熟理论的基础上，选择柯布—道格拉斯（Cobb—Douglas）生产函数：

$$Y=AX_1^{\alpha1}X_2^{\alpha2}\cdots X_n^{\alpha n}$$

为了构建山西省粮食生产函数模型，从《山西统计年鉴》、《山西农村统计年鉴》及其他统计资料中收集了 1978～2013 年 36 年的统计资料，对数据定基指数化处理后，通过 SAS 软件进行多元回归，得出以粮食单产为因变量的粮食生产函数模型为：

$$Y=e^{5.6157}X_1^{0.5017}X_2^{0.2172}X_3^{0.3474}X_4^{0.2335}X_5^{-0.1725}$$

模型的参数估计结果见表 1。

从输出结果可以看出，所选的 5 个自变量均显著地通过了 t 检验。模型的 F 检验值为 517.60，而当 $\alpha=0.01,V_1=5,V_2=30$ 时，F 的理论值为 3.70，

显然 $F > F_{0.01}(5,30)$,方程通过 F 检验。整个多元线性回归方程的可决系数达 0.9912,说明模型解释效果较好。

表 1　参数估计结果(SAS 系统)

变量	自由度	估计参数	标准差	t 值	概率 >| t |
Intercept	1	5.61567	0.31573	17.79	<.0001
X_1	1	0.50165	0.03998	12.55	<.0001
X_2	1	0.21724	0.06465	3.36	0.0027
X_3	1	0.34740	0.05811	5.98	<.0001
X_4	1	0.23352	0.04451	5.25	<.0001
X_5	1	−0.17245	0.02577	−6.69	<.0001

(三)模型结果分析

回归分析结果表明:农用化肥施用量对粮食生产的影响在诸要素中最大,弹性系数高达 0.5017,即在其他要素投入不变的情况下,农用化肥施用量每增加 1%,粮食产出可增加 0.5%。农业机械化水平的提高对推动粮食增产起着较为重要的作用,弹性系数为 0.2172,即在其他因素不变的情况下,农业机械总动力每增加 1%,粮食产出可增加 0.22%。农田水利建设能有效拉动粮食生产。有效灌溉面积对粮食产出的弹性系数为 0.3474,即在其他因素不变的情况下,有效灌溉面积每增加 1%,粮食产出可增加 0.35%。粮食价格的提升能刺激粮食生产。上年粮食价格指数对粮食生产的弹性系数为 0.2335。即在其他因素不变的情况下,上年粮食价格每提高 1%,当年粮食产出随之增加 0.23%。农作物受灾面积对粮食生产的影响较大。农作物受灾面积对粮食生产的弹性系数为−0.1725,在其他因素不变的情况下,农作物受灾面积每增加 1%,粮食产出随之减少 0.17%。

三、"十三五"山西粮食供需形势预测

(一)粮食生产预测

在自然条件较好的假设下,结合各种影响因素的弹性系数,使用时间序列移动平均预测方法,得出了 2020 年全省粮食及主要品种面积和产量的预测结果(见表 2)。

表 2　山西省 2020 年粮食生产预测结果

	播种面积（千公顷）	每公顷产量（公斤）	总产量（万吨）
粮　食	3200	4700	1500
小　麦	700	3700	260
玉　米	1800	6100	1100
其他粮食	700	2000	140

由于山西省的农业生产条件较差，粮食生产的年际间波动较大，客观上给预测某一年度的粮食产量带来了很大困难。单就降水量一个因素，每年对粮食产量的影响就达几百万吨，占粮食总产量的 20％以上。以 1996～2006 年为例，这一时期最好年景粮食产量高达 1081.5 万吨，最差年景降到 692.1 万吨，11 年平均产量为 943.3 万吨，最高年产量比最低年产量高 56.3％，比当期平均产量高 14.6％。如此高的波动幅度，导致用任何一种预测方法都难以准确预测某一年度的粮食产量。但是，从新中国成立以来山西省 65 年的粮食生产数据来看，如果以 10 年为周期将 65 年分成若干个阶段，那么后 10 年的年均粮食产量一定大于前 10 年的年均粮食产量，而且除个别特殊时期外，各相邻时期粮食产量的比值有一定的趋同性。根据这一

表 3　山西省 2020 年不同年景粮食产量预测结果

		播种面积（千公顷）	公顷产量（公斤）	总产量（万吨）
粮　食	丰年	3200	4700	1500
	平年	3100	4000	1250
	欠年	3000	3300	1000
小　麦	丰年	700	3700	260
	平年	660	3600	240
	欠年	620	3200	200
玉　米	丰年	1800	6100	1100
	平年	1700	5300	900
	欠年	1600	4400	700
其他粮食	丰年	700	2000	140
	平年	740	1500	110
	欠年	780	1300	100

规律,将预测某一年度的粮食产量转换成预测某一时期的粮食产量可以使预测结果较为可靠。综合考虑1996～2013年粮食产量波动幅度,本文对2020年不同年景的粮食产量进行了预测。

(二)粮食消费预测

粮食的社会消费包含生产消费和生活消费两个方面,生产消费又包括饲料用粮、种子用粮和工业用粮三部分。在粮食社会消费总量中,生活消费占据主体,随着人口的增长,口粮消费逐步增长。2013年全省总人口3629.8万人,比1996年的3109.26万人增加520.54万人,年均递增0.91%,平均每年净增加人口30.6万人,因人口增加,每年约新增口粮需求5万吨。随着"单独二孩"政策的实施,预计未来一段时期人口增速可能略有加快,全省每年新增口粮需求约在7万吨上下。与此同时,随着城乡居民收入水平的提高和生活的改善,人均主食消费呈递减趋势。据山西省城乡住户调查资料,2013年农村居民家庭人均消费粮食(原粮)156公斤,比1996年的220公斤减少64公斤,年均递减2%;2013年城市居民家庭人均消费粮食(贸易粮)94公斤,比1996年的127公斤减少33公斤,年均递减1.7%。因人均口粮消费减少,每年减少口粮需求约10万吨。两因素综合作用的结果,导致全省粮食生活消费总量呈平缓的递减趋势。由于山西省流动人口相对较少,且流出量和流入量大体相当,因而对流动人口对口粮需求的影响未进行专门研究。种子用粮较为稳定,一般占粮食社会消费量的3%左右,而且随着农业科技的发展和粮食单产水平的不断提高,种子消费占粮食社会消费的比重呈下降趋势。随着城乡居民生活水平的提高和农村产业结构的调整,畜牧业和食品加工业快速发展,这两方面的粮食消费增长较快,成为粮食消费增长的主要方面。

表4　山西省2020年粮食需求量预测表

单位:万吨

粮　食总需求	按用途分				按品种分			
	1. 生活用粮	2. 饲料用粮	3. 种子用粮	4. 工业用粮	稻谷	小麦	玉米	其他粮食
1350	650	500	35	165	110	530	600	110

与大幅度波动的粮食生产相比,山西的粮食消费比较平稳,我们在对1996～2013年粮食需求量进行测算的基础上,结合对影响粮食消费相关因

素的综合分析，用时间序列移动平滑方法对全省 2020 年的粮食需求量进行了预测(见表 4)。

(三)山西粮食产需走势的基本判断

从上述预测结果可以看出，到 2020 年，山西粮食产量可望稳定达到 1250 万吨；而粮食需求量达到 1350 万吨，产需缺口在 100 万吨左右。在风调雨顺，各种外部条件有利于粮食生产发展的年份，2020 年全省粮食产量可望达到 1500 万吨，可以达到总量平衡，并有剩余。在遭受严重自然灾害(主要是旱灾)的情况下，粮食产量也有可能降到 1000 万吨左右。也就是说，灾年山西粮食产需缺口将高达 350 万吨。

表 5　2020 年山西粮食供需情况预测

单位：万吨

		生产量	需求量	产需差
粮　　食	丰年	1500	1350	150
	平年	1250		－100
	欠年	1000		－350
小　　麦	丰年	260	530	－270
	平年	240		－290
	欠年	200		－330
玉　　米	丰年	1100	600	500
	平年	900		300
	欠年	700		100
其他粮食	丰年	140	110	30
	平年	110		0
	欠年	100		－10

从分品种的产需情况来看，到 2020 年，山西小麦、稻谷的产需缺口仍呈扩大态势。其中小麦预测需求量为 530 万吨，而一般年景小麦的生产量仅可达到 240 万吨，产需缺口达 290 万吨，产需率仅为 45%，并呈下降趋势。丰产年景小麦产量可望达到 260 万吨，缺口仍达 270 万吨。欠收年景小麦产量仅可达到 200 万吨，产需缺口将扩大至 330 万吨。由于地下水位下降，山西水田面积急剧减少，2013 年全省稻谷面积仅有 0.98 千公顷，比 1996 年减少 83%，全省稻谷产量下降到 0.7 万吨，不足需求量的 1%，99%以上的稻谷需

从外省调入。玉米产大于需的格局仍将保持。预计到2020年,一般年景山西玉米产量可达到900万吨,全省玉米消费量为600万吨,每年可调出量达300万吨。丰年玉米产量可达1100万吨,可调出量达500万吨;灾年玉米产量仅可达到700万吨,可调出量也在100万吨。考虑到灾年将有部分玉米转化为生活用粮,从全省来讲,净调出玉米有可能减少。其他粮食作物仍将保持产需基本平衡、产略大于需的格局。

四、实现山西粮食安全的对策

山西是一个缺粮省份,粮食需求增长稳定,实现粮食安全应以提高粮食供给能力为主要着力点。

(一)设定粮食播种面积和储备量安全线

未来的5～10年内,山西粮食作物占农作物总播种面积的比重不应低于80%,总量应保持在3000千公顷以上。在正常年景下,只要粮田面积保持在粮食播种面积安全线以上,本省生产的粮食能够满足自身需求量的85%,产量绝对水平大致为1100万吨当年的粮食生产就处在安全水平上。因此,要加强《基本农田保护条例》的贯彻执行,严惩对耕地及生态环境毁损破坏的行为,建立以生产粮食为主的永久性基本农田保护区,保证耕地资源的永续利用。

按照联合国粮农组织(F. A. O)估计,世界谷物的储备量应占到年消费量的18%,其中周转储备占6%,后备储备占12%。考虑到山西自然灾害频繁的实际,加上粮食统计中包括薯类和豆类,粮食口径大于谷物口径,应适当提高储备比例,初步测算应达到25%,即全省国有粮库年储备量(不包含流转库存)应达到350万吨左右。同时,年初的农民存粮应不低于人均为260公斤左右。一旦播种面积或粮食储备量降至安全线以下,则立即采取措施增加粮食调入量。

(二)加强农田水利建设

前文回归分析表明,代表农田水利建设的变量对粮食生产影响系数较高,而且在实际中干旱也是山西粮食增收的巨大障碍。加强农田水利建设是保证粮食产量稳定的重要措施,各级政府应在财政预算中安排专项资金建设引水工程,县一级政府要统一组织各村委会挖通引水工程进入田间的

“最后一公里”。同时要用好有限的水资源，要积极探索完善我国现行的《水法》，逐步用法律手段规范水资源的开发利用。应当把水资源价格纳入政府管理体系中，逐步提高用水价格，而对农田用水则应采取额外补贴，以保证水资源的节约和有效利用，达到间接储备粮食生产能力的目的。

（三）提高农业生产技术水平

农用化肥对粮食产量的影响系数最大，农业机械化的影响也较高，这说明生产技术是影响粮食产量的首要因素。政府应着力提高农业生产技术水平，推进农业现代化。

投入技术方面，政府应当加大农业科技投入，到 2020 年使我国农业技术进步贡献率达到 60%以上。要根据当地的气候、生物和土壤等因素，围绕品种改良与品质优化，饲料转化与农牧结合，土地利用与农业结构调整等环节，建立农业资源高效利用的高新技术体系。并将高新技术运用所替代和保护下来的耕地和水资源，纳入国家资源保护范围，补给气候条件恶劣的地区，以较少的资源投入和能耗投入，获得最大的粮食产出，实现以技术替代资源战略。

现代化耕作方面，要不断完善土地制度，在保持土地所有权不变，耕地用途不变的前提下，坚持自愿、有偿的原则，依法对土地进行转包转让，从而通过流转使土地使用权合理地流动起来，给农民提供相对集中连片的土地，以便于规模经营和机械耕作。同时应大力扶持发展各种农民服务专业户，使越来越多的农民从直接生产经营环节中分离出来，转向服务领域。要继续鼓励和推动各种专业合作社、专业协会等服务组织的发展。

（四）引导资金流向粮食种植领域

农产品价格和农业补贴对粮食产量都有重要影响，可见保持农业投入的稳定增长，是粮食生产增长的基础。政府要从资金的存量和增量两个方面调整财政、投资、信贷结构，要加快农业投资立法进程，规范投资行为，引导各类资金向农业领域投入。同时要继续完善对粮食生产的直接补贴机制。通过稳定粮食库存规模，调整粮食储备结构，划分各级责任，将节约出来的粮食库存财政补贴与支出，转用于补贴农民发展粮食生产所需的种子、机械、技术等投入，增强粮食综合生产能力。

完成单位：国家统计局山西调查总队

课题组成员：王润栓　王召转　席朝瑞　李　超　曹卫杰

第三章　粮食供需平衡问题研究(二):以新疆为例

摘要:粮食安全是经济发展、社会稳定和国家自立的基础。本文首先利用历史统计数据,基于统计模型模拟结果,对新疆粮食生产能力和需求进行了测算,并根据测算结果评估新疆粮食安全实现程度。其次,从自然条件、生产能力提高空间及面积和单产恢复速度三个方面以及后备耕地资源质量低、水资源匮乏、粮食生产比较效益低、劳动力受教育程度低以及粮食安全要求提高等五个方面分别分析了新疆粮食生产的优势和面临的隐患。最后基于前述分析结果,提出了稳定粮食生产能力的相关政策建议。

粮食安全是经济发展、社会稳定和国家自立的基础。党和政府始终把保障粮食安全摆在重要战略地位。今年年初召开的中央经济工作会议将“切实保障国家粮食安全”列为各项工作任务之首,中央农村工作会议再次强调了粮食安全的重要性。2004年以来,我国粮食生产实现了“十连增”,总产突破6亿吨,但粮食消费量也达到6亿吨,仍处于紧平衡状态。从新疆情况看,虽然近年来粮食连年丰收,实现了“区内平衡,略有结余”的目标,粮食安全基本上有了保障,但随着新疆人口快速增加,城镇化、工业化加快推进,人民生活水平持续提高,粮食需求量仍将呈刚性增长趋势,粮食安全问题依然不容小视。

粮食安全的概念,最早是由联合国粮农组织1974年11月在罗马的第一次世界粮食首脑会议上提出来的。经过近四十年的演变,粮食安全的内涵不断充实和完善,目前的表述是“所有人在任何时候都能够在物质上和经济上获得足够、安全和富有营养的粮食,来满足其积极和健康生活的膳食需要及食物喜好”。中央经济工作会议提出“确保口粮绝对安全”,就是为了我们在任何时候都能买得到、买得起,买得好粮食,满足我们的吃饭和生活需要。这个目标与粮食安全的基本内涵是相一致的。

粮食安全模式主要有两种:一是自给自足模式;二是贸易自由化模式。

自给自足模式就是自己生产自己食用，不买不卖，百分之百的自给率。贸易自由化模式就是花钱买粮食，自己不生产粮食。我国粮食安全模式是介于二者之间的一个均衡模式，即自给自足与贸易自由化相结合模式，也就是基本自给为主，辅之以适当的进口。对新疆而言，考虑到新疆远离内地中心市场，地处“运输末端”，运距长、运输成本高，粮食安全模式更多的倾向于自给自足模式。

对新疆而言，粮食安全关系到社会稳定和长治久安，因此，正确分析新疆粮食供需状况，确保粮食安全，对于促进经济社会稳定和协调发展具有重要现实意义。

一、新疆粮食供需的基本状况

（一）粮食综合生产能力显著提高

1. 粮食综合生产能力已稳定在 12000 万吨以上。自改革开放以来，新疆粮食播种面积逐年减少，单产水平不断提高，粮食总产量呈快速增长之势。2013 年，新疆粮食播种面积 3352 万亩，比 1978 年下降 2.8%；粮食亩产 411 公斤/亩，比 1978 年增长 2.8 倍；粮食总产量 1377 万吨，比 1978 年增长 2.7 倍，先后跨越了 500 万吨、1000 万吨、1200 万吨等几个重要台阶。从实现粮食安全的程度看，20 世纪 80 年代起，实现自给自足，90 年代出现过剩；在 1999 年达到 839 万吨以后，伴随着种植结构的调整以及粮食供需的变化，粮食产量出现下滑；随着 2003 年粮食价格的走高，粮食产量也逐步提高，2009 年突破 1000 万吨，2011 年突破 1200 万吨，2013 年产量达到 1377 万吨，连续三年超过 1200 万吨，居全国第 16 位，西部第 3 位，创历史新高。新疆粮食综合生产能力已稳定提高到 1200 万吨的新水平。

2. 人均占有粮食远超过全国平均水平和国际公认粮食安全警戒线。自 1990 年起，新疆人均粮食占有量就保持在 400 公斤以上，超过国际公认的 370 公斤的粮食安全警戒线。2009 年人均粮食占有量突破 500 公斤，2013 年达到 608 公斤，又突破 600 公斤，比 1978 年增加 308 公斤，增长 1.0 倍；人均粮食占有量高于全国平均水平 37.6%，高于国际公认粮食安全警戒线 64.3%，仅次于黑龙江、吉林和内蒙古，高于河南居全国第 4 位。

表 1　2000～2013 年新疆粮食生产情况

年份	粮食播种面积(万亩)	总产(万吨)	单产(公斤/亩)
2000	2169	809	373
2001	2092	796	380
2002	2241	876	391
2003	1961	802	409
2004	2068	829	401
2005	2208	878	397
2006	2199	895	408
2007	2069	867	419
2008	2475	909	368
2009	2990	1152	385
2010	2987	1150	385
2011	3001	1201	400
2012	3155	1260	399
2013	3352	1377	411

表 2　2000～2013 年全国与新疆人均粮食对比

年　份	总产(万吨)(全国)	人均占有量(公斤)(全国)	总产(万吨)(新疆)	人均占有量(公斤)(新疆)
2000	46218	365	809	437
2001	45264	355	796	424
2002	45706	356	876	460
2003	43070	333	802	415
2004	46947	361	829	422
2005	48402	370	877	436
2006	49804	379	895	437
2007	50160	380	867	414
2008	52871	398	909	427
2009	53082	398	1152	534
2010	54648	408	1150	527
2011	57121	424	1201	544
2012	58958	435	1260	561
2013	60194	442	1377	608

(二)粮食消费需求不断上升

1. 粮食消费需求总量不断增加。随着人口持续增加、人民生活水平日益提高以及农副产品加工业的快速发展，粮食消费需求总量持续增长。2013 年，新疆粮食消费量达到 1299.60 万吨，比 2004 年高出 468.50 万吨，年均增长 5.1%，其中，工业用粮和饲料用粮分别比 2000 年高出 99.40 万吨和 177.90 万吨，年均增速分别达到 23.9%和 5.8%。

2. 粮食消费结构变化明显。由于城乡居民收入水平提高，膳食结构发生较大变化，口粮消费量较为稳定，对肉、蛋、奶、水产品等动物性食品和食油、蔬菜、水果等其他食品的消费量增加，相应地推动了畜牧业的快速发展，饲料用粮增长较快。同时随着一批粮食加工转化项目建成投产，工业用粮也保持了较快的增长速度。2004～2013 年，居民口粮消费占粮食消费总量的比重由 54.8%下降到 48.6%；饲料用粮和工业用粮占粮食消费总量的比重分别由 36.9%和 2.3%上升到 37.1%和 9.7%。

(三)粮食总量供求平衡关系的基本判断

1. 当前新疆粮食安全状况。考量粮食安全通常有三大指标：一是粮食自给率不低于 95%，二是粮食人均占有量不低于 400 公斤，三是库存消费比不低于 18%。从 2013 年新疆粮食供需情况看，新疆粮食从省外购进和进口不到 65 万吨，销往内地和出口粮食超过 95 万吨，粮食生产量大于消费量，新疆的粮食自给率超过 100%，远高于 95%的标准；人均占有粮食超过 600 公斤，高于安全指标 50%以上；粮食库存 1500 万吨，高于年消费量 200 万吨以上，远高于安全标准，粮食库存比较充裕。因而可以认为，当前新疆的粮食安全是有保障的。

2. 2020 年新疆粮食安全主要指标测算。根据 2000 年以来新疆粮食消费(城镇人口口粮、农村人口口粮、饲料用粮、工业用粮、种子用粮)的历史数据构建统计模型，分别得出如下五个回归方程：

$$y1=-114.5625981+0.06t$$

$$y2=-15110.375+7.665*t$$

$$y3=-25788.64+13.001*t$$

$$y4=29774-59674979*t$$

$$y5=-6952.050+3.302*t$$

根据以上回归方程,分别测算出2020年新疆城镇人口口粮、农村人口口粮、饲料用粮、工业用粮、种子用粮的消费量分别为344万吨、380万吨、473万吨、233万吨和77万吨共计1507万吨的粮食消费量。

根据《国家粮食安全中长期规划纲要(2008～2020)》要求我国粮食自给率稳定在95%以上,考虑到新疆战略地位的实际情况,新疆必须要保持100%的粮食自给率,才能有效保障新疆粮食安全。因此,新疆2020年的粮食产量要达到1500万吨左右。

根据近5年来新疆粮食单产年均1.6%左右的增产率,根据历史回归数据,得出回归方程$Y=-208045.394+104.41TXY$,测算出2020年新疆粮食产量要达到1500万吨,必须保证新疆粮食播种面积3300万亩左右。

因此,2020年前保障新疆粮食安全,必须坚持粮食播种面积3300万亩、粮食总产1500万吨“两条红线”不动摇,并保持近年来新疆粮食持续增产的良好势头。

二、新疆实现粮食安全的优势与隐忧

(一)新疆粮食生产的优势

1. 粮食生产的自然条件得天独厚。一是新疆具有丰富的水、土、光、热等自然资源,适宜大面积的粮食种植,特别是发展优质专用粮优势明显。二是新疆的水利设施具有一定的基础,其农业节水技术也走在全国的前列。三是新疆地广人稀,适宜规模化、集约化、机械化发展粮食生产。四是新疆有丰富的后备耕地资源,未开发的宜农荒地1.5亿亩,占全国宜农荒地资源的20%以上。为新疆耕地面积的扩大提供了保障。

2. 提高粮食生产能力的空间较大。一是因地制宜,合理调整冬、春小麦种植结构,挖掘耕地利用潜力和提高农作物总产量。二是提高复种指数。当前新疆的复播系数为1.03,如果能在现有冬麦播种面积的基础上,充分采用套作、间作、轮作等耕作方式,将复播系数提高0.01,就可增加30万亩复播玉米、大豆及小杂粮等,可有效提高土地利用率,仅此一项可增加粮食产量12万吨以上。三是改善耕地质量、提高单产水平。新疆中低产田占新疆总播种面积的70%,如果通过加强农田水利设施的建设、耕作和管理水平的提高,进一步改善耕地质量,降低中低产田在总播种面积的比例,必将大幅度提高新疆粮食的单产水平。目前,新疆粮食单产水平保持了每年1.5%～

2.9%的增长幅度，但南北疆之间小麦生产水平差距较大。新疆小麦平均单产350公斤左右，南疆小麦主产区平均单产370公斤以上，北疆仅为300公斤，北疆粮食增产的空间仍然较大。

3. 粮食面积和产量有较快的恢复能力。新疆粮食面积下降与全国其他省区不同，主要根据市场需求、库存量、价格等因素调减，具有阶段性和结构性的特征，可通过市场调节、农作物之间的结构调整以及各项扶持政策的落实实施，增加粮食播种面积，因此可以有效的保证粮食安全。

(二)保障新疆粮食安全的隐忧

粮食生产能力是保障粮食安全的关键，只有将粮食生产的资源优势转化为经济优势，才能保证粮食供应的可持续和稳定，确保粮食安全。但受当前“五个不可逆转”(耕地减少不可逆转，水资源减少不可逆转，人口增加不可逆转，城镇化率提高不可逆转，新型工业化进程加快不可逆转)的影响，新疆粮食安全问题的“隐忧”将会逐步凸显。

1. 新疆虽然后备耕地资源多，但其质量低，开发条件差。在新疆土地资源开发过程中，人们本能地遵循了先近后远、先易后难、先好后次的原则。目前，新疆土质比较肥沃、灌溉比较便利的土地已基本开发利用了，未开发的后备耕地资源在不同程度上都受一些复合因素的限制。后备耕地资源虽数量上较多，但其土壤肥力较低，水源无保证，开发的成本高而经济效益却难预料。同时，后备耕地资源开发，还涉及诸多生态问题。

2. 新疆水资源匮乏，且利用率低下。新疆属典型的大陆干旱性气候，年降水量仅为全国的4%，蒸发强烈，平均降水量155毫米，为全国各省区的末位。新疆水资源总量832亿立方米，其中，地表水789亿立方米，地下水43亿立方米，每年全区用水总量617亿立方米，水资源开发利用率达到74%，高出国际通用标准14个百分点，已严重超负荷用水。新疆作为农业大区，农业用水达到591.8亿立方米，占全区用水总量的95%以上。作为典型的干旱型地区，新疆降雨稀少，人们利用的水资源大多为冰川融水。新疆在水资源缺乏的同时，水资源的利用率也比较低下。农田水利工程基本建设差，大水漫灌、串灌，渠、水库渗漏严重，这都导致了水资源的大量浪费。而且长期的过量灌溉将导致地下水位上升，土地盐渍化程度加剧。

3. 种粮比较效益低，农民种粮积极性不高。粮食主产区政府和农民的种粮积极性不高，造成农民粮食生产的持续发展动力不足。新疆农民的生产动力不足,主要表现为以下几个方面:其一,前些年新疆也出现了阶段性、结构性的粮食过剩,粮食价格、种粮效益持续走低,农民增收困难;其二,粮食安全保障缺乏比较完善的长效机制。粮价低导致农民收入减少,进而导致农民对土地投入不足。粮食主产区走入了“粮食大县、财政穷县”怪圈。

4. 对粮食安全的要求提高。2013 年,新疆城镇化率为 44.5%,低于全国平均水平 9.2 个百分点,居全国第 26 位;工业化综合指数(或实现程度)为 59.2%,在全国 31 个省市中仅高于西藏排名第 30 位。落后意味着潜力,差距意味着动力,2020 年前也必将是新疆城镇化率和新型工业化提高加速提高的时期,这一过程实现,必将带来城镇人口的大幅增加和工业化的大幅提高,城镇人口的大幅增加口粮不会增加多少,但副食品的需求必将大幅增加;工业化的大幅提高必将带动新疆粮食加工企业的大发展,对粮食的需求必将将大幅增加,对粮食安全必将提出更高的要求。

5. 农民受教育程度较低,制约农业科技进步。虽然近年来新疆人口素质有所提高,但是农民的受教育程度依然偏低,高学历人口更是缺乏。新疆大多数农民仅受过初中和小学教育。较低的人口素质必然难以适应市场竞争和现代化经营管理的需要,对新兴的农业科技、现代化的生产经营方式缺乏接纳、吸收能力,导致许多农业科技成果和先进机械装备难以推广应用,制约农业科技进步,阻碍经济发展和农业现代化的发展进程,也会直接导致粮食综合生产能力的减弱,最终成为粮食生产安全的不稳定因素。同时,由于文化素质低,加上新疆大多是小农经营,经营规模小,经营手段、经营方式落后,在从事农业生产时,使用种子、化肥、农药和农业用水过程中存在大量的浪费现象,加大了粮食生产成本,进一步降低了粮食的比较效益,不利于提高农民的种粮积极性。

三、保障新疆粮食安全的对策建议

从短期来看,新疆粮食供需基本平衡,处于粮食安全状态;从长远看,粮食生产稳步增长的不确定因素却在增多。因此,我们应正确认识和深刻把握这些不确定因素对粮食安全造成的危害,采取“增强意识、稳定基础、科学种植、注重长远”的对策,以保障粮食安全。

(一)提高粮食安全意识是保障粮食安全的关键

1. 树立新形势下的粮食安全观。近年来,由于粮食的连年丰收,使人们思想中的粮食安全观念开始淡漠，一些地区为了提高农民收入，加大了棉花、蔬菜等经济作物的种植，对粮食生产、流通的扶持和投入力度减小，粮食综合生产能力趋弱。粮食作为人们最基本的食物资源，其重要性、特殊性完全不同于其它物资，一定要在指导思想上要牢固树立起粮食安全的意识，从战略高度上认识粮食生产的重要性，牢固树立新形势下的粮食安全观，切实纠正忽视粮食生产的倾向，要看到粮食生产可持续发展的基础还十分脆弱，未来的粮食供给任务还相当艰巨，提高粮食生产能力是当务之急。

2. 强化政府支持和保护。由于粮食市场放开，受比较利益驱使，农民往往种植收益较高的产品，而粮食生产社会效益大，直接经济效益低，在市场竞争中往往处于不利地位。政府应进行必要的支持和帮助，牢牢把握粮食安全的主动权，提高农民粮食生产积极性。一是要严格执行粮食安全责任制度，制订粮食安全的量化目标，把粮食工作情况纳入各级政府工作目标考核体系，调动各级政府重农抓粮的积极性。二是要进一步将国家出台的优惠政策落实到位，充分发挥粮食政策的导向作用，提高农民种粮积极性。三是要充分发挥国有粮食系统的杠杆作用，建立合理的竞争市场，规范所有粮食经营企业的行为，打击人为操控粮食市场行情的行为，保护合理的经营利益，实现良性循环。

（二）稳定粮食生产基础是保障粮食安全的根本

1. 稳定粮食播种面积。耕地作为农村经济活动最基本的自然资源，是农业生产的基本要素，是影响粮食生产能力和未来粮食供给的前提条件，保护和提高粮食生产能力归根到底必须以稳定一定数量的耕地为保障，必须保持必要的粮食种植面积，一旦失去这个前提条件，粮食生产能力也就没有保障，更谈不上粮食安全。目前情况下，粮食播种面积每减少 1 万亩，就减少粮食 1200 吨。根据新疆的实际情况，按目前的粮食单产水平计算，粮食播种面积应稳定在 3000 万亩左右，每年粮食面积的缩减幅度应略低于粮食单产的提高幅度，才能确保粮食安全。因此，切实加强耕地保护，确保粮田面积基本稳定，是提高粮食综合生产能力，增强粮食安全保障的前提条件。一是要进一步提高保护耕地对维护粮食安全和社会稳定的极端重要性的认识，在全区深入持久地开展爱护耕地的宣传教育活动，切实加强保护耕地意识。二是实行严格的耕地保护制度。要珍惜和合理利用每一寸土地，严格执行土地管理法和基本农田保护条例，严格控制各类建设用地对耕地尤其是粮田的侵占行为。三是充分利用新疆土地资源较为丰富的优势进一步拓荒开地,努力提高耕地面积。

2. 固本强基,加强基础设施建设。农业基础设施建设是粮食安全稳定生产的重要保障从新疆农业发展条件看,资源环境约束加剧、农田水利设施老化失修等问题日显突出,全面加强农业基础的要求日益迫切。一是要深刻认识到加强基础设施建设是一个长远的、不断积累的过程,要经过坚持不懈的长期努力才能逐步改变,否则就可能前功尽弃。二是加大财政投入并充分利用好中央财政的支农资金,大力加强农业基础设施建设,加强农田水利设施、耕地质量以及生态建设,切实改善农民生产条件,提高抵御风险的能力。三是大力发展农业产业化经营,有效提高粮食的投入产出效益,吸引更多的社会资本参与农村基础设施建设强化信贷资金的投入。

(三)科学种植是保障粮食安全的重要手段

1. 科学种粮,提高粮食单产。科学技术是第一生产力,从我国粮食生产来看,杂交玉米、杂交水稻的推广应用,使得粮食单产水平大幅提高,而多种综合栽培技术的大面积推广应用,也对粮食增产发挥了重要作用。如果使用新技术,将新疆现有粮食单产提高 5 个百分点,每年就可增加粮食产量 60 多万吨,依靠科技,提高粮食生产能力的前景广阔。因此,在有限的耕地面积面前,只有依靠科技进步,才能促进粮食生产能力持续提高,这也是粮食安全生产的必由之路。一是要提高认识。各级党委、政府及有关部门要加强科教兴粮的宣传和引导,增强广大农民科技兴粮意识,真正把科技兴粮抓紧抓好。二是更加重视农业科研工作,进一步加大对农业科技的投入力度,要形成多元化农业科技投入体系。要充分利用信息技术、基因技术和生物工程技术,加快良种培育和生产,建立、健全良种选育、引进的周期性更新换代制度,提高农业技术进步贡献率。三是加强农业科研成果的转化与推广工作,充分利用农业高等教育资源、科研资源以及现有的农业科技传播资源,提升农业科研、技术传播效率,促进农业科技成果的转化和应用。

2. 加强培训,努力提高农民素质。农民是农业科技成果转化的实施主体,农民自身的素质高低是影响农业科技成果转化的直接因素。目前,新疆农民文化素质较低,不仅不适应现代农业高科技、大规模生产的需求,而且对农业科技成果转化构成障碍。因此,努力提高农民素质对于提高粮食生产十分重要。今后,新疆应继续采取各种形式,大规模开展农村劳动力技能培训培养造就有文化、懂技术、会经营的新型农民，提高农民务农技能，促进科学种田。

(四)粮食安全必须从全局以及长远利益来考虑

1. 建立粮食安全预警系统。首先要建立健全粮食信息收集系统。粮食安全涉及到生产、流通、储存、消费等诸多市场情况，如本地区粮食消费量、调入量、农民个人存粮状况以及粮食播种面积的多少。其次要建立健全粮食安全保障和粮食供应应急机制。要对整合后的信息加工整理，对今后各种用途的粮食消费规模、增长速度做出准确预见。同时，要未雨绸缪，有备无患，做出各种情况下的粮食应急预案，在情况发生时能够反应迅速，从容应对。

2. 立足长远，处理好种植业结构调整与粮食安全的冲突。近年来，为有效提高农民收入，新疆加快了农业结构调整步伐，成效较为显著，农民收入快速提高。但是，也随之出现了粮食播种面积下滑等问题，对粮食安全构成了障碍。因此，如何保证粮食安全和保护农业产业结构调整成果兼顾就显得尤为重要。一是从长远和全局来看，农业结构调整应以保障粮食安全生产为基础，并在确保粮食总量的基础上，把调整的重点转到改善品种结构、提高质量上来。二是在优化种植结构的同时，要对粮食生产进行合理布局，强化商品粮基地建设。各地方政府应当根据当地的特点，发挥当地的资源和技术优势，宜粮种粮，宜牧畜牧。

完 成 单 位：新疆统计局
课题组组长：王忠山
课题组成员：陈　虹　吴　伟　孟晓娴
执　笔　人：吴　伟

第四章　粮食供需平衡问题研究(三):以山东为例

摘要:在“以我为主、立足国内、确保产能、适度进口、科技支撑”的国家粮食安全战略背景下,山东作为粮食生产大省,到 2013 年,已经实现粮食产量“十一”连增,要确保在高起点上实现粮食生产持续发展,就要从影响粮食生产的主要因素入手,采取有效措施。从山东情况看,影响粮食主要因素有:自然因素,包括土地供给、气候条件和水资源等;科技因素,包括科技应用、化肥农药和机械化水平等;政策因素,包括农业补贴和财政支农等;人力因素。因此,本文选取了 9 个指标分别代表自然因素中的土地、气候和水资源,科技因素中的科技应用、化肥农药和机械化水平,政策因素中的财政支农以及人力因素。运用灰色关联度系统分析方法,测算出了粮食产量与这些指标关联度的大小。另外,由于山东粮食种植面积相对稳定,粮食单产成为了决定粮食产量的主要因素,本文从 9 个指标中选取 3 个,与粮食单产进行回归分析,测算出了回归方程,进一步明确了影响粮食单产的主要因素。最后,根据测算结果,提出了要确保山东粮食产量持续增长就要处理好影响粮食生产的自然、科技、政策和人力等因素的政策建议。

粮食安全始终是关系我国经济发展、社会和谐稳定、国家安全自立的全局性重大战略问题。2013 年,中央经济工作会议提出:以我为主、立足国内、确保产能、适度进口、科技支撑的国家粮食安全战略,要依靠自己保口粮,集中国内资源保重点,做到谷物基本自给、口粮绝对安全。山东作为粮食生产大省,任务艰巨,责任重大。到 2013 年,山东粮食连续“十一年”增产,要保持高起点上的粮食生产持续发展,需采取有力措施,从影响粮食生产的主要因素入手,确保粮食生产持续稳产高产、丰产丰收。

一、山东粮食产量的影响因素

(一)自然因素

1. 土地供给。耕地是粮食生产之根本,耕地的总量水平决定了粮食种植面积的高低。改革开放以来,山东农村人均耕地面积有所增加,但与全国平均水平的差距进一步拉大,人多地少的矛盾突出。农村住户抽样调查资料显示,1987年山东农村居民家庭人均经营耕地面积1.55亩,相当于全国平均水平的75%。2012年,山东农村人均经营耕地面积1.64亩,相当于全国平均水平的70%,比重比1978年下降5个百分点。受耕地资源总量的制约,粮食种植面积增长有其局限性。1978年山东粮食种植面积占全国比重为7.3%,而2013年为6.5%,比1978年下降0.8个百分点。

2. 气候条件。山东属暖温带季风气候、四季分明,总体气候状况有利于粮食作物的生产。但各地区自然条件不同,气候差异较大。特别是年降水量在时间和空间分布极不均衡,旱、涝自然灾害时有发生。灾害历史统计资料显示,1978~2011年涝灾和旱灾占农作物受灾面积的比重一直较高,其中,1981年最高,达98.5%,2004年最低,也将近50%。1978至2013年的35年间,有23个年份旱灾占农作物总受灾面积的比重大于50%,特别是水浇条件较差或无水浇条件的山区和丘陵地区,旱灾的影响更大。

3. 水资源。山东整体上属于水资源缺乏地区,水利统计资料显示,2004年以来,山东水资源总量占全国的比重仅在0.8%~1.5%之间。在水资源总量较少的情况下,山东省农田灌溉耗水率较高。2012年,山东农田灌溉耗水率(消耗总量占用水总量的百分比)71.4%,高于全国平均水平8.4个百分点。随着工业用水、居民生活用水、林牧渔用水、城镇公共用水等用水量的增加,水资源缺乏制约粮食生产的问题将更突出。

(二)科技因素

1. 科技应用。农业科学技术的发展与应用,能够有效推动粮食生产技术水平的提高。在优良品种培育、耕作栽培技术创新、病虫害防治、植物保护、环境保护等方面,山东农业科技研究成果不断涌现。1999年到2012年,山东共取得重要农业科技成果 5594 项,平均每年 399.6 项。2013 年,农业科技进步贡献率达 58%,高于全国平均水平 2.8 个百分点。

2. 化肥农药。配方施肥和科学用药,能够促进粮食稳产丰产。20 世纪 90 年代,山东农用化肥、农药使用量增速较快,年均增长分别为 6.1% 和 14.5%。进入 21 世纪,随着配方施肥技术的应用,化肥施用量增速放缓,到 2012 年化肥施用量(折纯量)达 476.3 万吨,12 年间年均增长 0.99%。农药使用量增势也放缓,到 2012 年农药使用量达 16.2 万吨,12 年间年均增长 1.2%。

3. 机械化水平。农业机械化水平的不断提高有效的促进了农业生产效率提升。2000 年山东农业机械总动力达 7025.2 万千瓦,2008 年超过 1 亿千瓦,2012 年为 1.24 亿千瓦,12 年间年均增长 4.9%。2012 年山东农业机械化水平达到 87.0%,大大提高了农业生产效率。

(三)政策因素

1. 农业补贴。2004 年实施粮食直补政策以来,以粮食直补、农资综合补贴、良种补贴、农机具购置补贴为主的农业“四补贴”政策,极大地调动了农民种粮积极性。2004 年山东农业补贴资金为 7.98 亿元,2011 年超过 100 亿元,2012 年达到 117.22 亿元,农业补贴力度逐步加大,农民种粮积极性提高。

2. 财政支农。2007 年以来,山东财政支农力度不断加大,到 2012 年地方财政农林水事务支出达到 673.82 亿元,年均增长 21.2%,占地方财政支出 11.4%,高于全国 1.9 个百分点。特别是,山东粮食产量大县专项奖励资金,有效地稳定和促进了粮食生产发展。2013 年,全省 99 个国家级产粮大县的奖励资金达 16.22 亿元,比 2012 年增长 10.7%。

(四)人力因素

当前,农户仍是粮食生产经营和投入的主体,但种粮收益相对较低,农户种粮积极性在降低,特别是近几年,大量农民外出务工,对粮食稳产增产产生一定影响。农产品中间消耗抽样调查资料显示,2013 年调查小麦面积 1846 亩、玉米面积 1897.3 亩,平均亩产分别为 428.8 公斤和 471.8 公斤,按当期集贸市场价格计算,亩均毛收益分别为 992.8 元和 1010.4 元,每亩种子、肥料、农药、排灌、机械作业等费用支出(不含农民自身劳动用工费用)分别为 420.8 元和 330.6 元,则亩均纯收益分别为 572.0 元和 679.8 元,共计 1251.8 元,不足外出农民工月均务工收入的二分之一,这大大降低了农户种粮积极性,也在一定程度上造成了农业生产人力投入相对不足。

二、粮食产量影响因素的定量分析

前文主要从定性的角度对于影响山东粮食生产的因素进行了阐述,为进一步明确各因素与粮食生产的关联性,本文以 2001 年至 2012 年间的数据为基础,对粮食生产影响因素进行了定量分析。综合以往研究及数据可获得性,选取了 9 个指标来代表前文中的影响因素。其中,有效灌溉面积和良种覆盖率,受灾面积,水资源总量分别代表自然因素中的土地,气候,水;农业科技进步贡献率,农业化肥施用量,农业机械总动力分别代表科技因素中的科技应用,化肥农药,机械化水平;地方财政农林水事务支出代表政策因素;农林牧渔业从业人员代表人的因素。

(一)粮食产量与各因素的关联度

运用灰色关联度系统分析方法,量化分析粮食生产与各影响因素的绝对关联度,以区分各因素主次作用和影响大小,计算结果如下表:

粮食产量与各因素的灰色绝对关联度表

指　　标	灰色绝对关联度	指　　标	灰色绝对关联度	指　　标	灰色绝对关联度
有效灌溉面积	0.5177	水资源总量	0.5640	农业机械总动力	0.9905
良种覆盖率	0.6991	农业科技进步贡献率	0.9135	地方财政农林水事务支出	0.6122
受灾面积	0.6652	农业化肥施用量(折纯量)	0.5314	农林牧渔业从业人员	0.5879

1. 粮食产量增长与农业机械总动力的灰色绝对关联度最大,为 0.9905。这表明种植粮食对农业机械依赖度较高,随着农村经济和农业现代化的发

展,只有不断提高农业机械化水平,才能稳定或扩大粮食种植面积,提高粮食种植的规模化水平,促进粮食产量稳定增长。目前,山东粮食种植机械化水平达到87%。

2. 粮食产量增长与科技进步贡献率的灰色绝对关联度为0.9135。科技进步为山东粮食生产带来实惠,在育种、种植、管理、产业化、规模化等方面发挥了巨大作用。2012年,农业科技成果338项,占当年科技成果总量比重为14.1%,比上年提高了1.3个百分点,农业科技进步贡献率为58.0%。

3. 粮食产量增长与良种覆盖率的灰色绝对相关联度为0.6991。良种的优化、更新与推广也是促进粮食产量增长的关键因素。目前,山东良种覆盖率98.0%,特别是小麦、玉米的良种覆盖率已达100%,要特别注重良种的更新换代速度。

4. 粮食产量增长与受灾面积的灰色绝对关联度为0.6652。2000年以来,山东粮食受灾、成灾面积,除2008年较低外,其余年份都在2600万亩和600万亩以上,最高2002年为7413万亩和4769万亩,灾害每年都给山东粮食生产带来一定影响。

5. 粮食产量增长与地方财政农林水事务支出的灰色绝对关联度为0.6122。财政支农资金主要是改善农业基础条件和环境,激励和引导粮食种植结构调整,撬动民间资金投向农业。从2009年开始,财政对农林水事务支出每年的增加额都在100亿元左右,2012年达到673.82亿元,比上年增加109.82亿元。

6. 粮食产量增长与农林牧渔业从业人员的灰色绝对关联度为0.5879。随着农业机械化程度的提高,山东粮食生产对农业劳动力的依赖性减弱。但是,种植粮食比较效益较低,大量农村劳动力转移,务农人员的素质在下降,对农业科技应用非常不利,也将影响粮食生产。

7. 粮食产量增长与农用化肥施用量的灰色绝对关联度为0.5744。随着配方施肥技术的广泛应用,山东农用化肥施用量呈下降趋势。同时,秸秆还田逐步得到农民的认可,粮食生产的增长已不完全靠化肥施用量的增长来支撑。

8. 粮食产量增长与水资源总量、有效灌溉面积的灰色绝对关联度分别为0.564、0.5177。近几年,山东加大农田水利设施建设,南水北调系列引水调水工程,有效促进了粮食增产。有效灌溉面积占耕地面积的比重连续6年稳定在67.4%左右,上下波动幅度只有0.1个百分点,对粮食稳产增产起到了关键作用。

（二）粮食产量的回归分析

从山东情况看，粮食种植面积趋于稳定，因此粮食单产是决定粮食产量的重要因素，而影响粮食单产的因素很多，本文选取有效灌溉面积、化肥施用量（折纯量）、成灾面积三个因素进行分析。

将2000年至2013年山东粮食单产与有效灌溉面积、化肥使用量（折纯量）、成灾面积数据进行标准化处理，通过SPSS统计分析软件，进行相关分析，粮食单产与有效灌溉面积、化肥使用量（折纯量）、成灾面积的相关系数分别为：0.6449、0.8328、−0.8967，相关度较高，粮食单产与有效灌溉面积、化肥施用量（折纯量）呈正相关关系，与成灾面积呈负相关关系。

进行回归分析，得方程：

$$y=-0.055+1.423x_1+0.406x_2-0.062x_3$$

y 为粮食单产，x_1 为有效灌溉面积、x_2 为化肥施用量（折纯量）、x_3 为成灾面积。

置信水平为95%时，模型与数据曲线拟合度为 $R^2=0.9532$，显著性水平 $0<\text{sig}=0.000<0.05$，回归方程有效且显著。

模型显示：粮食单产随有效灌溉面积和化肥施用量（折纯量）的增大而增大，随成灾面积的增大而减少。三个因素中，有效灌溉面积对粮食单产的影响程度最大。有效灌溉面积每变动1个单位，粮食单产平均增加1.423个单位。增强蓄养水源和灌溉能力，提高粮食作物有效灌溉面积非常重要。化肥施用量（折纯量）每变动1个单位，粮食单产平均增加0.406个单位。随着科学施肥技术的推广普及，因地制宜、配方施肥，减少化肥使用量，提高肥料利用效率，保护环境，促进粮食生产可持续发展。成灾面积每变动1个单位，粮食单产平均减少0.062个单位。减少受灾、成灾面积，减少受灾损失，增加粮食产量。

三、确保山东粮食产量持续增长的政策建议

山东粮食生产有机遇，也有挑战；有潜力，也有风险。为确保山东粮食稳产增产与可持续发展，要着力处理好影响粮食生产的自然、科技、政策和人力等四大因素。

(一)保护耕地,减少受灾损失,处理好自然的因素

耕地是粮食生产不可替代的物质载体,只有足够的耕地作保证,粮食生产才能稳产增产。一是守住耕地存量。坚持先补后占,守住耕地总量,不越红线。二是保住耕地增量。加大未利用土地的耕地开发,上拉这条红线。加快推进未利用土地的耕地开发,增加耕地总量。三是坚守1.1亿亩的粮食种植面积底线,稳中有升。四是提高抵御自然灾害能力,树立"减少受灾损失,就是提升粮食生产能力"的理念,依靠科技手段,建立灾前防御、灾后控制体系,减少受灾损失。

(二)强科技,重投入,处理好科技的因素

在影响山东粮食生产因素中,科技进步贡献和农业机械化程度等都对山东粮食生产的稳定与增长起到关键作用。一是拓宽农业科研领域。二是加大农业科研力度,特别是现代农业种植技术。三是加速推广农业科技成果的转化及推广应用,提高农业产出效率。四是加大农机补贴力度,提升农业机械总装备能力,同时,加速土地资源集约整合,提高农业机械使用效率。五是坚持测土配方施肥,提升土壤质量,确保粮食生产用地可持续性。

(三)加大财政支持力度,完善基础设施,处理好政策的因素

各级政府要继续加大财政投入力度,着重解决好"农民想建而无力建"的农业基础设施建设问题。一是着力未利用土地开发,确保耕地增量速度,为粮食生产打造新载体。二是着力推进中低产田改造,为粮食生产提供新产能。三是着力推进高产创建项目建设,提升粮食生产产出能力。四是着力推进大型水利设施建设,特别是在山区和丘陵地区维护和建设蓄水设施,扩大山区和丘陵耕地的有效灌溉面积,提高抗御旱灾能力。在平原地区建设排涝设施,提高抗御涝灾的能力。五是着力保护生态环境,改善农业生产条件。六是着力建设一批"农民等待观望"的高效种植、良种推广、科技普及等农业产业化、规模化经营示范区和示范项目,引导农民合理投入,保护农民利益。同时,探索农业基础设施建设"谁投资,谁受益"的长效机制,保护投资者权益,从而引导社会资金、农民资金投向农业基础设施,拓宽融资渠道。

(四)加速土地流转,发展规模种植,处理好人力的因素

山东农村从业人员连续22年下降。留守田地劳动力具有年龄偏大、文化素质偏低、技能贫乏的特点,对科学技术应用和农用机械操作技术接受能力偏低,制约了粮食生产效率的提高。要坚持和鼓励农民依法自愿将土地经营权有偿流转,让零散的土地向有经验、有能力、有实力的种粮规模大户、家庭农场和粮食生产合作社集中,实行规模化经营和管理。粮食种植规模化,最大的优势就是种植科学、标准、统一、规范,粮食生产产出效率高。此外,土地流转向规模大户,还能起到稳定粮食种植面积的作用。

完 成 单 位:国家统计局山东调查总队
课题组负责人:王庆国
课 题 组 成 员:马明霞　陈晓林　胡东香
吴金胜　于　镇
执　笔　人:胡东香

第五章　农村土地制度研究:以陕西为例

摘要:土地制度的变化,直接影响农民的生产积极性和对土地的投入热情,进而对粮食生产产生重要影响。本文依据历史资料和大量统计数据,运用支持向量机SVM模型,全面分析了农村土地制度变迁对粮食生产的影响。实证分析结果表明,土地制度对粮食产量有着显著的影响,家庭联产承包责任制促进了粮食的增产,农村土地承包经营权流转对粮食增产也发挥了积极贡献。课题组在陕西省开展调研发现:土地流转制度为规模生产和集约经营创造了条件,提高了农户增加农业生产投入的积极性,有效提高了农业生产效率。陕西省在实行土地流转制度之后,农业劳动力投入产出比和粮食单产都显著提高。为保障粮食生产安全,应进一步完善土地制度,加快推进土地确权,支持发展家庭农场,创建多元补贴机制,推进土地制度创新。使土地"宜粮则粮,宜经则经",保证粮食产量稳定增长,促进农业发展。

民以食为天,食以地为本,土地制度的变化直接影响农民的生产积极性和对土地的投入热情,进而对粮食生产产生重大影响。研究并掌握农村土地制度对粮食生产的影响,对组织安排好粮食的有效供给,解决粮食增产与农民增收、土地分割与规模化生产的矛盾,保障国家粮食安全都具有十分重要的意义。

一、农村土地制度变迁对粮食生产影响的实证分析

从现有文献看,多数学者在研究土地制度对粮食生产的影响时采用了线性模型,即假定粮食产量与影响因素的关系为线性关系,但由于统计数据的缺失和一些政策因素、非客观因素无法度量,线形分析的准确性受到较大影响。因此,课题组采用SVM模型进行实证分析。

(一)变量的选取

从理论上讲影响粮食生产的因素有很多,这些因素基本上可以分为四类:

一是生产要素投入,如土地、劳动力、机械、化肥、灌溉等的投入量。鉴于目前尚未专门对粮食生产过程中的劳动力、农业机械、化肥等投入量进行统计,本文选取农业就业人数、农业机械总动力、农用化肥施用量等指标,分别近似替代粮食生产中劳动力、机械和化肥的投入;选取粮食播种面积作为土地投入的代理变量;选取有效灌溉面积作为水利投入的代理变量。

二是土地经营制度。前述分析可知,我国土地经营制度大体经历三个阶段:人民公社化制度、家庭联产承包责任制和土地承包经营权流转制度。其中,家庭联产承包责任制于 1978 年实施,土地承包经营权流转制度于 2003 年正式确立。

三是农业技术进步。考虑到农业技术进步往往物化在机械、化肥、良种、农膜等生产要素使用方面,生产要素投入能够在很大程度上涵盖农业中的技术进步因素,因此本文不单设指标来反映技术进步对粮食生产的影响。

四是自然灾害。各种自然灾害对粮食产量的影响很大,受灾面积可以反映粮食生产受自然灾害影响的程度,本文使用农作物受灾面积作为自然灾害的代理变量。

本文选取 1958～2013 年全国粮食产量及相关影响因素数据构建模型,其中粮食产量为因变量,标记为 Y;粮食播种面积、农业就业人数、农业机械总动力、农用化肥施用量、有效灌溉面积、农作物受灾面积等指标为自变量,分别标记为 X1、X2、X3、X4、X5、X6。同时,引入因子变量代表土地制度变迁的影响,用 d 标记,其中人民公社化制度实施阶段为 1958～1977 年,d=1;家庭联产承包责任制实施阶段为 1978～2003 年,d=2;土地承包经营权流转制度实施阶段为 2004～2013 年,d=3。所有数据来自历年《中国统计年鉴》和《改革开发 30 年农业统计资料汇编》。

(二)模型的选择

在现实中,粮食产量与各影响因素之间关系复杂,不是单纯的线性关系,还应包含非线性关系,简单设定线性关系将导致模型精确度不高。支持向量机(Support Vector Machine,SVM) 模型是基于统计学习理论,建立在 VC 维理论和结构风险最小原理基础上,它根据有限的样本信息在模型的复杂性和学习能力之间寻求最佳折衷,实现了从训练样本到预测样本的"转导推理",能够高效完成非线性分类和回归等问题,已经在生物信息学、地球物理反演等许多领域取得了成功的应用。本文研究的粮食产量及各影响因素数据是非常典型的小样本数据,同时具备复杂性的非线性关系,适用支持向量机模型。

(三)SVM 模型分析

1. 核函数的确定。 SVM 模型中,核函数可以将样本从低维空间映射到一个高维空间,使得在低维空间里线性不可分的数据在高维空间里线性可分。常用的核函数有线性核(linear)、多项式核(polynomial)、径向基核(radial)和 sigmoid 核函数。核函数的选择往往依据数据的特点,本文利用不同核函数建立模型,通过对比模型的正则均方误差(NMSE),最终选择正则均方误差最小的径向基核函数。所有模型均使用 R 软件中 e1701 包进行分析。

表 2　核函数的选择

核函数	NMSE
radial	0.007808419
linear	0.01587651
polynomial	0.05108158
sigmoid	0.08242434

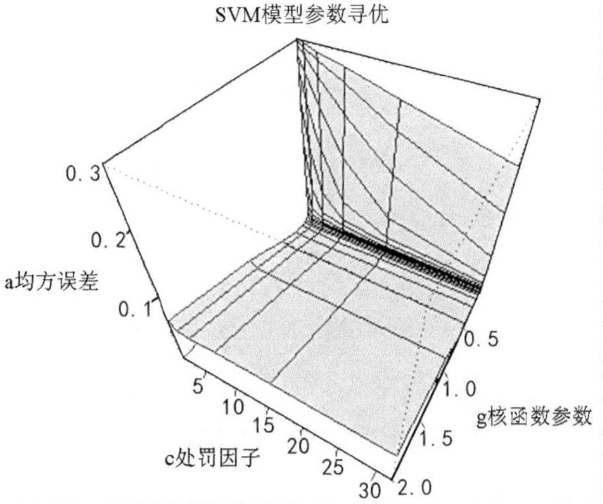

图 1　参数选择

2. 参数寻优。模型参数直接影响SVM模型的性能，参数的选择过程实际就是模型的优化过程。本文采用10折交叉验证方法来考量不同参数下的MSE，寻找最优的惩罚因子c与核函数参数g，通过计算，最终取c=16，g=0.0625，见图1。

3. 模型的拟合与测试。在1958～2013年56个样本（粮食年产量及影响因素）中，分别抽取d=1、d=2、d=3中最后三年作为测试集，即1976年、1977年、1978年；2001年、2002年、2003年；2011年、2012年、2013年等9个年份作为测试集，其余47个年份作为训练集。利用SVM模型对训练集进行拟合训练，并对测试集进行预测，结果见图2和图3。

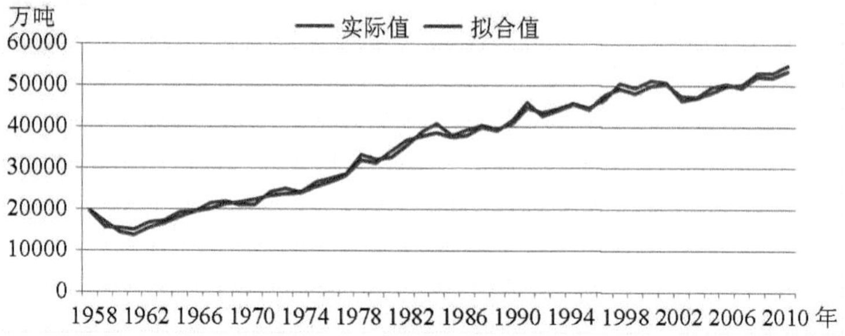

图2　训练集拟合结果

从图3的拟合结果来看，模型拟合值与实际值非常接近，变动趋势基本一致，模型的NMSE仅为0.00653888，表明SVM模型的拟合效果良好。

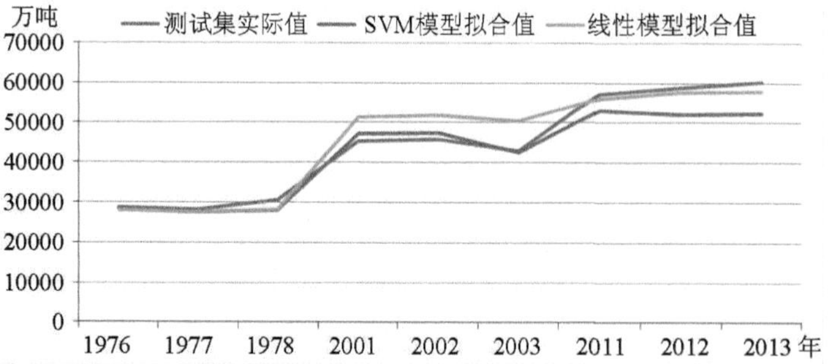

图3　测试集拟合结果

从图4的拟合结果来看，在9个年份中，前6个年份的SVM模型拟合值与实际值非常接近，基本保持一致；后3个年份拟合值与实际值的误差有所增大。同时，与线性模型相比，SVM模型的拟合效果更好，表明SVM模型对粮食产量预测的精度较高，具备良好的解释能力。

（四）土地制度变迁对粮食产量的影响分析

SVM 模型引入核函数，突破了维数灾难和非线性难点，同时也使自变量和因变量之间的关系成为黑箱，无法分析某个自变量变动可对因变量产生的影响。但根据 SVM 模型原理，模型形式的确定依据是训练集，与测试集无关，一旦模型建立完毕，模型既已固定。在模型不被改变的情况下，在训练集之外的样本（测试集）中，控制某个自变量的变动，便可观察该变动对当期因变量的影响，在自变量相互独立的条件下，这种影响可视为在模型环境内，由该唯一变动的自变量引起的。在考察自变量变动影响时，由于事先无法判断自变量对因变量的影响是否单调，当自变量为连续变量时，计算范围广，难度大；但当自变量为因子变量时，可使用穷举法计算自变量的变动影响，这就为本文探索土地制度变迁对粮食生产的影响提供了前提条件。

根据上述分析，本文在测试集中控制土地制度的变迁，即因子变量的变动，将变量 d=1&d=2 的年份，变动为 d=3，通过模型考量此变动引起的粮食产量回归值的增减，以此衡量土地承包经营权流转制度对粮食产量的影响。利用穷举法依次考察 d=2&d=3 变动为 d=1、d=1&d=3 变动为 d=2 的影响，最后汇总得到土地制度变迁对粮食产量的影响。

为保证模型结果的准确性，本文采取重复建模的方法，即随机选取测试集，用余下的数据组成训练集构建模型，重复十次构建十个 SVM 模型，综合考察土地制度变迁对粮食产量的影响，结果见表 3：

表 3　土地制度变迁对粮食产量的影响分析

土地制度变迁	人民公社化制度对粮食产量的影响（d=1）	家庭联产承包责任制对粮食产量的影响（d=2）	土地承包经营权流转制度对粮食产量的影响（d=3）
模型 1	−2.88%	1.24%	0.47%
模型 2	−2.24%	2.07%	1.61%
模型 3	−2.46%	2.95%	1.89%
模型 4	−2.29%	2.75%	2.58%
模型 5	−2.03%	1.20%	1.74%
模型 6	−2.09%	1.87%	1.76%
模型 7	−2.21%	2.18%	1.62%
模型 8	−2.36%	1.89%	3.16%
模型 9	−2.31%	1.09%	2.48%
模型 10	−2.40%	1.14%	0.60%
均　值	−2.33%	1.84%	1.79%

(五)启示及结论

1. 从模型结果可以看出，在三种土地制度中，人民公社化的土地制度对粮食产量存在明显的负向影响，影响程度均值为－2.33%；家庭联产承包责任制下的土地制度对粮食产量的影响为正向，影响程度均值为1.84%；土地承包经营权流转的土地制度对粮食产量的正向影响程度均值为1.79%。

2. 从人民公社化到家庭联产承包责任制，土地制度变化对粮食生产产生了非常积极的影响，影响程度均值从－2.33%上升至1.84%，表明土地制度变化充分调动了农民种粮积极性，农民土地投入增加，提高了粮食生产率。

3. 从十个测试结果看，家庭联产承包责任制和土地承包经营权流转制度对粮食产量的影响各有高低，从影响程度均值看，两者分别为1.84%和1.79%，基本相当。土地承包经营权流转制度是以家庭联产承包责任制为基础的制度链延续，其对粮食产量的影响效应也应依附于甚至更优于家庭联产承包责任制。但由于生产性投入作为单独的影响因素进入模型，土地流转导致的生产性投入增加进而带来粮食产量增加不会计入土地制度的影响部分，从而使土地流转对粮食产量的间接影响被忽略了，而被忽略的部分实际上影响很大。另外，流转后产生了一定的非粮化、非农化现象，部分抵消了土地流转对粮食产量的正向影响。因此，土地流转对粮食产量的影响程度均值上略低于家庭联产承包责任制。

二、陕西农村土地制度变迁对粮食生产影响的实践验证

陕西省拥有耕地5978万亩(2013年)，占土地总面积的19.4%；农业人口2333万人，占全省总人口的62%。陕西是是中国农耕文明的发祥地，农业种植历史悠久，农业发展历程在全国有较强的代表性。为进一步验证模型研究的结论，在陕西全省范围内开展了农村土地流转专题调研，对建国以来陕西各时期的土地制度进行了深入研究。

(一)人民公社时期(1958～1977年)

从1958年到1977年的20年间，农业生产以生产队为基本单位，计划经济占主导地位，土地由集体统一组织经营和管理。这一时期，陕西粮食年均

产量577.6万吨，虽然比土改和合作社时期有较大提高，但年均增速仅为2.2%，低于土改和合作社时期3.7%的年均增速，大锅饭严重束缚了农民的积极性和创造性；全省粮食亩产84.5公斤，比土改和合作社时期提高了34%，但人均粮食拥有量仅为251.8公斤，比土改和合作社时期减少了29公斤之多。这一时期，全省农业人口达到2357万人，比解放初期的1949年增长1倍，比人民公社前的1957年增长52.6%，农业人口占全省人口的85.7%，但粮食产量仅增长了31.7%。由于生产者与生产经营权利及生产收益没有关系，农民依靠出工计工分取得劳动分配所得，极大地影响了生产效率的提升。人民公社时期，陕西粮食生产农业劳动力投入产出比不足800公斤/人，与土改和合作社时期基本相当，这一时期的粮食增产主要依靠农村劳动力数量的快速增加，而农民公社的土地制度则没有明显的促进作用。

(二)家庭联产承包责任制时期(1978～2003年)

1978年，党的十一届三中全会顺利召开，我国农村经济进入新的历史发展时期，以家庭联产承包为形式的生产责任制在陕西全面推行，土地经营权和产品收益权回归农民手中，农民的生产热情空前高涨，粮食产量迅速增加。1978～2003年，全省粮食年均产量达到999.1万吨，比人民公社时期提高了73%；年均亩产168.5公斤，比人民公社时期增长近1倍；全省人均粮食拥有量超过300公斤，比人民公社时期提高22.2%；农业从业人数由780万人增加到990万人，粮食生产农业劳动力投入产出比达到1043.1公斤/人，比人民公社时期提高31.2%。家庭联产承包责任制使农业生产效率大幅提升，粮食产量不断实现突破，26年间有12个年份粮食总产超过千万吨。1984年粮食总产首次突破1000万吨大关，达到1024万吨，结束了陕西吃粮依靠调进的历史，被国家确定为粮食供需平衡省份；1993年粮食总产突破1200万吨，达到1215万吨；1998年粮食总产创历史最高水平，突破1300万吨大关，达到1303万吨，是1949年的3.94倍，是1977年的1.68倍。

(三)土地承包经营权流转时期(2004～2013年)

2003年，我国农村土地承包经营权流转制度正式确立，土地承包权和经营权分离，土地的价值范畴得以拓展，农产品附加值得以提升，多种经营进一步激发了农民的生产积极性和对土地的投入热情，土地利用率和生产效益提高。这一时期，陕西农业生产总值由2003年的334.5亿元跃升至2013

年的1714.8亿元，年均增长17.8%；粮食生产顺利实现“十连丰”，总产由2003年的968.4万吨稳步增加至2013年的1215.8万吨，年均增长2.3%，增速快于家庭联产承包责任制时期。土地流转实现了农民对土地利益的拥有权，因而农民自觉自愿加大了对土地和农业生产的投入，激发了土地资源的活力，2013年全省每公顷耕地投入农业机械总动力8.1千瓦，每公顷耕地化肥施用量达到842公斤，分别比2003年提高84.5%和65.1%，年均增长6.3%和5.1%。土地流转为规模化生产创造了条件，有效降低了单位生产成本，提高了粮食生产效益，2013年全省粮食亩产261公斤，劳动力投入产出比达到1570公斤/人，分别比2003年提高26.2%和60.3%。陕西省在实行土地流转制度阶段的劳动生产率远高于单纯家庭联产承包责任制时期，2004～2013年的平均农业机械总动力和年均化肥施用量分别比1984～2003年的平均水平提高了116.8%和99.2%。这基本印证了模型对全国数据分析的结果：在忽略土地流转通过农业生产性投入提高对粮食产量产生的间接影响下，土地流转制度对粮食产量的直接影响与单纯联产承包责任制的效果大体相当，在考虑到间接影响的情况下，土地流转制度对粮食产量的正面影响要超过单纯联产承包责任制。2003至2013年，陕西农民人均纯收入由1676元增加至6503元，年均增长14.5%。这一时期，在耕地面积逐渐减少、农村劳动力快速下降的大坏境下，适宜的土地制度和生产性投入增长使粮食单产大幅提高，即使在非粮化倾向的影响下，全省人均粮食拥有量也比家庭联产承包责任制时期略有提高。

表4　各时期陕西粮食产量及生产效率对比

历史阶段	年均总产（万吨）	年均亩产（公斤/亩）	年人均拥有量（公斤/人）	年均农业劳动力投入产出比（公斤/人）
土改和合作社时期（1949～1957年）	438.6	63.0	280.9	790.3
人民公社（1958～1977年）	577.6	84.5	251.8	794.9
家庭联产承包责任制（1978～2003年）	999.1	168.5	307.6	1043.1
土地承包经营权流转（2004～2013年）	1125.6	239.3	309.7	1316.7

数据来源：根据《陕西六十年》《2014陕西统计年鉴》加工计算。

三、进一步完善土地制度的政策建议

综上研究，土地制度变化对粮食生产影响重大。家庭联产承包责任制在改革开放初期为粮食产量带来了飞跃式的增长,但随着经济的发展,单纯的联产承包制度效应逐步减弱,而建立在承包责任制基础上的经营权流转制度对提高农民积极性,促进粮食生产表现出越来越重要的作用。今后,政府必须进一步完善以家庭联产承包责任制为基础的土地制度,适度推行土地流转,为现代农业发展奠定坚实的制度基础,促进农民增收,保证粮食安全。

(一)加快推进土地确权,确保农民对土地的财产权利

进行农民承包地、宅基地、林地、荒地等的确权、登记和颁证,固化农民与土地及其他财产关系,是落实农村土地承包制度"长久不变"、保障法律赋予农民的财产权利益、确保土地规范和有序流转的前提条件,只有确保农民土地承包权,搞活土地经营权,赋予农民土地处置权,使农村土地和宅基地具有可抵押价值,实现农民土地承包权物权和宅基地用益物权,才能使农户成为土地流转决策中的主体和主导,才能进一步提升土地流转和规模经营的市场化操作水平。陕西农村土地确权工作已经进入实施阶段,其中将有三分之一的县(市、区)于 2014 年底完成土地确权,其他地区将于 2015 年陆续完成确权工作。在土地确权工作中,要抓住三个重点:一是做好精细化工作。土地确权是一项基础性工作,相当于给土地颁发身份证,需要精确的认证信息如地理位置标识等,往往一户农户可能会有多个承包地块且大小不一,因此确权工作量很大,必须以对农户高度负责的态度做好确权工作。二是保障集体土地经营权不流失。土地确权流转后,集体土地所得与农户个人利益关系有可能疏远,易造成利益分配矛盾,需成立村集体土地管理协会,保障农户对集体土地的利益参与分配的权力。三是保障农用耕地和粮食用地。确权后土地自由化程度提升,耕地的用途更加难以控制,相关部门要加强引导和督查,确保粮食种植和农业用地不减少。

(二)支持推广家庭农场,探索以种粮为主的土地规模经营

调查显示,以普通农户耕种承包地而言,每户不足 10 亩耕地种植粮食基本没有收益,旱地种粮收入仅够保本,水浇地种两季可保证一季收益,而家庭农场和种植大户依靠规模化经营获得的收益则较高。以关中水浇地为例,普通农户种植小麦和玉米,一年两季每亩收获粮食 1000 公斤,毛收入 2300 元,扣除成本年收益不足 1000 元,种粮一年不如打工一月。农业合作

社或家庭农场规模种植，施肥、除草定时定量，管理精细化每亩可增产 50～100 公斤，自有机械种、收、喷药、除草成本节约 10%，种子、化肥、农药批量采购成本节约 5%，自有水灌系统和设施节约成本忽略不计，粮食收购订单价格提高 5%，每亩年收益至少可达 1300 元以上。因此，顺应经济发展现实，积极推进土地流转，鼓励家庭农场、专业合作社依托自有条件和自身优势开展粮食规模化生产，既是实现农业现代化、促进农民增收的要求，也是实现粮食安全生产的根本途径。一是积极引导、鼓励创建家庭农场。放宽工商登记政策，实行家庭农场免费注册登记；协助家庭农场集中连片流转土地，对协助家庭农场一次性连片流转 300 亩、500 亩土地且流转期限 5 年以上的村镇给予奖励；保障家庭农场生产设施用地和附属设施用地。二是提供税收金融保险支持。把家庭农场作为农业信贷的重点，帮助其解决生产性、季节性和临时性资金需要，下浮贷款利率，提供相关保险金融担保倾斜服务。三是实施种粮直补、良种补贴、农资综合补贴、农机具购置补贴及新增补贴政策向家庭农场倾斜，保障家庭农场享受用电、用水优先和优惠政策，支持家庭农场改善生产条件。

（三）创建多元补贴机制，以精准补贴调动农民积极性

2013～2015 年陕西粮食综合补贴每亩补贴标准为关中 81 元、陕南 72 元、陕北 56 元，仅相当于 25～35 公斤粮食，不及一个小工的日工资，且实际发放与种不种粮没有关系。调查显示，粮食直补对保障种粮意义不大，粮食种植大户更希望得到贷款扶持和融资渠道。因此，应及时调整种粮补贴的方式和力度，以多元化和精准化补贴调动粮农积极性。一是增加土地流转补贴，对于流转给种粮大户土地的承包者，比照流转给非粮种植的流转收益，实行差额现金补贴，引导农民将土地流转给种粮大户；二是将粮食直补向粮食种植大户倾斜，对规模种植户提高补贴标准，加大补贴力度；三是加大对粮食种植机械补贴力度，引导家庭农场和专业合作社积极参与粮食生产，引导粮食生产向标准化、规模化、集约化、机械化、现代化发展，从而进一步推动土地规模流转与经济发展需求的紧密结合。

（四）推进土地制度创新，保障粮食安全生产

近年来，农民工回归本乡本土速度加快，主要是由于回乡种粮的生活更舒适安逸，并能兼顾照顾家人。农户即使务工也不愿意流转承包地的现象越来越多,但散户自耕自种的生产效益低下,极大地降低了土地使用效率和粮食生产效率。因此,需积极探索建立农民多元化财富积累机制,以农村土地入股改革为发端,鼓励农民创建、参与农村集体股份合作社、农村土地股份合作社,把一些农民长期不愿经营、不会经营的土地流转到一起,实现“土地变股权、农民变股东、有地不种地、收益靠分红”的新型土地制度,使土地“宜粮则粮,宜经则经”,壮大农业生产发展力量,使土地制度成为深化农村改革、保障粮食安全生产、促进农业现代化发展的重要引擎。

完 成 单 位:国家统计局陕西调查总队
课题主持人:王恩斗
课题组成员:谭静池　李云耀　李　玲
李东涛　刘　梅　董春梅

第六章　粮食补贴政策研究:以广西为例

摘要:从2004年起,国家陆续出台了一系列促进粮食生产的补贴政策,经过不断完善和优化,初步形成了我国粮食补贴政策体系,在调动农民种粮积极性、提高粮食产出、保障国家粮食安全、促进农民增收等方面取得了明显的成效。随着农村经济发展和城镇化推进,粮食补贴政策的一些深层次问题不断显露,亟待规范和调整。本文以广西为例,通过向全区20个县600家农户施行问卷调查,了解粮食补贴政策执行情况及农民对补贴政策的评价,对近年来广西粮食补贴政策取得的成效以及存在的问题进行分析。本文还用VAR模型对"十三五"期间广西早稻生产成本收益进行了测算,得出粮食补贴对每亩粮食产值的变动具有重要的作用,最后提出加快粮食补贴立法、建立符合WTO规则的粮食补贴政策以及加大粮食补贴力度、改进补贴方式等对策与建议。

一、我国粮食补贴政策对粮食产出的影响

(一)我国粮食补贴政策与粮食产出

1978年以来,多种形式的农业生产责任制的开创极大地调动了广大农民的生产积极性。我国粮食产量逐年提高,1998年达51230万吨,创历史最好水平。但之后5年粮食产量连续下降,到2003年仅有43070万吨。为扭转连续减产的局面,自2004年起,国家连续出台多种支农惠农政策,如种粮直补、良种补贴、农资综合补贴以及最低收购保护价等政策,构建了适应中国国情、管理较为规范的粮食补贴政策体系。这一政策体系从政策功能上看,减缓了农产品价格波动对农民收入的影响,稳定了农业生产成本,提高了品种技术和农业机械化水平,稳定了粮食生产,保障市场供给。

一系列的惠农政策进一步调动了农民劳动生产积极性,扭转了粮食连年减产的局面,粮食播种面积从2003年的9941万公顷逐年增加到2013年的11195.6万公顷,年均增加125.5万公顷;粮食产量实现十连增,由2003

年的 43070 万吨提高到 2013 年的 60194 万吨，年均增加 1712.4 万吨，提前 4 年实现了《国家粮食安全中长期规划纲要(2008～2020 年)》提出的 2020 年国内粮食产量应达到约 5450 亿公斤的目标。农民人均纯收入从 2003 年的 2622.2 元，增加到 2013 年的 8895.9 元，年均增加 627.4 元。从这些数据中不难看出，我国粮食补贴政策对提高粮食产量起到了很好的促进作用，为我国国民经济健康快速发展，粮食市场平稳运行奠定了物质基础。

表 1　全国粮食产量、粮食补贴及农民人均纯收入情况表

年份	粮食播种面积(万公顷)	比上年增加(万公顷)	粮食产量(万吨)	比上年增加(万吨)	中央种粮直补、农资综贴合计(亿元)	比上年增加(亿元)	农民人均纯收入(元)	比上年增加(亿元)
1978	12058.7		30477				133.6	
1980	11723.4	−335.3	32056	1579			191.3	
1985	10884.5	−838.9	37911	5855			397.6	
1990	11346.6	462.1	44624	6713			686.3	
1995	11006	−340.6	46662	2038			1577.7	
1996	11254.8	248.8	50454	3792			1926.1	348.4
1997	11291.2	36.4	49417	−1037			2090.1	164.0
1998	11378.7	87.5	51230	1813			2162.0	71.9
1999	11316.1	−62.6	50839	−391			2210.3	48.3
2000	10846.3	−469.8	46218	−4621			2253.4	43.1
2001	10608	−238.3	45264	−954			2366.4	113.0
2002	10389.1	−218.9	45706	442			2475.6	109.2
2003	9941	−448.1	43070	−2636			2622.2	146.6
2004	10160.6	219.6	46947	3877	116		2936.4	314.2
2005	10427.8	267.2	48402	1455	132	16	3254.9	318.5
2006	10495.8	68	49804	1402	268	136	3587.0	332.1
2007	10563.8	68	50160	356	427	159	4140.4	553.4
2008	10679.3	115.5	52871	2711	633	206	4760.6	620.2
2009	10898.6	219.3	53082	211	946	313	5153.2	392.6
2010	10987.6	89	54648	1566	872	−74	5919.0	765.8
2011	11057.3	69.7	57121	2473	263.52	−608.48	6977.3	1058.3
2012	11120.5	63.2	58958	1837	1140.59	877.07	7916.6	939.3
2013	11195.6	75.1	60194	1236	1165.39	24.8	8895.9	979.3

资料来源:国家统计局《2014 年中国统计摘要》、网站数据库、中国财政年鉴、财政部网站数据。

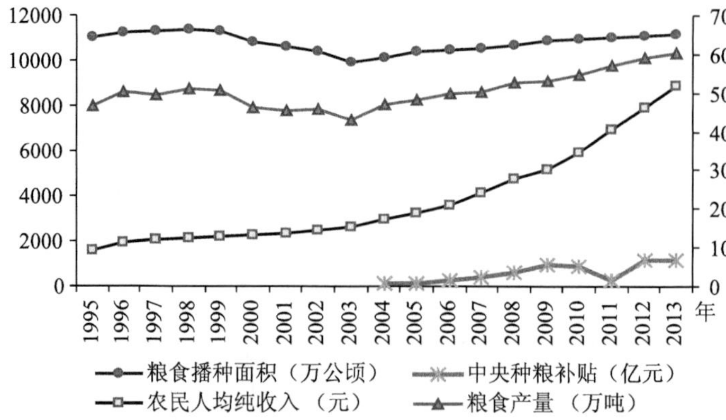

图 1　全国粮食产量、粮食补贴及农民人均纯收入折线图

(二)粮食补贴与农业劳动生产率的影响关系分析

粮食补贴可以提高农民的生产积极性,加大农民对农业生产的投入,从而提高粮食产量。粮食产量主要受到耕地面积、劳动力、资本投入、品种以及种植技术等方面的影响。而品种及技术又较大程度地与资本相关,假定其它生产要素保持稳定,那么我们可以认为粮食产量主要与劳动力和资本投入相关,则粮食生产函数的经济表达式为:Q=F(L,K)。其中 Q 为粮食产量,L 为劳动力投入,K 为资本投入,Q1、Q2 为两条等产量曲线。

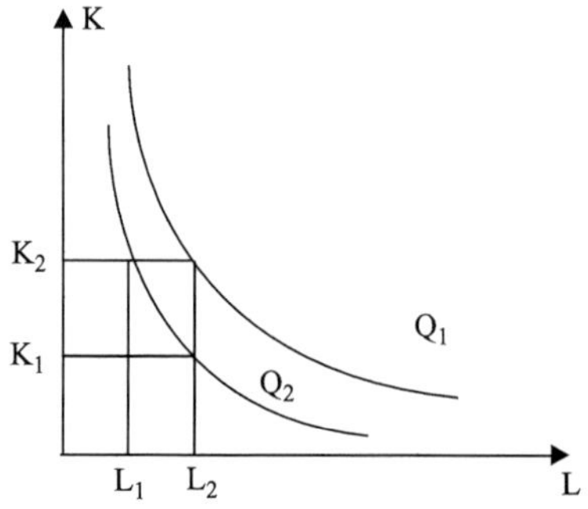

粮食补贴金额可以看做加大对农业生产的资本投入,那么从上图中我们不难看出,在劳动力(L)不变的情况下,资本(K)的提高必然会带来粮食产量(Q)的提高;同样的,在粮食产量(Q)相等的情况下,资本(K)的提高必然会使劳动力(L)的投入减小,即降低了单位面积的劳动成本,换言之就是劳动生产率提高。

(三)学术界对我国粮食补贴政策体系的主要观点

目前,学术界对我国粮食补贴政策有不同的看法。支持者的观点占主流,认为粮食补贴政策扭转了长期以来农业为工业提供经济剩余、农村为城市化提供资本积累的政策导向,终结了“二元结构”的制度藩篱,大大缓解了由于政策制度不公平所积累的社会压力。有些学者从种粮农民的动机入手来解释补贴政策效应的大小,认为政策出台之后,种粮规模大的农户有增加播种面积的行为倾向,规模小的农户有减少播种面积的倾向,政策达到了预期效果;还有一些学者通过实证分析证明粮食补贴方式改革达到了使农民收益提高、财政减负、培育非国有粮食购销主体、活跃粮食购销市场的效果,促进了国有粮食企业的改革,改善了农业种植结构。但也有学者持谨慎看法,他们认为,文件政策效果明显,但经济效果不明显。还有极少数学者认为,直接补贴只能稍微增加农民的收入,但对生产性投入及生产增长几乎无影响,仅仅是转移支付而不能提高生产。

二、广西粮食补贴政策效果评价

我国现行的粮食补贴政策不同地区因地质、产业结构、经济发展状况等因素的差异,补贴的侧重点和政策效果有所不同。本文以广西自治区为例,阐述广西农民对粮食补贴政策执行效果评价情况。

多年来,广西认真贯彻落实国家强农惠农政策,以优化农业产业结构,实现粮食增产、农民增收为目标,出台了一系列符合广西农业发展实际的补贴政策。现阶段广西实施的粮食补贴政策主要有:种粮直补、农资综合补贴、良种补贴、退耕还林补贴、测土配方补贴、土壤有机质提升补贴等。粮食补贴政策惠及广西各市县区,对稳定粮食产出量,保障市场供给;改善粮食品质,减轻农资成本上涨压力,提高农民收入具有重大的现实意义。

自 2004 年实施粮食补贴政策以来,粮食补贴的金额从 2004 年的 2496 万元(仅有粮食直补一项)增加到 2013 年的 37.1 亿元(包括粮食直补、农资综合补贴和良种补贴),粮食产量也从 2004 年的 1473.2 万吨增加到 2013 年的 1521.8 万吨。为掌握广西农民对粮食补贴政策执行情况的看法,国家统计局广西调查总队于 2014 年 8 月份,对全区 20 个县的 600 家农户开展了问卷调查。下面将阐述此次调查结果。

（一）粮食补贴政策执行情况

1. 近七成以上农户知晓粮食补贴政策。在给出的 4 个重要粮食补贴种类选项中，良种补贴、种粮补贴知晓度分别为 83％、80％，农机购置补贴、农资综合补贴分别为 75％、70％；知晓的主要渠道是政府宣传，占农户总数的 78％，“电视节目”占 45％、“其他”占 26％、“报纸杂志”占 18％。

2. 九成以上的农户享受粮食补贴。调查中九成以上的农户表示获得了至少一种的补贴，其中，表示曾经享受过“良种补贴”、“种粮直补”的农户分别为 75％、70％，表示曾经享受过“农资综合补贴”、“农机购置补贴”的农户分别占 66％、31％。

3. 超过半数农户认为三年来补贴资金基本没变化。调查发现，尽管近年来国家农资综合直补资金年均增幅接近 30％，粮价年增幅在 10％左右，但是由于种子、农药和化肥的价格上涨幅度远远高于粮食价格和直补资金的上调幅度，抵消了直补和粮价上调给农户所带来的实惠，因此很多农户基本体会不到补贴金带来的好处。同时，由于一些补贴发放没有项目和标准清单、发放不及时等，造成部分农户只知道“一卡通”里打进了钱，却不知道补贴的名称和标准。

4. 约六成农户认为粮食补贴对生产生活帮助比较大。当问到“您当前所享受的农业补贴项目对您的生产生活有多大帮助”时，有 59％的农户认为帮助比较大，有 41％的农户认为帮助比较小。

（二）对粮食补贴政策执行情况的评价

1. 超过八成的农户认为粮食补贴执行公平公正。87％的农户对“您觉得当地农业补贴的发放是否做到了公平公正?”问题回答时表示“公平公正”，表示“没有公平公正”的占 13％，主要是因为自己租赁别人的土地进行粮食生产，而补贴金仍发放到原土地承包者的手中，自己种了粮却没有得到补贴，因此觉得不公平。也有少部分农民认为自己符合补贴条件，向有关部门申请却没有获得补贴。

2. 超七成农户认为粮食补贴执行公开透明。在对“您觉得当地农业补贴的发放是否做到了公开透明?”问题的回答中，有 74％的农户表示“公开透明”，表示“没有公开透明”的占 26％。不少农户表示，不知道政府什么时候出了公示，有的公示情况比较笼统，很多农户都是看存折才知道自己拿了补贴,但不清楚自己拿的是哪一种补贴,因此,不少农户觉得补贴发放不够公开透明。

3. 农户对农业补贴的总体满意程度达八成。在对"您对农业补贴在执行过程中的满意程度"问题的回答中,有80%的农户表示满意,其中"非常满意"占13%,"比较满意"占30%,"一般满意"占37%;表示"不满意"的占20%。不满意体现在,部分农户表示补贴资金的发放虽然基本到位,但不够及时,有些补贴项目的资金总是往后拖。还有部分农户表示有些补贴如农机购置补贴,办理手续太繁琐,申请时间比较长。

(三)广西粮食补贴执行存在的问题

1. 政府宣传有待加强。一些涉及环境保护和品种技术如退耕还林、土壤有机质补贴、测土配方施肥补贴、以及劳动力转移培训补贴等项目鲜为人知,不利可持续发展战略的实施和农民农业技术水平的提高。

2. 补贴制度有待完善。调查显示,部分土地已不再种植粮食,部分农民将耕地流转他人种植,而粮食补贴经费按照承包地发放的方式,形成了耕不耕种土地、种不种粮食的农民照拿补贴,承包他人土地耕种粮食的农民享受不到补贴的不平等的局面,违反了出台粮食补贴政策调动粮食生产的初衷,种粮农户反应强烈。

3. 资金发放笼统。由于大多数农户的耕地面积少,所享受到的补贴也不多,尽管钱拿到手了,但大多数农户对发放的补贴资金项目和标准不清楚,较大程度上模糊了政策的导向作用。

4. 补贴标准低,难以应对农业生产成本的快速上升,不利于农业经济效益的提高。

三、"十三五"期间广西粮食生产成本收益测算

(一)构建VAR模型

影响粮食成本收益的因素通常分为生产投入、气象、市场和社会经济因素三类。根据能够计量、具有农学意义两个原则,同时结合影响因子分析的结果,在建模分析中,本文选取了如下与粮食成本收益相关联的指标变量,各变量及其具体含义解释如下:

1. 每亩总成本(ZCB),本文选取2004～2013年广西自治区物价局成本

调查队对广西 17 个粮食生产大县早稻进行持续调查获得的每亩总成本；

2. 每亩总产值(cz)，由主产品产值和副产品(米糠、谷壳和碎米)产值构成；

3. 每亩种粮补贴(bt)，由每亩粮食直补、农资综合补贴和良种补贴三部分构成，其中 2004 年和 2005 年每亩粮食补贴只有粮食直补这一项补贴。

建模时，为了剔除价格波动影响，每亩总成本、每亩总产值和每亩种粮补贴数据除以各年的定基稻谷价格指数。

本文拟对早稻每亩总成本、每亩种粮补贴和每亩早稻总产值等指标，通过 VAR(向量自回归模型)进行建模，分析早稻生产成本收益之间的变动关系，并结合 VAR 模型进行“十三五”时期(2015～2020)早稻成本收益预测。

VAR(Vector Autoregression)模型是非结构化的多方程模型的代表，可以有效避开结构建模方法中需要对系统中每个内生变量关于所有内生变量滞后值函数的建模问题，常用于相关时间序列系统的预测和随机扰动对变量系统的动态影响分析，通常的 p 阶 VAR 模型数学表达式如下。

$$y_t = A_1 y_{t-1} + \cdots + A_p y_{t-p} + B_t x_t + \cdots + B_r x_{t-r} + \varepsilon_t \tag{1}$$

其中，y_t 为 m 维内生变量向量，x_t 是 d 维外生变量的量，A_1，A_p 和 B_t，B_r 是待估计的参数矩阵，内生变量和外生变量分别有 p 阶和 r 阶滞后期。ε_t 是随机扰动项，其同时刻的元素可以彼此相关，但不能与自身后期和模型右边的变量相关。模型(1)中内生变量有 p 阶滞后，所以可以称其为一个 VAR(p)模型。根据 AIC 和 SC 信息量取值最小的准则确定模型的阶数。

运用 VAR 模型及选取指标，运用广西早稻数据，通过对 VAR 模型的格兰杰因果检验、确定最大滞后阶数及平稳性检验，最后建立的模型如下：

zcb=－0.0612554839001 * cz(－1)－0.037601525532 * cz(－2)＋0.549668765229 * zcb(－1)＋0.155109589394 * zcb(－2)＋2.54703611599 * bt(－1)＋0.564384924534 * bt(－2)＋239.506517419

cz=－1.1235843388 * cz(－1)－0.720644083362 * cz(－2)＋1.72968159994 * zcb(－1)＋1.41612048446 * zcb(－2)＋8.05449883408 * bt(－1)－1.46361477594 * bt(－2)＋142.100910536

bt=0.0378090638067 * cz(－1)＋0.0325020742822 * cz(－2)－0.323929682227 * zcb(－1)＋0.21184707212 * zcb(－2)＋0.716063856487 * bt(－1)＋0.305785168227 * bt(－2)＋40.7772015109

Vector Autoregression Estimates
Date: 10/05/14 Time: 11:52
Sample (adjusted): 2006 2013
Included observations: 8 after adjustments
Standard errors in ( ) & t-statistics in [ ]

	CZ	ZCB	BT
CZ(-1)	-1.123584	-0.061255	0.037809
	(1.44858)	(0.33901)	(0.17697)
	[-0.77564]	[-0.18069]	[0.21365]
CZ(-2)	-0.720644	-0.037602	0.032502
	(1.14266)	(0.26742)	(0.13959)
	[-0.63067]	[-0.14061]	[0.23283]
ZCB(-1)	1.729682	0.549669	-0.323930
	(3.58164)	(0.83822)	(0.43755)
	[0.48293]	[0.65576]	[-0.74032]
ZCB(-2)	1.416120	0.155110	0.211847
	(1.94215)	(0.45453)	(0.23727)
	[0.72915]	[0.34126]	[0.89287]
BT(-1)	8.054499	2.547036	0.716064
	(7.82866)	(1.83215)	(0.95640)
	[1.02885]	[1.39019]	[0.74871]
BT(-2)	-1.463615	0.564385	0.305785
	(9.56487)	(2.23848)	(1.16850)
	[-0.15302]	[0.25213]	[0.26169]
C	142.1009	239.5065	40.77720
	(829.589)	(194.150)	(101.348)
	[0.17129]	[1.23362]	[0.40235]
R-squared	0.947922	0.994408	0.937188
Adj. R-squared	0.635457	0.960856	0.560316
Sum sq. resids	15319.17	839.0430	228.6313
S.E. equation	123.7706	28.96624	15.12056
F-statistic	3.033690	29.63764	2.486753

其中：CZ：每亩早稻总产值，CZ(－1)代表滞后一期每亩早稻总产值，CZ(－2)代表滞后二期每亩早稻总产值；bt：每亩早稻种粮补贴，bt(－1)代表滞后一期的每亩种粮补贴，bt(－2)代表滞后二期每亩种粮补贴；zcb：每亩早稻总成本，zcb(－1)代表滞后一期的每亩早稻总成本，zcb(－2)代表滞后二期每亩早稻总成本，模型总体的拟合优度 R^2 值分别为：0.947、0.99、0.937，拟合效果非常好，适合预测使用。

(二)基于 VAR 模型的方差分解分析

基于 VAR 模型的方差分解分析是通过分析每一个结构冲击对内生变量的变化(这种变化用方差来衡量)的贡献程度，进而评价不同结构影响冲击的重要性。

从上图方差分析结果来看，在每亩总产值预测的误差分解中，从平均贡献率来看，BT(每亩种粮补贴)对 CZ(每亩总产值)贡献程度最大，从第二期

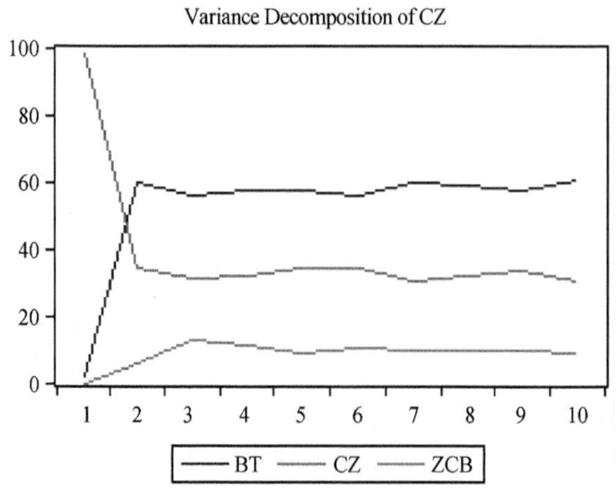

开始方差分析结果基本稳定,来自种粮补贴对每亩总产值预测误差的贡献程度稳定在60%左右。可见,粮食补贴对每亩粮食产值的变动具有重要的作用。

(三)"十三五"期间广西早稻生产成本测算

运用上面建立的VAR模型进行预测,预测结果如下:

表2 2004~2013年广西早稻成本收益预测结果

年份	总成本真实值(元)	总成本预测值(元)	相对误差(%)	总产值真实值(元)	总产值预测值(元)	相对误差(%)
2004	444.28	NA		590.25	NA	
2005	533.94	NA		563.35	NA	
2006	549.59	545.2062	0.7977	655.20	636.4708	2.8589
2007	555.83	568.0064	2.1907	662.30	719.6594	8.6607
2008	614.87	622.898	1.3056	825.34	775.6581	6.0194
2009	703.00	700.9682	0.2890	912.13	885.9898	2.8664
2010	769.83	775.3428	0.7161	893.94	966.3868	8.1040
2011	829.84	829.2519	0.0709	1122.82	1041.064	7.2816
2012	882.62	877.3322	0.5991	1157.21	1144.719	1.0793
2013	925.80	926.8029	0.1083	1144.83	1211.729	5.8432

数据来源:广西自治区物价局成本调查队

注:相对误差计算公式为:|预测值-真实值|/真实值*100%

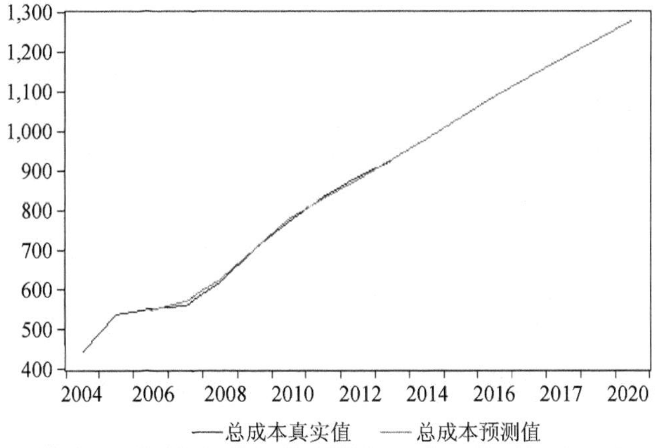

图 2　每亩成本值动态模拟结果(样本期 2004～2020 年)

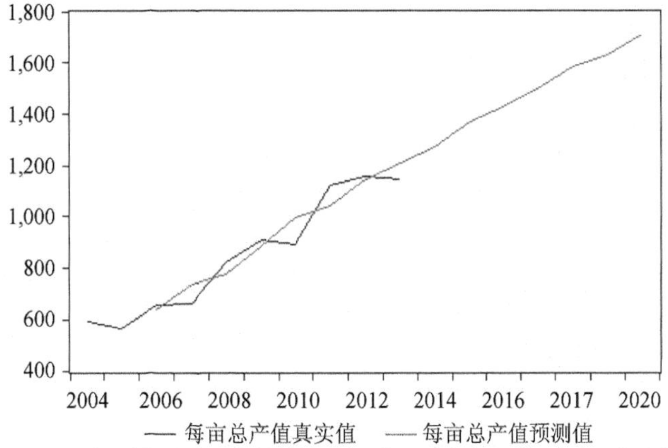

图 3　每亩总产值动态模拟结果(样本期 2004～2020 年)

通过表 2、图 2 和图 3 预测结果来看,模型整体拟合效果很好,以 2006～2013 年为例,总成本的预测值和实际值之间的相对误差最大值为 2.19%,最小值为 0.07%,相对误差都比较小,说明运用模型进行预测所得结果比较精确。

总产值的预测值和实际值之间的相对误差最大值为 8.66%,最小值为 1.07%,相对误差范围在合理范围之内,说明运用模型进行预测所得结果比较理想。"十三五"期间广西早稻每亩生产成本收益预测值结果如下:

表 3 "十三五"期间广西每亩早稻生产成本收益预测值

单位:元

年份	每亩总成本		每亩总产值		每亩成本产值率(%)(总产值/总成本)	每亩产出增加额(总产值—总成本)
	预测值	实际值	预测值	实际值		
2010	775.3428	792.93	996.3868	920.76	128.51	221.04
2011	829.2519	878.80	1041.064	1189.07	125.54	211.81
2012	877.3322	910.86	1144.719	1194.24	130.48	267.39
2013	926.8029	946.17	1211.729	1170.02	130.74	284.93
2014	979.0475		1270.844		129.80	291.80
2015	1035.418		1372.163		132.52	336.75
2016	1087.474		1427.538		131.27	340.06
2017	1136.124		1499.426		131.98	363.30
2018	1184.614		1581.485		133.50	396.87
2019	1230.895		1631.367		132.54	400.47
2020	1278.042		1708.689		133.70	430.65

从表 3 我们可以看出,未来"十三五"期间,生产成本随着时间的推移在逐步增加:从 2015 年的 1035.4 元/亩增加到 2020 年的 1278 元/亩,生产收益的总产值随着时间推移也在逐步增加,从 2015 年的 1372.2 元/亩增加到 2020 年的 1708.7 元/亩。每亩成本收益率 2016 年最低为 31.27%,2020 年达到最高为 33.70%。

四、完善我国粮食补贴政策的对策建议

(一)加快粮食补贴立法

我国《农业法》对国家支持农业发展的产业政策做出全面而具体的制度安排,但在指导原则、体例结构、具体规范设计上,粮食补贴在我国的法律规范和约束中并没有明确的支持规定,而仅以政策或部门规章的形式表现,缺乏较强的约束力。因此,将粮食补贴各项政策纳入农业立法范围,将补贴政策上升为法律,已成为一项紧迫任务。只有把粮食补贴制度纳入法制管理轨道,才能积极稳妥地推进对农民实行直接补贴的改革,对现行法律、行政法规中有关粮食补贴的条款进行必要的修改、补充和完善,加大对农业生产条件、农业基础设施建设、农业科研教育和技术推广、质量标准和市场信息

服务体系建设的支持力度,为农业发展和农村经济改革留出余地。

(二)建立符合 WTO 规则的粮食补贴政策

1. 充分利用"绿箱"政策,优化支持结构。目前,我国的"绿箱"支持结构对农民的支付力度较小,支付措施并不完善,因此,在国家财力允许前提下,应加大收入补贴政策力度。在国际贸易有关组织中"绿箱政策"并不需要对于削减行为进行担当。所以在发展我国农业过程中要有效发挥"绿箱政策"的优势,创建高效的农业发展模式。"绿箱政策"主要包括以下五方面。一是加强农业基础性建设以及生态建设的力度。我国应逐步取消对环境不利的补贴政策,改变补贴投入的方向,使补贴投向可持续发展的地方,如那些对水资源、化肥农药进行的各种价格补贴可以转变为对节水灌溉设施、生物农药及其相关技术的支持。二是直接向低收入农业生产者发放收入补贴。可借鉴日本对山区半山区农民的直接支付制度经验,在受冲击严重的粮食主产区设定最低收入底线,对底线以下的农民,根据受冲击地区和社会平均生产成本的差距,直接给予不同等级的收入补贴。三是针对具有敏感特征的粮食作物建立完善的农业保险补贴制度,政府进行保险补贴,使粮农能以较低的保险率普遍参加农业保险,从而降低粮食生产和经营风险。2008 年初的冰冻雪灾使得我国南方大部分地区粮食作物受灾严重,农民收入受到很大影响,更凸显实行农业保险补贴的迫切性。四是应建立结构调整专项资金,对受国际冲击严重的大豆、玉米和小麦主产区进行专项补贴。五是提高农业科技发展与宣传的水平,强化有关教育体制,建立健全有关的农产品质量检测机制的投入,推动农业的现代化发展进程。

2. 充分利用"黄箱"政策,加大粮食产品的直接补贴力度。把粮食流通环节的补贴转到生产环节,对农民和粮食生产进行直接补贴。目前直接补贴是国际社会农业支持政策的通行做法,如欧盟计划截止到 2013 年,将其价格补贴全部转变为直接补贴。我国在中长期无法实现这种转折,为保障国家粮食安全,直接补贴将会与最低收购价并行实施,并且直接补贴仍会与当期产量或种植面积挂钩,属于"黄箱"政策范围。"黄箱"政策在我国还有较大的利用空间,因此,加大当前粮食补贴力度,调整粮食补贴方式,既符合国外农业支持政策的调整趋势,也是完善我国粮食补贴政策的一个方向。

(三)加大补贴力度,改进补贴方式

我国现阶段粮食补贴政策的主要目标集中在保障国家粮食安全和促进

农民增收上，粮食补贴政策的各项政策措施必须以此为目标。

1. 调整粮食补贴项目。一是将现行“种粮直补”项目调整为“面积补贴”，保障18亿亩耕地红线的落实；另设“种粮补贴”，解决土地流转经营中不种粮拿补贴，种粮者拿不到补贴的问题。二是建议取消粮食最低收购价政策，建立粮食生产“目标价格”制度，如果市场价格低于目标价格，按两者的价差核定补贴额，由政府直接补贴给农民；如市场价格高于目标价格，则不启动补贴。通过实施“目标价格”使粮食补贴惠及更多粮农，防止谷贱伤农，保障农民收入。三是调整专项补贴方式，提高专项补贴标准，增加对粮食主产区农民的粮食直接补贴资金，制定种粮大户补贴政策，引导土地成规模流转，鼓励专业化经营，提高规模效益。四是调整“农资综合补贴”方向，补贴资金应主要用于高效生物农药、肥料，解决农药滥用、化学肥料过度使用问题，保障农产品安全。五是加大农业保险补贴力度，由政府提供足量的保费补贴，保证农民购买到较低价格的农业保险，降低灾害造成的损失，强化农业抵抗风险能力。

2. 完善粮食生产消费管理体系，充分发挥中央和地方的积极性。实行粮食补贴资金与粮食风险基金两分离，中央政府将我国的粮食安全总量按照各地方生产能力分解到地方政府，所需粮食补贴由中央财政全面负责，地方政府按照国家整体性原则安排使用。地方政府根据辖区粮食生产与市场需求的情况，按照保障市场供应的要求，负责粮食风险基金统筹和使用，调动粮食产区和粮食销区两方面的积极性，最大限度地保证18亿亩耕地及粮食供应安全的实现。

3. 建立补贴发放责任制，完善补贴方式，提高补贴效率。一是建立各项补贴发放责任制，明确发放责任单位和责任人，落实发放责任。二是明确各项补贴时间表。各项补贴都应该明确发放的项目名称、发放标准，发放到户截止时间。三是建立土地流转经营登记备案制度，加强土地流转管理，是粮食补贴资金真正是用在种植粮食上。四是建立以财政为主体，以农村信用社为依托的补贴政策执行系统，提高工作效率。五是加大农业政策的宣传力度，让农民充分了解和掌握补贴政策，强化粮食补贴社会监督管理。

完 成 单 位：国家统计局广西调查总队
课题主持人：施先文　陈新华
课题组成员：文著　赵西超　王新华　邓维乐　蒋宏杰　劳青
执　笔　人：赵西超　王新军

第七章　甘肃玉米制种产业发展状况研究

摘要:本文通过对我国玉米种子供需情况的分析和对甘肃省玉米制种业发展现状研究,发现目前玉米制种产业中存在的主要问题是:行业管理不规范和企业无序竞争情况较严重;科研基础较薄弱,企业缺乏核心技术;制种农户小农意识强烈,质量意识淡薄;制种土地肥力下降,种子质量控制能力下降;玉米种子供需失衡,农户种植效益下滑;国外制种企业大举进攻国内市场。针对这些问题,提出玉米制种产业可持续发展的对策建议:建立健全法律和市场竞争规则,尤其是知识产权保护方面尤为重要;以企业为主体,对玉米制种进行规范化科学管理;加强玉米制种技术的发展和市场开发;建设交易中心,扶持优势企业。

种子作为粮食生产中的重中之重,历来受到国家的高度重视,尤其是近年来国家对种子产业的极大扶持,种子产业得到了快速发展。2011 年,国务院出台了《关于加快推进现代农作物种业发展的意见》,种业被确定为国家战略性、基础性的核心产业。甘肃省作为世界最佳的杂交玉米制种区之一,也出台了《甘肃省农作物种业发展规划(2014～2020 年)》。近年来,甘肃省制种产业特别是玉米制种产业得到了快速发展,云集了中国种业骨干企业中生产经营玉米种子的所有企业和全球前五大种业公司中的四家企业。甘肃省已成为全国玉米种子生产、加工规模最大、加工技术最先进的省份,甘肃玉米制种产业的发展对我国玉米产业的发展起到了至关重要的作用。

一、玉米制种产业发展现状

(一)国际国内发展概况

2010 年,全球玉米种子的市场规模超过 400 亿美元,主要由世界前四大种子公司所垄断(美国的孟山都和杜邦先锋、瑞士的先正达以及法国的利马格兰),市场集中度较高,前三家占到世界玉米种子市场总份额的 57%。

2000年《种子法》实施，我国的种子产业开始进入市场化阶段，只经历了14年多的市场化发展。目前，我国持经营许可证的玉米制种企业8700多家，但是多数规模比较小。其中，具有研发能力的企业只有100家左右。目前全国玉米种子市场份额约220亿元。其中，销售额过亿元的企业就有119家，市场份额十分分散。

从我国玉米制种的地域看，主要集中在甘肃、新疆及辽宁河北河南等地区，主要分为三大基地：一是河西走廊——中国最大的玉米制种基地，制种面积达150万亩。河西走廊位于甘肃省西北部，内有酒泉、张掖、武威、金昌、嘉峪关五市，总耕地面积1000多万亩，其中玉米制种面积约150万亩，是甘肃省重要的农业区之一。充足的光照，巨大的昼夜温差，平坦的地势，肥沃的土壤以及完善的灌溉设施等优越的自然环境、地理条件和生产设施，让河西走廊发展成为全国最大规模的玉米制种区。河西走廊年产优质杂交玉米种子4.5亿公斤以上，占全国大田玉米年用种量的40%以上，能满足我国近2亿亩大田玉米生产用种，现已成为全国最大的杂交玉米种子繁育基地。二是新疆地区，制种面积100万亩。近年来，新疆维吾尔自治区及生产建设兵团依托先天地理环境优势，已发展为全国第二大玉米制种区，制种面积达100万亩，目前已占全国杂交玉米制种面积的20%左右。三是中国东北和华北传统的玉米制种基地，制种面积约170万亩。黑龙江、辽宁、吉林、内蒙古、河南、河北等地，作为玉米制种的传统基地，共约种植170万亩，占到全国的30%左右。

（二）甘肃省玉米制种产业发展现状

甘肃省具有天然隔离条件好、光照充足、昼夜温差大、降雨量少、病虫危害轻、灌溉条件良好的种子生产优势。2000年以来，甘肃玉米制种产业得到快速发展，种子生产的专业化和区域化已经形成，一批种子龙头企业在发展壮大，培养了大批种子生产技术骨干和种子科技示范户。同时，甘肃省通过资产重组、联合开发、股份合作等方式，组建了敦煌种业、金张掖种业、武禾种业、酒泉丰乐、飞天种业、临泽奥瑞金、绿源种业、正德种业等股份制集团公司等。从加工能力上看，甘肃成为全国玉米种子加工规模最大、加工技术最先进和生产技术水平最高的省份。目前，甘肃省共有种子企业480多家，其中注册资本1亿元以上的8家，注册资本3000万元以上的106家，年均生产玉米种子6亿公斤左右，每年的总产值达到37.4亿元，产量已占到全国用种需求的60%左右。甘肃省的玉米制种产业发展情况主要呈现以下三个特点。

1. 种植面积明显扩大。甘肃玉米制种经过这十几年的发展，种植面积从2000年的40.35万亩，至2014年的122.6万亩，面积增加了近三倍，年均增长速度高达到8.26%，而同期我国玉米种植面积年均增长速度仅为3.54%左右。

2. 产量大幅提升。从产量看，甘肃省玉米制种2000年总产量为1.31亿公斤，至2014年，产量达4.79亿公斤，年均增长速度为9.67%。

3. 近两年呈下降趋势。从下表可以看出，甘肃的玉米制种产业在2012年达到顶峰。受国外玉米种子进口、国内玉米种子供过于求、玉米种子价格下降等因素的影响，从2013年开始，甘肃玉米制种产业发展呈下降趋势，种植面积、产量均开始下降。其中2013年种植面积和产量较上年分别下降3.25%、15.16%；2014年较上年分别下降16.17%、18.59%。具体变化情况详见下表：

表1　2000～2014年甘肃玉米制种产业发展的主要指标表

年　份	种植面积		产　　量	
	万亩	同比增长(±%)	万公斤	同比增长(±%)
2000	40.35		13149.37	
2001	35.48	−12.07	12986.20	−1.24
2002	94.48	166.29	35937.84	176.74
2003	114.41	21.09	46178.24	28.49
2004	111.78	−2.30	35769.30	−22.54
2005	123.00	10.04	43050.00	20.35
2006	150.00	21.95	62800.00	45.88
2007	108.00	−28.00	46009.90	−26.74
2008	111.00	2.78	46827.80	1.78
2009	130.33	17.41	53834.14	14.96
2010	142.63	9.44	48400.35	−10.09
2011	146.34	2.60	59501.20	22.94
2012	151.15	3.29	69800.00	17.31
2013	146.24	−3.25	58800.00	−15.76
2014	122.60	−16.17	47872.00	−18.59

二、存在的主要困难和问题

在甘肃省玉米制种产业快速发展的同时，也面临一些困难和问题。主要有以下几个方面：

（一）企业数量过多，不正当竞争行为加剧

自2011年来，由于国家对制种企业的扶持力度加大，吸引了大量社会资金，目前全国有将近1万家制种企业，几乎各省均有制种行业的发展规划。由于大量的企业进入，使玉米种子产能快速增加，造成目前供大于求的局面，部分企业也陷入困境。与此同时，由于大量企业进入，为追求利润，在种子生产经营过程中存在许多不正当竞争行为，在市场需求旺盛时，为扩大制种基地面积，有的企业随意放宽种子生产条件，对基地上存在的不规范生产行为放任自流，企业之间攀比抬升基地产值，对基地农民提出的过分要求和不平等条件一概满足，对基地亩产值及生产投入大包大揽，过分优惠条件使基地农户误认为制种处于低风险或零风险状态。在种子富余或市场疲软时，制种企业随意压级降价，加大水分、杂质折扣比例，甚至提出不合理质量标准和等级要求，肆意拖欠种款，拒收预约种子，甚至丢下烂摊子一走了之，严重影响了农户的利益和制种生产积极性。

（二）科研育种基础薄弱，形不成核心竞争力

一个品种制种周期至少20年，并且投入巨大。种子企业科研育种时间短、育种体系刚刚建成或正在建设之中。企业育种大多始于21世纪初，受企业规模、资金投入、人才、管理机制等因素限制，科研育种进展缓慢，企业育种科研与内地发达省份、国外比存在巨大的差距，主要表现在育种技术落后，生物育种技术还未应用；育种目标与市场脱节；育种规模小及育种设施落后；人才缺乏，投入少。在品种应用上，大多采用购买品种或授权销售方式。“育繁推”一体化的格局尚未形成。甘肃省的制种企业95%的产量是代繁代制的三流企业，鲜有自育品种走出甘肃市场。

受企业实力影响，科研资金不足，使得玉米育种不能进行长期种质改良，大多采用短期行为，模仿育种的多；受资金影响，品种测试体系不健全，多数只能在育种地进行测试，降低了品种测试准确性，育种效率低。仅有少

数种子企业开展育种，且科研投入不足销售收入的2%。发达国家的种业公司一般将销售收入的10%用于种子研发，建立遍及世界的研究和试验中心，利用世界范围内的优良种质资源和人才资源来研发培育新品种，直接和间接占领世界种子市场，因此世界种业巨头公司在操纵全球种业的同时，也控制着全球大多数新品种权。

(三)跨国种业集团强势进入我国种业市场，冲击国内企业发展

到目前为止，一共有35家跨国种业在我国注册登记，主要是从事蔬菜花卉制种的企业比较多，经营玉米制种的有5家企业。其中，杜邦先锋公司在中国培育的先玉335保持着良好的业绩和走势。新通过审定的品种有先玉420、先玉252、先玉508、先玉696、先玉698等。KWS公司培育的德美亚早熟玉米品种，通过与垦丰种业合作进入黑龙江省早熟玉米区。2012年种植面积跃升至689万亩，亩产500～600公斤，居全国种植面积第四位。泰国"正大庄种子行"在湖北襄樊成立正大农业开发公司。2001～2012年，正大619累计种植面积2373万亩，最多种植年份302万亩，年种植面积约占广西玉米总面积的1/3至1/2。孟山都公司与中种集团公司合资成立中种迪卡玉米种子公司，2003年迪卡007在广西通过审定，2004～2012年累计推广面积1300万亩。跨国种业集团的强势进入，给我国国内科研基础较薄弱、核心竞争力不强的国内玉米制种企业的发展带来的较大的冲击，使其市场份额不断缩小。

(四)我国目前玉米制种已出现了较严重的供需失衡局面，企业和农户的经营风险加大

我国玉米种业市值年约200亿元左右。就全国玉米种子市场总体容量而言，有一个需求的限量值，每年约需玉米种子10～12亿公斤，而每年生产种子15亿公斤左右。具体情况见下表：

表2　2001～2011我国玉米种子的供需情况

单位：亿公斤

	2002	2003	2004	2005	2006	2007	2008	2009	2010	2011	2012	2013
供应	8.2	15	15.4	12.5	16.2	16	17.9	16.3	15.7	15.7	15.7	13.6
需求	7.8	7	8.2	9.2	10	11	10.7	11	10.5	11.3	11.2	11.5

从我国2002～2013年玉米种子供需情况看，除了2002年需求和供应大体持平之外，其他年份每年供应远都大于需求。这表明，由于近年来国内玉米制种的快速发展，已导致玉米种子出现积压情况。据不完全统计，全国玉米种子库存约12.1亿公斤，加之还有大量的私繁滥制种子，余种量几乎可供两年用。

玉米种子持续供大于求的原因：一是审定品种过多过快。一般培育一个杂交种需要20年，快的也需要6～8年，而有些企业，急功近利，快速求成，采取所谓"克隆"技术，或改头换面，或更容改姓，或以假充真。二是有些企业不是以市场需求、而是以拥有的新品种确定制种面积；小微企业私繁滥制。特别是市场表现抢眼的品种，私繁成本低，盈利多。三是推广单粒播技术使单位面积用种量显著下降，但玉米制种面积依然增加。四是与国家近年来的支持和发展力度有关，部分省份把制种行业当做优先发展产业，投入了大量的资金。

（五）农户的种植效益有所下滑

一是由于甘肃农田连续制种，造成亩均产量下降。田块长期用于玉米制种会导致土壤养分失衡，个别制种田块病虫害发生严重。加上今年7月的大风和连绵阴雨天气影响，多年繁殖的个别大宗品种，出现早衰现象，造成产量下降。如高台县亩均产量为376.5公斤，较上年亩均减产53.5公斤，下降12.5%。二是收购价格降低。受全国玉米种子供大于求的影响，种价呈下降态势。如甘州区大宗品种的玉米种子单价2012年为2.2～2.4元/公斤，2013年为2.0～2.2元/公斤，每公斤约下降0.2元。三是种植成本提高。春播种子价格每亩上涨20元，农药支出每亩增加10元。制种玉米人工费用：春播为100元/天，同比上涨10%；抽天花为140元/天，上涨20%；秋收为180元/天，上涨15%。每亩种植成本比上年高出100元左右。

三、促进玉米制种产业健康发展的对策建议

针对上述问题，建议从以下几个方面着手，采取有力措施，促进玉米制种产业健康有序发展。

（一）加大依法管理力度，规范生产经营行为

河西地区玉米制种基地的不规范建设已成为制约种子产业持续发展的

瓶颈。为此,一是要严格种子生产许可证发放标准。提高优势制种企业准入门槛,淘汰那些信誉差、技术落后、无自主产权品种的制种企业。二是规范制种企业的管理。继续做好现有企业的治理整顿,对要求新进入的企业暂停审核办证,严格控制制种企业数量。对具备生产资格的企业进行公告,供制种乡镇、村选择。制种乡镇要严格把关,必须在公布的具备资质的企业中选择合作企业,坚决杜绝无资质的企业进入制种行业。三是加大种子执法力度。严厉打击种子非法生产和经营,规范种子生产秩序,保证种子质量。四是鼓励企业兼并,做大做强。可以通过入股、参股、并购等形式组建大型种子集团,通过优化重组、优化资源配置,形成强势竞争优势,增强辐射带动功能,向高科技种业集团方向发展。大型种子公司要和国内一流的科研院校强强联合,使生产经营和市场开发、资本与人才、科技、信息、先进的研究设施等优势结合,成立育、繁、推一体化,产、加、销一条龙的大型种业集团,加快自主知识产权品种的创新步伐,提高市场竞争力。五是要强化种子的订单生产与销售,规范种子产销行为。加大种子产销合同的监管力度,建立市场经济条件下种子供销体系,抑制竞争的无序性和负面影响。

(二)加强玉米制种技术的引进和开发,保护企业的知识产权

一是加强引进和开发力度,加快新品种选育的步伐。要充分利用生物技术新成果与常规技术相结合,加大科研投入,强化科研队伍,加快新品种选育力度,创建具有自主知识产权的品种和知名品牌。二是国家也加大对企业知识产权的保护,营造平等有序的竞争环境,提高企业进行新品种研发的积极性和主动性,增加企业的造血功能和发展后劲,提高市场竞争力。三是改革耕作体系,优化种植结构。在稳定玉米制种面积的前提下,积极探讨粮莱生产、种子生产与饲草生产三位一体的复合生态模式。实现优势区域生产布局,合理轮作倒茬,增施有机肥料,推广秸秆还田,实行生物配肥土壤技术,增强发展后劲。四是加强制种技术优化研究,建立种子生产标准化体系。搞好土壤状况调查,开展玉米制种土壤养分限制因子及平衡施肥模式研究,推广配方施肥技术,提高肥料利用率,降低投资成本。加强隔离技术、高效去雄技术、花期调控技术、节水技术的综合配套研究和示范推广标准化生产技术规程,保证种子质量。五是进一步优化种子的精、深加工技术,提高种子的商品性和市场占有率。

(三)加大对国内玉米制种企业扶持力度,引导企业做大做强

一是中央财政支持“育繁推一体化”种子企业开展商业化育种。为有实力的“育繁推一体化”种子企业建立品种审定绿色通道。免征符合条件的“育繁推一体化”种子企业种子生产经营所得税。二是在企业兼并重组方面给予税收优惠。引导企业通过兼并重组整合资源、做大做强,淘汰落后产能和劣质企业。三是建立国家和省两级种子储备体系,完善种子收储政策,鼓励和引导相关金融机构特别是政策性银行加大对种子收储的信贷支持,中央和省级财政对种子储备给予补助。四是建设张掖国家级杂交玉米种子信息发布平台和交易中心。张掖是全国最大的杂交玉米制种基地,常年制种面积稳定在80～100万亩,年产量3.5～4.5亿公斤,占全国大田玉米年用种量的30%～40%,对全国种子价格的形成和种子交易具有重要的引领作用。建议财政部、农业部在张掖建设国家级杂交玉米种子信息发布平台和交易中心,充分发挥科学预测、防范风险、规范交易的作用,保护企农利益,促进种业健康稳定发展。五是在制种基地建设上给予税收、财政倾斜等优惠政策,引导企业建设生产管理规范化、科学化、规模化的制种基地。

(四)建立玉米种子生产抗灾预警系统,提高预测控制能力,降低生产风险

一是加强病虫草害预测防治。切实严格植物检疫手段和执法力度,所有运输、传递渠道严把检疫关。加强对当前危害严重的病虫害综合防治措施的研究,杜绝其进一步蔓延。二是构建抗灾预警系统,加强低温冻害和高温干旱胁迫预防,进行甘肃省良繁品种的生态类型及合理布局研究,掌握引种规律和特征特性,做到适地制种。三是防止化学农药和白色污染,当务之急是制定必要的强制性条例,促使废膜回收,集中处理,通过试验推广使用降解地膜和无公害有机农药。

完 成 单 位:国家统计局甘肃调查总队
课题组组长:彭国强
课题组成员:马雪萍　董瑞军　吴献忠　刘　斌
执　笔　人:董瑞军

第二部分　农民收入增长

第八章　农民收入增长问题研究(一):以宁夏为例

摘要:在城镇化、工业化和农业现代化的推动下,宁夏粮食主产区农民收入有了较快增长,但近几年来增长趋缓,没有体现出主产区的农业优势,特别是在农民收入水平一度居排头兵地位的粮食生产大县,如今农民收入增长动力不足,粮食对农民收入增长的贡献逐年减弱,粮食增产与农民增收不同步问题在粮食主产区日益突出。基于这种背景,本文以宁夏粮食主产区北部引黄灌区产粮大县与普通县进行对比分析,对粮食主产区农民增收问题进行深入研究,并通过计量经济学方法对影响粮食主产区产粮大县和普通县农民增收的因素进行实证分析,得出农业生产费用支出、谷物平均价格和非农产业劳动力比重是影响产粮大县和普通县农民收入的共同因素,且对农民增收都有正向影响。针对农民增收存在的农业对农民增收的贡献明显不足、粮食主产区农业结构调整进程缓慢、普惠性的粮食补贴政策对产粮大县农民增收影响不大、农民种粮积极性不高等问题,本文提出优化粮食主产区农业结构、推动农业规模经营、完善强农惠农政策,加大粮食主产区农业补贴力度、建立健全政策性粮食自然灾害保险制度、深化粮食主产区农村产权制度改革等五项对策。

一、宁夏粮食主产区农民收入特征

本文中对宁夏产粮大县的确定标准是按全部人口计算,正常年份人均种植粮食 2 亩以上,人均占有粮食总量 1000 公斤左右。根据这一标准,本文选择引黄灌区的贺兰、永宁、平罗、青铜峡等 4 个市县作为产粮大县,其中平罗县是全国产粮大县。本文选择的普通县是引黄灌区的兴庆区、西夏区、金凤区、大武口、中宁县、沙坡头区、惠农区、利通区、灵武市等 9 个县(市、区)。为了分析方便,下文提到的产粮大县和普通县的平均指标均采用乡村人口加权计算得到。

(一)产粮大县农民收入情况分析

自2000年到2013年，宁夏粮食主产区4个产粮大县的粮食产量占全区粮食总产量的比重由34.3%下降为26.8%。2003年产粮大县农民人均纯收入仅为3057元，2013年达到9182元，比2003年增长2倍，年平均增长11.7%(见表1)。2013年工资性收入3374元，家庭经营纯收入5023元，财产性纯收入216元，转移性纯收入569元，分别比2003年增长4.2倍、1.2倍、3.5倍和9.8倍。

1. 家庭经营收入成主导，农业收入比重大

近年来，家庭经营收入是产粮大县农民收入的主要来源，占农民人均纯收入的60%左右，而其中农业收入又成为家庭经营收入的重要部分。2004年在粮价低迷、粮食播种面积下降、农民增收迟缓的大背景下，中央一号文件提出主旨"促进农民增收，保障粮食供应"的政策意见，农产品价格得到大幅度恢复性上涨。同年产粮大县农民的农业收入迅猛增长，比2003年增长30.6%，对当年农民人均纯收入的贡献达到93.2%，当年产粮大县农民人均纯收入和家庭经营纯收入分别比上年增长15.5%和15.4%。2007年以后，各项惠农政策基本落实到位，农业收入占农民纯收入比重尽管依然在45%左右，但受农业生产效率提高缓慢，农业收入增长趋于平缓，增幅逐渐落后于农民纯收入增长幅度。

表1　2003～2013年产粮大县农民各项收入比重

单位：%

年　份	2003	2004	2005	2006	2007	2008	2009	2010	2011	2012	2013
全年纯收入(元/人)	3057	3530	3668	4007	4513	5054	5490	6233	7191	8227	9182
工资性收入	21.1	20.7	21.2	21.4	22.4	24.8	26.6	28.5	31	32.5	36.7
家庭经营纯收入	75.6	75.6	73.8	73.6	71.5	68.2	66.3	63.9	60.5	59.7	54.7
财产性纯收入	1.6	1.4	1.5	1.7	2.2	1.7	1.7	2.5	3.2	2.4	2.4
转移性纯收入	1.7	2.3	3.5	3.3	3.9	5.3	5.5	5.1	5.3	5.4	6.2

2. 工资性收入虽增长迅速，但占比仍居次位

2003年产粮大县农民工资性收入为644元，占农民纯收入比重为

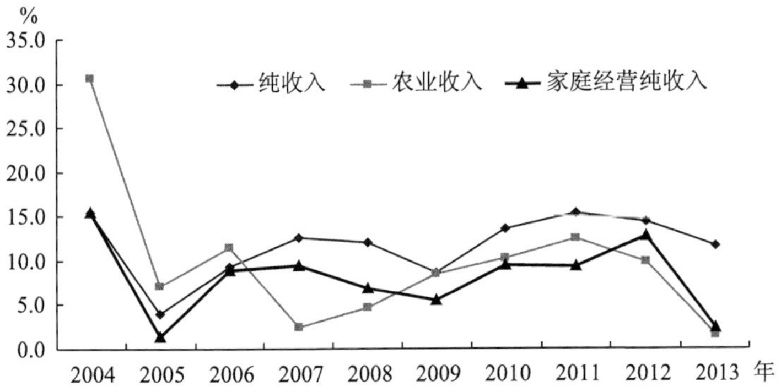

图1　产粮大县农民收入名义增长情况

21.1%。随着农业科技化、机械化水平的不断提高,农村劳动力不断解放,更多的农民以不同的形式进城务工,工资性收入不断增加,其在纯收入中所占比重不断上升。2013年农民人均工资性收入3374元,其占纯收入比重为36.7%。由于产粮大县农民经营耕地较多,受传统经营观念和现代农业发展速度影响,农业生产经营仍是产粮大县农民的主业,外出务工机会和务工劳动力相对少,农民工资性收入水平仍低于家庭经营纯收入,对农民人均纯收入的贡献依旧不及家庭经营纯收入。

3. 财产和转移收入增长快、比重小

产粮大县农民财产性纯收入和转移性纯收入基数低,所占比重小,但增幅显著。2003年,农民人均财产和转移性纯收入仅100元,占农民纯收入的3.3%。10年间以年均23.3%的速度增长,到2013年为785元,占农民纯收入比重提高到7.8%。产粮大县农民土地资源优势作用发挥不明显,各级财政转移支付扶持力度有限,农民获得财产和转移性收入虽然增长快,但水平依然较低。

(二)产粮大县与普通县农民收入比较

1. 产粮大县和普通县收入差距变化较小

2004年以来,产粮大县农民收入在政策的带动下持续、快速增长,但与普通县相比差距变化不大。2004年,产粮大县农民人均纯收入为3530元,普通县农民纯收入为3303元,二者相差227元,差异率为6.9%;到2013年二者差距636元,差异率为7.4%。经过10年的发展变化,二者差异率仅提高了0.5个百分点。2003~2013年,宁夏粮食主产区产粮大县农民人均纯收入年均增长11.7%,仅比普通县快1.1个百分点,产粮大县与普通县农民人均纯收入差距变化较小，产粮大县农民收入增长不力。

表 2　2003～2013 年粮食主产区产粮大县与普通县农民收入来源情况

单位：元/人

年份		全年纯收入	(一)工资性收入	(二)家庭经营纯收入	其中：第一产业纯收入	#农业收入	(三)财产性纯收入	(四)转移性纯收入
2003	产粮大县	3057	644	2312	1781	1441	48	53
	普通县	3139	835	2057	1444	1008	188	60
2004	产粮大县	3530	730	2669	2182	1882	49	82
	普通县	3303	927	2202	1553	1118	88	85
2005	产粮大县	3668	778	2707	2288	2016	53	130
	普通县	3497	1028	2336	1648	1230	58	75
2006	产粮大县	4007	857	2949	2528	2248	69	133
	普通县	3775	1129	2447	1735	1360	62	137
2007	产粮大县	4513	1013	3227	2738	2303	98	175
	普通县	4239	1269	2757	1982	1539	81	132
2008	产粮大县	5054	1256	3449	2942	2408	84	266
	普通县	4809	1453	3071	2209	1674	83	202
2009	产粮大县	5490	1460	3638	3092	2612	92	301
	普通县	5089	1712	3055	2169	1740	79	243
2010	产粮大县	6233	1777	3984	3339	2881	155	318
	普通县	5842	2017	3452	2472	1960	102	271
2011	产粮大县	7192	2228	4354	3579	3238	227	383
	普通县	6724	2490	3771	2737	2118	119	344
2012	产粮大县	8227	2675	4910	3962	3556	196	446
	普通县	7648	3058	4066	2927	2394	107	416
2013	产粮大县	9182	3374	5023	4004	3608	216	569
	普通县	8546	3673	4085	2704	2037	144	644

2. 产粮大县农民家庭经营收入明显高于普通县，农业优势比较明显

2013 年产粮大县全年农民人均纯收入 9182 元，仅比普通县高 636 元。

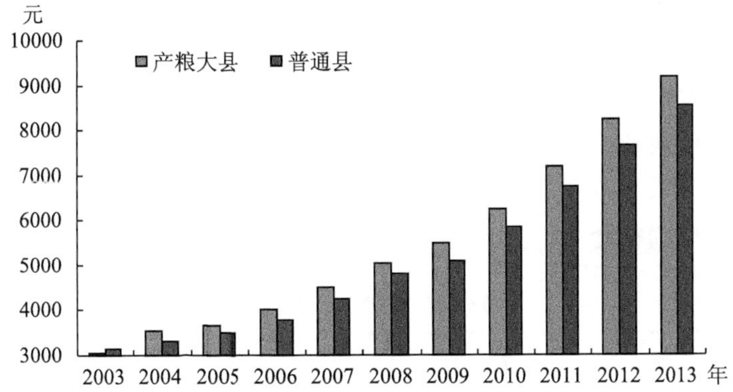

图 2　2003～2013 年宁夏产粮大县与普通县农民纯收入对比

其中家庭经营纯收入 5023 元,比普通县高 938 元,家庭经营农业纯收入达 3608 元,比普通县高 1571 元。与 2003 年相比,自然条件、耕种条件更优的产粮大县农民家庭经营纯收入年均分别增长 8.1%,比普通县快 1 个百分点。其中农业纯收入年均增长 9.6%,比普通县快 2.3 个百分点,而家庭经营非农业收入年均仅增长 5%,比普通县慢 1.9 个百分点。可见,产粮大县农业收入仍占大头,非农业生产经营发展远不如普通县。

3. 产粮大县农民工资性收入相对较低,贡献小

由于在产粮大县,更多的农民从事农业生产,农村剩余劳动力相对较少,外出务工受限,工资性收入增长不力,影响农民总体收入增长速度。因此,产粮大县农民人均工资性收入相对较低,而普通县由于自然条件限制,土地的产出效率低,更多的劳动力被动或自愿走出土地,进城从事各种务工活动,在城镇化大力推动的大环境下,更加有利于非产粮大县农民收入增长。产粮大县农民工资性收入占纯收入的比重为 26.1%,比普通县低 6.8 个百分点。2003～2013 年产粮大县农民工资性收入对农民人均纯收入的平均贡献率为 40.5%,远不及普通县的 52.4%。

二、宁夏粮食主产区农民增收影响因素实证分析

粮食主产区作为宁夏农业生产的主体,在种植面积、产量等方面具有很大优势,但农民纯收入的增长却体现不出这种优势,仍然存在着增收慢、增收难的问题。本文尝试厘清制约粮食主产区农民收入增长的主要因素,力图对症下药,切实增加农民收入。

(一)研究假设、数据指标及研究方法

在参考部分学者文献基础上,结合宁夏粮食主产区农民增收环境,本文从家庭特征、农业产业结构、生产费用、粮食价格、社区特征、非农产业劳动力等因素入手,分析影响粮食主产区产粮大县和普通县农民收入增长的因素,以期为增加粮食主产区农民收入找到切入口和有效途径。

表 3 各变量名称及相应说明

名　称	符号	指标假设
农民纯收入(元)	inc	因变量
纯农业户占比(%)	ah	视该项指标为家庭特征,从历史看,产粮大县完全依赖土地的农户比重始终高于普通县。纯农业户比重越高,说明产业越单一,不利于农民增收
生产性固定资产原值(元)	fav	表示农民进行长期生产投入的水平,对农民纯收入影响为正,农民人均投入水平越高,其家庭收入水平也会相应增加
农业机械原值(元)	amv	影响与生产性固定资产原值指标,农业机械的使用可以提高各种要素的生产率,是衡量农业现代化水平的重要指标
粮经比值	gic	粮食作物面积与经济作物面积的比值,其值越大,说明粮食面积所占比重过高,经济作物比重不足
农业生产费用支出(元)	apc	农民投入生产水平的另一体现,反映农民当期投入情况
谷物平均价格(元/公斤)	price	粮食价格对农民收入影响为正
距最近县城 5 公里以上村比重(%)	dis	视该项指标为社区特征,该比重越高,说明距离县城越远,在一定程度上不利于农民进城务工
非农产业劳动力比重(%)	nal	非农产业就业人口比例衡量农民就业结构变化,比值越低,越不利于农民增收

本文将宁夏粮食主产区 4 个产粮大县和 9 个普通县作为研究样本进行分析,考虑数据的可获得性和衔接性,采用上述 9 个指标变量的 2004～2012 年的数据,数据来源于历年宁夏农村住户调查原始资料。

本文采用面板数据(Panel－data Model)模型,它既能反映某一时期各个体数据的规律,也能描述每个个体随时间变化的规律,集合了时间序列和

截面数据的共同优点。

(二)粮食主产区农民收入影响因素的实证分析

1. 模型的建立和设定

本文建立如下模型,考察各个变量对产粮大县和普通县农民收入的影响程度:

$$inc_{it}=\alpha_{it}+\beta'_{it}X_{it}+\mu_{it}$$
$$i=1,\cdots,N;\quad t=1,\cdots,T$$

其中,i 是横截面单元,指 4 个产粮大县和 9 个普通县的横截面样本,下文将分别对 4 个产粮大县和 9 个普通县建模;t 是时间序列单元,$t=2004$,…2012;等式左边的变量 inc_{it} 代表 i 区域在 t 时期农民纯收入;等式右边的 $X'_{it}=(x_{1it},x_{2it},\cdots x_{kit})$,为影响农民纯收入的 k 个解释变量因素,本文 $k=8$;式中 α_{it} 为模型估计的截距;$\beta'_{it}=(\beta_{1it},\beta_{2it},\cdots\beta)$ 为解释变量对被解释变量的影响系数;μ_{it} 为随机扰动项。为了减小数据的波动,弱化异方差性,对数据进行对数化处理,利用 Eviews6.0 软件进行分析和建模。

表 4　模型拟合结果

解释变量		产粮大县	粮食生产普通县
	c	4.466 (13.808***)	4.103 (10.352***)
生产性固定资产原值(元)	fav	—	0.195 (5.691***)
粮经比值(%)	gic	0.048 (5.798***)	—
农业生产费用支出(元)	apc	0.389 (9.542***)	0.229 (5.408***)
谷物平均价格(元/公斤)	price	0.505 (8.376***)	0.690 (7.801***)
非农产业劳动力比重(%)	nal	0.219 (5.957***)	0.195 (6.053***)
R^2		0.960	0.976
F 值		95.724***	224.152***

注:括号内数值为估计值对应的 t 统计量,“***”表示在 1%的显著性水平下拒绝原假设

在现实应用中，本文主要研究的是影响产粮大县和普通县农民纯收入的因素，模型宜采用固定效应的变截距模型，以此分析指标变量对产粮大县和普通县农民收入影响程度的差异性。考虑到不同截面成员之间可能存在异方差，采用截面成员残差进行加权，使用 GLS 估计面板模型。初步将所有解释变量引入方程，估计结果并不理想，产粮大县和普通县的模型均有不同指标变量未通过 t 检验，可能是由于多个变量间相互作用的结果。因此，通过逐步剔除不显著的变量和添加变量的筛选过程对模型进行重新拟合，得到结果见表 4。

2. 模型结果分析

影响产粮大县和普通县农民收入的因素略有不同。从结果看，对产粮大县而言，粮经比值、农业生产费用支出、谷物平均价格和非农产业劳动力比重等四个因素对农民纯收入有影响；其中，当粮经比值增加 1 个单位，引起农民纯收入增加 0.05 个单位，在所有影响因素中对纯收入的影响程度最低，反映出产粮大县扩大普通的粮食品种种植面积，对农户增收的作用不大。从结果看，对普通县而言，生产性固定资产原值、农业生产费用支出、谷物平均价格和非农产业劳动力比重对农民纯收入有影响；其中，当农民生产性固定资产原值每增加 1 个单位，农民纯收入增加 0.19 个单位。

通过筛选剔除变量的过程，影响产粮大县和普通县农民收入的共同因素是农业生产费用支出、谷物平均价格和非农产业劳动力比重三个指标。

(1)就农业生产费用支出而言，产粮大县农业生产费用支出每增加 1 个单位，纯收入增加 0.39 个单位；这一影响程度高于普通县，说明当期生产投入是产粮大县农民收入增长的影响因素之一。另一方面，也反映出产粮大县生产资料价格的增长没有抵消粮价上涨给农民带来的收益，使农业生产费用支出对农民收入的影响为正。

(2)从粮食价格看，粮食价格变动对产粮大县和普通县农民人均纯收入影响均较为显著。在所有影响收入因素中，粮食价格的系数最大，说明粮食价格仍是农民收入提高制约性最强的因素，产粮大县农民收入增速不高在很大程度上归因于粮食价格。产粮大县谷物价格上升 1 个单位，可以带动农民收入增长 0.51 个单位；普通县谷物价格上升 1 个单位，带动农民收入增长 0.69 个单位。粮食价格对产粮大县农民收入的弹性即带动作用低于普通县。

(3)从劳动力就业结构看，非农产业劳动力比重对农民收入均有正向的促进作用。产粮大县非农就业比例上升 1 个单位,可以带动农民收入增长 0.22 个单位;普通县非农就业比例上升 1 个单位,带动农民收入增长 0.19 个单位。说明非农就业的比例的提升对产粮大县农民收入的带动作用强于普通县,因此应加强产粮大县农业劳动力转移,从而进一步增加农民收入。

三、宁夏粮食主产区农民增收面临的问题及对策

(一)宁夏粮食主产区农民增收面临的问题

1. 产粮大县农业对农民增收的贡献明显不足。产粮大县农业是农民收入的重要来源。近 10 年来,产粮大县农民农业收入占纯收入的比重由 50% 左右下降为 40%左右;农业收入对农民收入的贡献率为 35%,不及工资性收入的 45%。

2. 粮食主产区农业结构调整进程缓慢,农产品过腹增值效益不明显。目前,粮食主产区农业产业结构调整还基本处于"粮经比例"调整的低层次运作,与农业相关的养殖业等其他产业发展相对滞后。近几年产粮大县粮经比大致为 8∶1,明显高于普通县 2∶1 的比例,产粮大县粮食作物面积远远高于经济作物,仍旧以粮食种植为主。在 2013 年产粮大县农民经营第一产业纯收入中,农业收入占 90.1%,牧业收入占 9.4%,农业在一产业中占有绝大比重;普通县农业收入占 75.3%、牧业收入占 24.8%。产粮大县牧业收入比重明显低于普通县,农产品产业链较短,过腹增值效益低,收入增长的空间受到极大限制。在相对较低的饲养成本条件下,产粮大县对粮食产量优势、农作物副产品资源优势发挥不足,下游产业链较短,过腹增值不明显。

3. 普惠性的粮食补贴政策对产粮大县农民增收影响不大。近几年,粮食补贴政策和取消农业税极大鼓励了农民种粮的积极性。而目前实行的粮食直补、种子补贴等,均为按面积补贴,平均化倾向严重,政策导向不明确,补贴效率不高。例如,由于产粮大县农民拥有耕地较多,2013 年产粮大县人均获得各项政策性补贴收入为 391.5 元,比普通县高 153.5 元,但产粮大县亩均获得政策性补贴收入 87.8 元,比普通县低了 13.7 元。政策性补贴在产粮大县对农民增收的拉动作用甚至低于普通县,政策效应不明显,无法调动农民种粮的积极性。

4. 粮食主产区农业比较效益低,农民种粮积极性不高。粮食主产区农业是其优势产业,但由于农业比较效益长期较低,农民投入积极性不高,特

别是人工投入减少，粗放经营成为更多农民的选择。受城镇化建设的拉力作用，粮食主产区农民也积极外出务工，获取更多收入。“十一五”期间，国家对农民种粮实行了一系列优惠政策，粮食最低收购价逐步提高，市场粮价相应走高，粮食种植效益也在不断攀升，但是相对外出打工种粮效益却仍然偏低，种粮的机会成本仍然较大，种粮每亩地年均净收益相当于一个劳动力打工七八天的收入，农民种粮意愿受到很大影响。

（二）宁夏粮食主产区农民增收的对策

1. 优化粮食主产区农业结构，向农产品过腹增值要收入。以粮食生产优势为依托，注重调整农业产业结构，改善农林牧渔结构，大力发展草畜产业，增加高产、高价的经济作物种植面积，提高土地增加值和农业经济效益。畜牧业是宁夏粮食主产区农产品产业链的前端，特别是清真牛、羊和家禽产业在宁夏具有传统养殖优势和民族区域优势，具有很大的经济效益，延伸这一产业链，必将对粮食主产区农民增收起到重要作用。应在政策上予以重点扶持，特别是在信贷、保险政策和防疫方面加大力度，力促畜牧业对粮食主产区农民增收产生持久效应。

2. 积极推动农业规模经营，向规模效益要收入。现阶段粮食主产区绝大多数农民分散经营，小农户经营随意性较大，产品难以进入市场，更经不起自然灾害和市场风险的打击。应大力发展农业产业化、规模化经营。在坚持依法自愿有偿流转土地的前提下，积极推进家庭经营、集体经营、合作经营、企业经营等模式，扶持发展专业大户、家庭农场、农民合作社、农业企业、社会化服务组织等多种经营主体，鼓励发展粮食集中连片种植，实行区域化、规模化种植，推进粮食生产集约化、规模化水平，提高土地产出率，提升粮食产出效益。

3. 完善强农惠农政策，加大粮食主产区农业补贴力度。建立农产品目标价格制度，在市场价格过高时补贴低收入消费者，在市场价格低于目标价格时按差价补贴生产者，切实保证粮食主产区农民的收益。按年度进行农产品成本核算，及时根据农产品生产成本和农民种粮收益变化情况，充分考虑农业用工持续上涨的形势，随时调整粮食最低收购价水平，引领农产品市场。建议取消普惠式补贴，实行动态粮食综合直补方式。对直补资金实行动态管理。根据“种粮有补，不种不补，多种多补，少种少补”的原则，按面积补贴改为按粮食实际出售量补贴，并同时提高补贴标准，向贡献较大的种粮大户、粮食主产区倾斜,增强粮食补贴的针对性,调动种粮农民的积极性。

4. 建立健全政策性粮食自然灾害保险制度。农业保险是世界贸易组织规则中的"绿箱"政策之一,是支持和保护粮食主产区农民种粮积极性的重要手段。建立适合粮食主产区的政策性粮食保险机制和发展模式,政府可根据粮食保险供给的方向和数量,制定统一的制度框架,由中央财政负担粮食保险费用。同时,加快建立粮食再保险和巨灾风险分散机制。对因重大自然灾害形成的大额赔付,由风险基金给予一定比例的补偿,逐步形成农业巨灾风险转移分担机制。

5. 深化粮食主产区农村产权制度改革,盘活农村"沉睡"资源,增加农民财产性收入。产粮大县最大的优势是土地资源,如何让土地资源变为土地资产、土地资本,显得尤为迫切。土地是农民最重要的资产,大幅度提高农民财产性收入,必须在土地财产权利和收益上实现创新和突破。积极稳步推进以农民土地使用权为核心、以股份合作制为载体的土地改革。大力推进农村土地承包经营权流转。发展提供信息沟通、法规咨询、价格评估、合同签订、纠纷调处等服务的土地流转服务组织。建立城乡统一的建设用地市场,建立基于市场价格的征地补偿动态调整机制;稳妥推进农民住房财产权抵押、担保、转让。建立宅基地腾退激励机制,探索依法保障农户宅基地用益物权的有效形式,提高宅基地利用效率和使用收入。盘活利用农村现有宅基地,逐步推行宅基地使用权的有偿使用和流转制度,依法保障农民宅基地依法取得、使用和收益的权利。多举措促进农民房屋流通,探索在城乡结合部或县城建立农村住宅置换交易中心,鼓励城里人下乡租住民房,鼓励创业人员带技术到农村租住农民空置房创业,使其减少创业成本的同时让农民享有房屋财产收益。

完 成 单 位:国家统计局宁夏调查总队
课题主持人:赵　川
课题组成员:王旭明　赵　艳　王乃钰　韩茹茹
执　笔　人:王旭明　赵　艳　王乃钰　韩茹茹

第九章　农民收入增长问题研究(二)：以内蒙古为例

摘要：改革开放以来，内蒙古自治区在经济发展和社会建设上均取得了巨大成就，雄厚的经济实力和强劲的经济增长态势为提高自治区居民收入水平打下牢固的物质基础。农牧民收入大幅提高，经历了快速增长期、稳定增长期、低速增长期和较快增长期四个阶段，目前呈现以下特点：家庭经营纯收入是构成主体，工资性收入和财产性收入占比较低；非农产业收入份额偏小，主要来自乡镇企业和外出务工收入；城乡收入差距较大，地区间发展不平衡；农牧民收入低于全国平均水平，收入增速与经济增速差距缩小。内蒙古农牧民收入增长有着较好的基础条件以及增收潜力，但同时也存在着诸多制约因素，如农牧业增产增效面临困难，第一产业增收空间有限；城镇化质量较低，依靠转移就业增收的基础还不牢固；非农就业压力大，农牧民依靠非农产业增收面临困难；经济增速逐年放缓，农牧民收入维持快速增长难度较大等。最后在利用灰色预测模型对未来几年内蒙古农牧民收入进行预测的基础上，提出促进农牧民收入持续快速增长的几点对策建议。

内蒙古地处中国北疆，是我国重要的粮食生产基地和农畜产品生产加工基地，在全国经济社会发展和边疆繁荣稳定大局中具有重要战略地位。1978年以来，内蒙古自治区在经济发展和社会建设上均取得了巨大成就，雄厚的经济实力和强劲的经济增长态势为提高居民收入水平打下牢固的物质基础。农牧民收入大幅提高，从基本消除贫困，到解决温饱，再到向实现小康目标不断迈进，连续跨越了多个阶段。但是，内蒙古农牧民增收仍存在诸多制约因素。党的十八大提出到2020年我国建成全面小康社会，农民增收是全面建设小康社会的迫切需要，因此系统、深入地研究内蒙古农牧民增收问题，具有重要的现实意义。

一、改革开放以来内蒙古农牧民收入增长变动轨迹与现状

(一)内蒙古农牧民收入增长变动轨迹

改革开放以来,内蒙古农村牧区改革先后经历了家庭联产承包责任制、全面免除农牧业税和农村牧区综合改革三个阶段,农村牧区经济得到快速发展,农牧民收入实现跨越式增长。改革开放30多年以来的农牧民收入变化历程,大致可以分为四个阶段,即快速增长期、稳定增长期、低速增长期和较快增长期(见图1)。

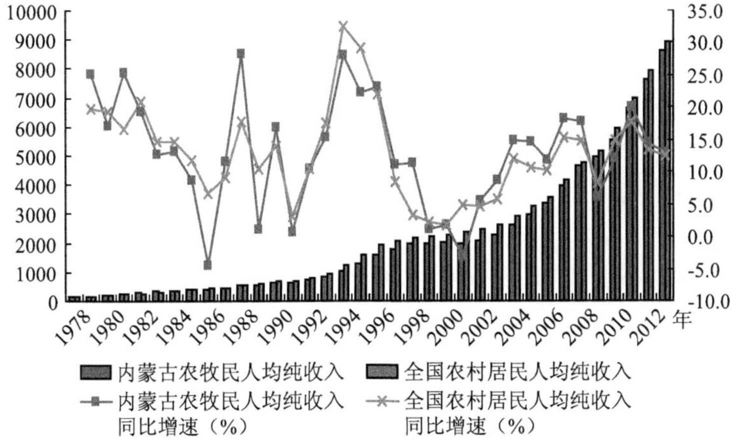

图1　1978～2013年内蒙古与全国农牧民收入绝对值及增速

1. 快速增长期(1978～1985年)。这个时期,农村牧区经营体制的变革和分配制度的改革使得农牧民的收入分配直接与劳动成果挂钩,极大地调动了农牧民发展生产的积极性,劳动生产率迅速提高,农牧业的迅速发展带动了农牧民收入快速增长。"五五"末期(1978～1980年)内蒙古农牧民人均纯收入年均增长19.9%,"六五"时期年均增长17.1%。内蒙古农牧民人均纯收入在当时全国29个省市自治区中的排位由第27位提升到第18位。

2. 稳步增长期(1986～1995年)。这一时期,农产品流通体制及价格制度改革不断深化,农产品价格扭曲的矛盾得到缓解,农牧民出售农产品收入增加。同时,科技兴农战略的实施,提高了农牧业生产效率,降低了生产成本,提高了农牧民收入。1986～1995年内蒙古农牧民人均纯收入由382元增加到1300元,十年增加了918元,年均增长12.5%。这一时期内蒙古农牧民人均纯收入在全国的排位基本稳定在第20位左右。

3. 低速增长期(1996～2002 年)。这一时期,受农产品产量减少、价格走低、生产费用增加等因素影响,内蒙古农牧民纯收入增速放缓。1996～2002 年的七年间,农牧民人均纯收入增加了 786 元,年均增长 7%。2002 年,内蒙古农牧民人均纯收入在全国的排位回落至第 22 位。

4. 较快增长期(2003～2013 年)。随着三农三牧问题越来越受到重视,国家推行农村牧区税费改革,提高农牧业的补贴,农牧民获得更多实惠,政策因素拉动农牧民收入较快增长。2003～2013 年,内蒙古农牧民人均纯收入由 2268 元增加到 8596 元,增加了 6328 元,年均增长 13.7%,增速高于同期全国平均水平 1.4 个百分点。同时,农牧民人均纯收入在全国的排位稳步前移至 2013 年的第 15 位。

(二)内蒙古农牧民收入现状与特点

得益于近几年农牧业生产连年大丰收、农牧业产品价格持续走好和国家各项惠农政策的强力支持,内蒙古农牧民收入自 2003 年以来快速增长。2013 年,内蒙古农牧民人均纯收入达 8596 元,比 2012 年增加 985 元,在全国各省市排名中居第 15 位,在西部省区市中已连续 11 年居第一位。从增速看,2013 年内蒙古农牧民人均纯收入增长 12.9%,高于同期城镇居民人均可支配收入增速 2.8 个百分点,也高于全国农民人均纯收入平均增速 0.5 个百分点。

当前内蒙古农牧民收入主要呈现以下特点:

1. 家庭经营纯收入是构成主体,工资性收入和财产性收入占比较低

一是家庭经营纯收入占比超过六成。2013 年,内蒙古农牧民家庭人均经营纯收入为 5348 元,比同期全国家庭人均经营纯收入平均水平高 1555 元;占人均纯收入的比重超过六成,达 62.2%,比全国高 19.6 个百分点;对人均纯收入增长贡献率为 66.9%,比全国高 40.3 个百分点。

二是工资性收入和财产性收入总量小份额低。2013 年,内蒙古农牧民家庭人均工资性收入为 1695 元,比全国平均水平低 2330 元,在全国仅高于新疆、云南和西藏三省区;工资性收入占纯收入的比重为 19.7%,比全国低 25.5 个百分点,仅高于新疆;对人均纯收入增长贡献率为 17.2%,比全国低 41.8 百分点。内蒙古农牧民人均财产性收入为 371 元,仅占纯收入的 4.3%,是农牧民增收的明显短板。

三是转移性收入增长较快,是农牧民收入增长的新亮点。在农牧民的

收入结构中,自 2004 年中央发布以增加农民收入为主要内容的一号文件以来,内蒙古农牧民转移性收入快速增长。2013 年,内蒙古农牧民人均转移性收入为 1182 元,居全国第 3 位,仅低于北京和上海两个直辖市;占农牧民纯收入的比重为 13.8%。

2. 非农产业收入份额偏小,主要来自乡镇企业和外出务工收入

一是非农产业收入占比仅为两成。2013 年,内蒙古农牧民收入中,来源于非农产业(指工资性收入加家庭经营二三产业收入)的纯收入为 2064 元,比全国低 2926 元,在农牧民纯收入中所占比例仅为 24.0%,对农牧民收入增长贡献率也仅为 40.7%,分别比全国平均水平低 32.1 个百分点和 26.8 个百分点。其中,家庭经营纯收入中从第二、三产业经营中获得的收入分别仅占 0.7%和 3.6%,比全国低 2.1 个和 4.5 个百分点。以上数据说明,当前内蒙古农牧民收入还主要依赖一产增收,非农产业很不发达,这与全国特别是发达省份农民收入结构所显现出来的农业收入与非农产业收入并重、非农收入逐渐占主体的格局差异非常大。

二是非农收入主要来自乡镇企业和外出务工的劳务经济。2012 年,内蒙古农牧民工资性收入中,外出务工所得收入占 31.2%,靠本地乡办企业和村办企业获得的收入占 46.0%。外出务工和乡镇企业就业收入是内蒙古农牧民非农收入的主要来源,但所占比重与全国平均水平相比,仍然分别低 10.1 个和 5.7 个百分点①。

3. 城乡收入差距较大,地区间发展不平衡

一是城乡居民收入差距仍然较大。随着内蒙古自治区近年来对农村牧区转移支付力度不断加大,农牧民近年来的收入增速高于城镇居民可支配收入增速,但是城乡居民收入差距仍未得到根本改善。改革开放以来,内蒙古农村牧区居民人均纯收入年均增长 12.7%,比城镇居民人均可支配收入年均增速低 0.8 个百分点。这 36 年间,仅三分之一的年份内蒙古农村牧区居民人均纯收入增速高于城镇居民人均可支配收入增速,其他三分之二的年份均低于后者。从绝对差距看,1978 年内蒙古城乡居民人均收入的绝对差距为 170 元,到 2013 年已扩大至 16901 元,2013 年的城乡居民收入绝对差距是 1978 年绝对差的 40.6 倍。从相对差距来看,1978 年内蒙古城乡居民人均收入相对差距(以农牧民为 1)为 2.30 : 1,2013 年扩大到 2.96 : 1。

---

① 由于 2013 年城乡住户调查一体化改革,此项指标取消,因此本处数据只能选用 2012 年的数据。

二是地区间发展不平衡。内蒙古地域辽阔，各地区经济发展和居民收入之间存在较大差距。呼、包、鄂3市属于第一梯队，2013年农牧民人均纯收入分别为12736元、12801元和12800元；西部阿拉善、乌海、巴彦淖尔属于第二梯队，农牧民收入均在1万元以上；东部呼伦贝尔市、兴安盟、通辽市、赤峰市、锡林郭勒盟以及西部乌兰察布市属于第三梯队，农牧民收入均在1万元以下，农牧民收入最低的兴安盟仅为5765元，远低于呼、包、鄂3个市。

4. 农牧民收入低于全国平均水平，收入增速与经济增速差距缩小

一是农牧民人均纯收入仍低于全国平均水平。2013年，内蒙古农牧民人均纯收入达到8596元，比上年增长12.9%。虽然增速比全国高0.5个百分点，但绝对水平仍比全国平均水平低300元，与沿海高收入省份农民收入存在较大差距(见表1)。

表1 内蒙古农牧民收入与全国水平的对比

年份	内蒙古农牧民人均纯收入(元)	全国农村居民人均纯收入(元)	内蒙古与全国平均水平的差距(元)	内蒙古在全国的位次(位)
1980	192	191	1	15
1985	400	398	2	18
1990	647	686	−39	20
1995	1300	1578	−278	20
2000	2038	2253	−215	16
2005	2989	3255	−266	17
2010	5530	5919	−389	16
2012	7611	7917	−306	15
2013	8596	8896	−300	15

二是农牧民收入增速与经济增速差距逐渐缩小。长期以来，内蒙古农牧民收入增长速度一直落后于GDP增长速度，但近年来两者之间的差距逐渐缩小，并有赶超之势。2011～2013年，农牧民收入名义增速分别为20.1%、14.6%和12.9%，GDP分别同比增长14.3%、11.5%和8.7%，扣除价格因素后，前者已基本超过后者。

二、内蒙古农牧民收入增长的基础条件与潜力因素

(一)农牧民收入增长的基础条件

1. 丰富的土地资源是农牧民收入稳定增长的坚实基础

土地是农业的立业之本,是农牧民收入的源泉。内蒙古地域辽阔,土地资源丰富,截至 2013 年,内蒙古耕地面积 1.37 亿亩,人均占有耕地 5.5 亩,农牧民人均耕地 9.3 亩。有效灌溉面积 4437 万亩,其中,滴灌、管灌和渠道衬砌等节水灌溉面积 3110 万亩。可利用草原面积 10.2 亿亩,占全国总量的 21%;林地面积 6.59 亿亩,占全国总面积的 1/7。丰富的土地资源是内蒙古农牧民收入持续稳定增长的坚实基础,为发展农业产业化、规模化经营创造了良好条件,也是广大农牧民在下一轮农业发展改革中获得较高流转收益的有力保证。

2. 农畜产品产量快速增长是农牧民增收的直接动力

内蒙古地处中国北疆,是全国重要的粮食生产基地和农畜产品加工基地。2013 年内蒙古粮食生产再获丰收,总产量达到 554.6 亿斤,比 2012 年增产 48.9 亿斤,增长 9.7%,粮食增量和增幅均居全国第一位。畜牧业生产总体保持稳定,内蒙古畜牧业产值达 1208 亿元,占第一产业的比重上升为 44.8%。牛奶、羊肉、山羊绒、绵羊毛等主要畜产品产量均居全国首位。内蒙古农牧业的发展和农畜产品产量的快速增长,直接带动了内蒙古农牧民家庭经营一产业收入的增加,成为拉动农牧民纯收入增长的主要因素。

3. 城镇化进程加快是拉动农牧民增收的有效途径

改革开放以来,随着内蒙古经济的快速发展,城镇化发展水平不断提高。2013 年内蒙古城镇化率达到 58.7%,比 1980 年提高了近 30%,累计约有 700 万人口由农牧区转移到城镇。城镇化为农牧民提供了就业的渠道,提供了农牧民从传统农业向城镇非农产业转移就业的机会。农牧民的收入来源不断拓宽,从单一的家庭经营收入为主转变为务工工资收入、经营收入、财产收入等多种收入来源。到 2013 年,在农牧民收入中,经营性收入占比从 1990 年的 89%下降到 62.2%,工资性收入占比由 9%提高至 19.7%,转移性收入占 13.7%,呈现出经营性收入比重逐渐降低,工资、转移性收入占比逐年提高的多元化格局。

4. 惠农惠牧政策不断深入是农牧民增收的重要动力

党的十六大以来，中央将“三农”问题上升到了国家发展战略的高度，对增加三农投入提出了明确的政策要求。内蒙古各级财政用于“三农三牧”的资金投入总量不断增加，2009 年至 2013 年，内蒙古自治区各级财政用于三农的支出累计达 2572.6 亿元，年均增长 29.3%。2013 年新增中央和自治区惠农惠牧补贴资金 4.4 亿元，资金总额达到 66.9 亿元，全部落实到位。农业保险的覆盖面和承保范围进一步扩大，内蒙古签单承保面积 8596.4 万亩，增长 7.5%，签单保费 19.5 亿元，增长 7.8%，参保农户达到 250.5 万户。涉农涉牧补贴的连年增加，促进了农牧民转移性收入的不断增长。

5. 农牧业现代化水平不断提高为农牧民增收保驾护航

20 世纪 90 年代中后期，内蒙古农牧业产业化、规模化和现代化水平快速发展，农牧业科技含量和装备水平进一步提高。2013 年内蒙古农机总动力达到 3379 万千瓦，同比增长 3%，综合机械化水平达到 75.7%，同比增长 2.5%。共有国家级农牧业产业化重点龙头企业 38 家，自治区级农牧业产业化重点龙头企业 556 家；农畜产品中国驰名商标总数达到 46 个。随着现代农牧业生产技术推广应用力度的加大，农牧业劳动生产率不断提高，促进了农牧业发展和农牧民增收。

(二)农牧民收入较快增长的潜力因素

1. 区位优势进一步显现

作为我国重要的粮食生产基地和绿色农畜产品加工输出基地，内蒙古拥有得天独厚的天然、绿色、无污染农畜产品优势。同时，内蒙古外同俄罗斯、蒙古国接壤，有 4200 公里的边境线，有 18 个边境口岸，其中满洲里是国内最大的陆路边境口岸；内与国内八个省接壤，横跨三北，承东启西，是东中部的资源腹地，直接融入东中部区域市场体系。随着对外对内开放程度的不断扩大，区域间合作的不断深化以及基础设施的日益完善，内蒙古农牧业的市场前景将更为广阔。

2. 产业结构进一步优化

近年来，内蒙古按照稳定面积、提高单产、节本增效的思想，注重优化种植业结构，培育形成了几大具有不同地域特色的优质粮食生产基地。玉米、马铃薯等高产高效粮食生产快速增长，粮饲兼用和加工型作物的种植面积不断增加，蔬菜、瓜果、中药材等特色种植业不断发展壮大，种植业产业结构日益优化。同时畜牧业以改良、引进、繁育为突破口,畜群畜种结构不断优化,良种奶牛、肉牛、肉羊等优势畜种发展迅速,养殖规模不断扩大,现代化畜牧园区建设卓有成效,特色畜产品优势日益突出。

3. 农牧业信息化建设步伐加快

农牧业信息化是农牧业现代化的重要内容和有力支撑。目前已经建成了自治区、盟市、旗县三级农牧业网站群,建设了主要农畜产品监测预警平台、三农服务热线、农业资源遥感监测系统、农牧业生产指挥调度系统等基础设施项目,农业物联网技术应用有序铺开。农牧业信息化建设步伐的加快,信息服务能力和水平的不断提升,将为传统农牧业注入新的生机和活力,加速农牧业转型升级,促进农牧民收入持续稳定增长。

4. 农村金融信贷体系不断完善

随着普惠金融政策改革的不断深入和财税优惠政策扶持力度的进一步加大,内蒙古将逐步建立起多层次、广覆盖、多元化的农村金融信贷支持服务体系。农村金融服务的持续创新,将有效改善农牧业产业的弱势性,平抑农村民间高利贷和贷款难、贷款贵的现象,拓宽农牧民的收入渠道,创造良好的农村金融信用环境,为现代化农牧业发展添砖加瓦、保驾护航。

三、内蒙古农牧民收入持续较快增长的制约因素

(一)农牧业增产增效面临困难,第一产业增收空间有限

由于内蒙古农牧民纯收入主要来源于第一产业,而农牧业增产增效仍面临多种困难,一是农业生产受气候条件影响较大。全区有效灌溉面积不到耕地面积的一半,一半以上为雨养农业,对气候和雨水的依赖程度依然很高。二是粮食单产水平仍然较低。2013 年内蒙古粮食单产达到 4937 公斤/公顷,比全国平均水平低 440 公斤/公顷,位居十三个主产省区第 12 位和全国第 23 位,短期内要有大的突破也不容易。三是农牧产品价格偏低,增幅有限,农资价格用工成本却屡屡攀高,农牧业利润空间逐渐缩小,导致农村青壮年劳动力流失、土地撂荒等现象,实现农牧业增产目标的困难加大。基于以上多种因素,农牧民依靠第一产业增收的空间有限。

(二)城镇化质量较低,依靠转移就业增收的基础还不牢固

2012 年,内蒙古城乡二元结构系数(非农劳动生产率除以农业劳动生产

率)为8.1,高于全国4.5的平均水平,显示出明显的城乡二元结构特征。这种分离的二元结构下,一些生产要素、信息等在城乡之间难以合理流动和优化组合,限制了农牧区富余劳动力转移,最终导致内蒙古农牧民收入中工资性收入增长较慢。与此同时,农牧区的二、三产业发展缓慢,使农牧民的就业领域窄小,造成了劳动力资源的闲置和浪费。

(三)非农就业压力大,农牧民依靠非农产业增收面临困难

农牧民的非农收入主要来自乡镇企业和进城打工的劳务经济。随着买方市场的形成和国内外市场竞争的加剧,乡镇企业整体萎缩,增长速度回落,经济效益低下,吸纳就业能力明显下降,农民从乡镇企业得到的收入增幅也随之下降。与此同时,城市国有企业下岗或失业人员增加,加上农民的科技文化素质普遍偏低,进城务工的难度越来越大。从而导致了农民在二、三产业就业机会减少,抑制了农民非农产业工资性收入,农民收入增幅回落。

(四)经济增速逐年放缓,农牧民收入维持快速增长难度较大

雄厚的经济实力和强劲的经济增长态势是城乡居民收入维持较快增长的物质基础。但自2006年以来,内蒙古GDP增速开始逐年回落,2013年仅为8.7%。经济大蛋糕增长速度的下降,为分在每个人盘子里的收入小蛋糕的增长带来了困难,目前维持农牧民收入高速增长的基础有所动摇,内蒙古农牧民收入维持高速增长的困难也在逐渐增大。

四、基于GM(1,1)灰色预测模型的内蒙古农牧民收入预测

本部分以内蒙古农牧民收入的相关数据资料为依托,运用灰色系统理论中的GM(1,1)预测模型,对2014～2022年内蒙古农民收入的发展趋势进行预测。

(一)GM(1,1)预测模型

1. GM(1,1)预测模型的基本原理

灰色理论是我国著名学者邓聚龙教授于1982年首先提出的一种系统科学理论,其中灰色预测是通过对原始数据的处理和灰色模型的建立来发现

和掌握系统发展规律,对系统的未来状态作出科学定量预测的一种分析方法。灰色理论认为,尽管数据是杂乱的,但它是有整体功能的,因此必然潜藏着某种规律。而灰色系统理论将一切随机变量看作是在一定范围内变化的灰色量,对灰色量采用数据处理的方法,将杂乱无章的原始数据整理成规律较强的生成数列再建模。GM(1,1)模型是灰色系统中一种常用的灰色预测模型,它是由一个只包含单变量的一阶微分方程构成的模型。对GM(1,1)模型的检验一般采用3种检验方法,即残差大小检验、关联度检验和后验差检验,本研究运用后验差方法来检验模型的精度。

2. GM(1,1)预测模型的建模方法

GM(1,1)是只包含1个变量的微分方程模型,其基本建模步骤如下:

(1)给定原始时间序列,并记为 $x^{(0)}=[x^{(0)}(1),x^{(0)}(2),\cdots,x^{(0)}(n)]$。

(2)对原始时间序列 $x^{(0)}$ 作一次累加(AGO),生成灰色数据列,记作 $x^{(1)}=[x^{(1)}(1),x^{(1)}(2),\cdots,x^{(1)}(n)]$。式中,

$$x^{(1)}(t)=\sum_{j=1}^{t}x^{(0)}(j),t=1,2,\cdots,n_0。$$

(3)构造累加矩阵B与常数项向量 Y_N:

$$B=\begin{bmatrix} -\frac{1}{2}[x^{(1)}(1)+x^{(1)}(2)] & 1 \\ -\frac{1}{2}[x^{(1)}(2)+x^{(1)}(3)] & 1 \\ \vdots & \vdots \\ -\frac{1}{2}[x^{(1)}(N-1)+x^{(1)}(N)] & 1 \end{bmatrix},$$

$$Y_N=[x^{(0)}(2),x^{(0)}(3),\cdots,x^{(0)}(N)]^T$$

(4)确定GM(1,1)模型 $\frac{dx^{(1)}}{dt}+ax^{(1)}=u$,记参数序列 $\hat{a}=\begin{pmatrix}a\\u\end{pmatrix}^T$,按最小二乘法估计得 $\hat{a}=(B^TB)^{-1}B^TY_N$。

(5)该模型的时间响应函数为 $x^{(1)}(t+1)=\left[x^{(0)}(1)-\frac{u}{a}\right]e^{-at}+\frac{u}{a}$。

(6)对 $x^{(1)}$ 求导还原可得到 $\hat{x}^{(0)}(t+1)=-a\left[x^{(0)}(1)-\frac{u}{a}\right]e^{-at}$。

(7)检验模型的精度。本研究运用后验差方法检验模型的精度,其一般

采用后验差比值 c 和小误差概率指标 P 进行综合评定。首先计算原始序列的标准差 $s_1=\sqrt{\frac{1}{n}\sum_{t=1}^{n}[x^{(0)}(t)-\overline{x^{(0)}}]^2}$，其次计算残差序列的标准差 $s_2=\sqrt{\frac{1}{n}\sum_{t=1}^{n}[e^{(0)}(t)-\overline{e^{(0)}}]^2}$，可得到后验差比值 $c=\frac{s_1}{s_2}$，再次计算小误差概率 $P=P\left|e^{(0)}(t)-\overline{e^{(0)}}\right|<0.6745s_1$。而对于灰色系统模型的后验差检验，通常根据 c 和 P 共同判断模型的精度，一般来说，c 越小越好，P 越大越好。模型精度等级评定如表 2 所示。

表 2　灰色系统模型后验差检验精度等级标准

预测精度等级	c	P
一级(好)	$c\leqslant 0.35$	$0.95<P$
二级(合格)	$0.35<c\leqslant 0.50$	$0.8<P\leqslant 0.95$
三级(勉强合格)	$0.50<c\leqslant 0.65$	$0.70<P\leqslant 0.80$
四级(不合格)	$0.65<c$	$P\leqslant 0.70$

(二)内蒙古农牧民收入预测的 GM(1,1)模型构建

使用 2005～2013 年内蒙古农牧民人均纯收入数据(表 3)，建立 GM(1,1)预测模型。具体建模步骤如下：

表 3　2005～2013 年内蒙古农牧民人均纯收入

年　份	人均纯收入(元)	年　份	人均纯收入(元)
2005	2989	2010	5530
2006	3342	2011	6642
2007	3953	2012	7611
2008	4656	2013	8596
2009	4938		

(1)建立原始时间序列：

$$x^{(0)}=(2989,3342,3953,4656,4938,5530,6642,7611)$$

(2)生成灰色序列

$$x^{(1)}=(2989,6331,10284,14940,19878,25408,32050,39661)$$

(3)构造构造累加矩阵 B 与常数项向量 Y_N

$$B^T=\begin{bmatrix}-9320 & -16615 & -25224 & -34818 & -45286 & -57458 & -71711\\ 1 & 1 & 1 & 1 & 1 & 1 & 1\end{bmatrix}$$

$$Y_N=(3342,3953,4656,4938,5530,6642,7611)$$

(4)求解模型参数 $\hat{a}=\begin{bmatrix}a\\ u\end{bmatrix}=\begin{bmatrix}-0.1324\\ 2776.1\end{bmatrix}$

(5)建立 GM(1,1)预测模型:

$$x^{(1)}(t+1)=23743.6227e^{0.1324t}-20967.5227$$

(6)原始数据列的模拟序列:

x(0) =(2989,3391,3871,4419,5045,5759,6574,7505,8567,9780,11165,12745,14549,16608,18959,21643,24707,28204)

(7)计算 c 和 p,进行模型精度检验:

$$c=0.339963,P=1$$

根据表 2 的模型精度评定表可知,本研究用于内蒙古农牧民收入预测的 GM(1,1)模型精度评定为一级,这表明所建模型具有很好的预测精度,可以利用模型进行预测。

(三)实证预测结果

利用 GM(1,1)模型预测 2014～2022 年内蒙古农牧民人均纯收入,具体结果见表 3。

表 3　2014～2022 年内蒙古农牧民人均纯收入预测值

年　份	人均纯收入预测值(元)	年　份	人均纯收入预测值(元)
2014	9780	2019	18959
2015	11165	2020	21643
2016	12745	2021	24707
2017	14549	2022	28204
2018	16608		

将 GM(1,1)模型预测数据与实际数据进行对比,结果见图 2。从图 2 可以看出,运用 GM(1,1)模型得到的 2005～2013 年模拟值与实际值吻合较好,表中 2014～2022 年各年份预测值的可信度较高。

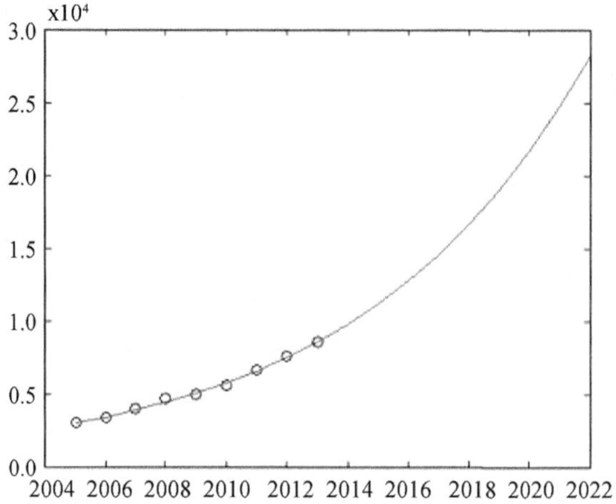

图 2　内蒙古农牧民人均纯收入模拟值与实际值的对比

五、促进内蒙古农牧民收入持续快速增长的对策建议

(一)充分发挥传统增收措施,促进农牧民家庭经营收入较快增长

1. 继续优化农牧业结构,积极推进产业化经营。调整优化农牧业结构,一是加大种植业结构调整,促进粮食种植优质高产化、经济作物品种多元化、种植面积规模化和特色产品地区化;二是大力发展畜牧业,提高牲畜饲养科学化、畜种改良化、畜产品商品化和加工增值化;三是加快推进特色、绿色、无公害农牧业产业发展。积极推进农牧业产业化经营,一要优化区域布局,抓好绿色农畜产品生产加工输出基地的建设;二要积极做大做强龙头加工企业,推进农畜产品精深加工,延伸农牧业产业链条;三要培育和支持新型农牧业社会化服务组织,通过实现农牧业规模化、产业化发展,增强农牧民市场竞争力,促进农牧民增收。

2. 依靠科学种养,提高农牧业生产效率。按照现代农牧业发展的要求,加快农牧业科技成果转化步伐,不断增加农牧业科技含量,依靠科技节本增效,提高农牧业生产效益。一是加快牲畜品种改良,提高畜牧业生产效益,增加牧民收入;二是大力实施"沃土工程"、"种子工程",推广地膜栽培、种子包衣、设施农业、精准农业、测土配方施肥和大棚蔬菜种植等先进实用科学技术,提高农业效益,增加农民收入;三是围绕农牧业结构调整布局,创新农机发展体制机制,促进农机装备结构的优化,推广标准化和高效机械化作业,节本增效,实现农牧民增收;四是加快基层农技推广体系改革与建设,理顺盟市、县、乡三级农技推广机构管理体制。深入开展农业科技推广与服务,切实加快科技兴农步伐,为农牧业增产、农牧民增收注入强劲动力。

3. 加快农牧业基础设施建设,不断改善农牧业生产条件。内蒙古农牧业基础设施十分薄弱,是制约农牧业发展的瓶颈,必须加大投入力度,加快建设步伐,提高农牧业综合生产能力,努力实现生态环境改善、农牧业稳定发展、农牧民持续增收。各级财政要继续加大对农牧业基础设施建设的投入力度,不断优化投入结构,积极实施生态保护、水利工程、节水灌溉、水库加固、耕地保护、土壤改良和畜群棚圈、农牧业机械化等基础设施方面的建设,提高农牧业生产的抗灾防灾能力。

(二)加快农村牧区非农产业发展,促进农牧民非农就业收入较快增长

1. 加快发展农村牧区二、三产业,鼓励农牧民创业增收。要抓住外出农牧民工返乡创业的机遇,改善创业环境,扩大创业领域,大力发展农村牧区二、三产业,有效带动农牧民家庭经营非农产业收入的迅速增长。一要提高发展非农产业的认识,鼓励支持农村牧区个私经济特别是乡镇企业和微小型企业发展;落实扶持政策,针对农牧民个私经济发展中存在的资金短缺、经营基础薄弱等问题,提供相应的优惠政策,给予小额担保贷款及贴息、减免相关税费等扶持。二要放宽农牧民创业准入条件,发挥创业带动就业的倍增效应;积极提供农牧民创业服务,为有创业意愿和条件的农牧民提供创业登记、培训、项目推荐、指导等服务,为农牧民创业创造良好条件。三要加大农村牧区劳动力培训力度,加强创业培训,规范培训渠道,整合培训资源,实行创业培训补助政策。

2. 大力发展劳务经济,促进农牧民工资性收入快速增长。内蒙古相当一部分地区目前工业化、城镇化水平较低,农牧民增收渠道少,劳务输出作为农牧民增加收入的一个途径应该得到高度重视。近年来,内蒙古劳务输出的规模日益扩大,劳务输出成为农村牧区剩余劳动力转移就业的主渠道。基层各级政府要尽快向服务型政府转变,积极组织劳务输出,为农牧民外出务工提供便利,增加农牧民工资性收入。

3. 加快推进工业化、城镇化进程，为农牧民提供更多就业机会。城镇化过程是由传统农业社会向现代工业社会和信息化社会转变的过程，推进城镇化进程可以妥善安置农村牧区剩余劳动力，缓解农村牧区人口与耕地之间的矛盾，为农牧民提供更多就业机会，增加农牧民收入。积极稳妥推进小城镇建设，一要以县政府所在地和有条件的建制镇为基础，以发展农畜产品加工等特色产业和服务业为支撑，科学规划，合理布局，扩大城镇规模和吸纳能力。二要引导乡镇企业向园区集中，在此基础上发展小城镇。三是给农牧民以与市民同样"国民待遇"促进农村牧区劳动力有序流动，使农牧民真正融入城市，增加收入。

（三）加大政策引导和支持力度，培育农牧民自我发展基础和能力

1. 加大政府财政投入力度，保障农牧民收入持续增长。一要继续加大强农（牧）惠农（牧）力度，加大对农村牧区经济社会发展的投入力度，落实各项补贴政策，推进各项民生工程的实施；二要进一步完善农村牧区社会保障体系，加大农牧民社会养老保险与医疗保险力度，提高标准和覆盖面；三是要加大对农村牧区教育、技能培训、公共卫生、公共道路建设、改善农村牧区生产、生活条件投入力度，培育农村牧区经济持续发展的能力。

2. 加大扶贫开发力度，增进低收入群体增收能力。目前内蒙古贫困面仍然较大，如何加快低收入群体的收入增长是促进农牧民整体增收、实现全面小康的关键。一是自然生态条件差的地方实行整体搬迁；二是政府加大贫困地区基础建设投入，增强其抗灾减灾能力，改善其生产生活条件；三是加大低收入群体的资金扶持力度，增强低收入群体的自身增收能力，进一步促进低收入贫困地区农牧民尽快脱贫致富。

3. 加强政策引导和市场调控，增强农牧民收入持续增长后劲。一要推进农村牧区集体土地、草场、水域、林地使用权的流转，进一步明晰产权，让更多农牧民从土地、草场、股权等资产增值中获得收益；二是加强对农畜产品的市场调控，对优质农畜产品实行保护价格；稳定农业生产资料价格，让农牧民真正从农畜产品价格上涨中获利；三是建立对出口农畜产品奖励制度，并对农畜优良品种或农牧业科技推广实行免费服务。

完 成 单 位：国家统计局内蒙古调查队
课题组成员：王德彬　齐　杰　王晓娟　闫少菲　闫　寒

第十章　农民收入增长问题研究(三):以黑龙江为例

摘要: 近年来,黑龙江粮食总产量、商品量、调出量等多项指标均位居全国各省(市、区)之首,为保障国家粮食安全做出了突出贡献。就黑龙江农民增收问题进行系统研究对全国及其他省份具有一定借鉴作用和现实意义。改革开放以来,黑龙江农民收入变化主要有四个特点:家庭经营收入是收入的主要来源、收入渠道逐步拓宽、收入货币化程度有所提高、收入差距呈现缩小趋势。当前黑龙江农民增收面临的困难主要是:惠农政策对农民增收的支撑力逐步趋弱,依靠农业生产增收难度加大、空间收窄,农业基础设施落后成为农民增收的障碍和经济总量增长放缓给农民增收带来较大困难。应用主成分因子分析法就收入增长动力、基础设施建设等相关因素对农民增收的影响程度进行测算,结果表明:黑龙江农民增收的主要来源还是依靠粮食生产。同时,农业和农村基础设施建设对农民增收的影响非常重要。以实证研究结论为基础,结合当前黑龙江省农业生产实际,宏观政策应在优化农业生产条件、加强农村合作组织建设、增加农业补贴和提高农产品价格等方面着力。

农民增收问题是“三农”问题的焦点和集中反映。近年来,黑龙江粮食总产量、商品量、调出量等多项指标均位居全国各省(市、区)之首,为保障国家粮食安全做出了突出贡献。因此,系统研究黑龙江农民增收问题对全国以及其他地区具有较强的借鉴作用和现实意义。

一、黑龙江农民收入变化及特点

改革开放三十五年来,黑龙江省立足农业资源优势,抢抓粮食主产区政策机遇,不断加强农业基础设施建设,稳步推进土地规模经营,农业科技支撑作用显著增强,农业现代化水平全面提升,农业和农村经济取得了长足发展,农民收入水平相比改革开放初期发生了翻天覆地的变化。2013 年,黑龙江省农民人均纯收入实现 9634 元,是 1978 年的 56 倍,年均增长 12.2%。农民收入在不同历史阶段的增长速度差异较大。1978～1984 年,得益于农村经济体制改革的政策效应,农村居民人均纯收入年均实际增长 12.1%;1985～1991 年,因全国经济发展重心由农村转向城市,农村居民人均纯收入增速大幅减缓,年均实际增长 2.7%;1992～1996 年,年均实际增长 6.6%;1997～2000 年,受农产品价格下跌和自然灾害影响,农村居民人均纯收入累计下降了 1.6%;2001～2009 年,农民收入增速先抑后扬,年均实际增长 7.3%;2010～2013 年,黑龙江借助国家对粮食主产区的政策扶持和农业现代化水平的提升,农民收入再次实现大幅增长,年均实际增长 11.8%。三十五年间,黑龙江省在农民增收方面取得了令人瞩目的成就,农民收入变化主要有四个特点。

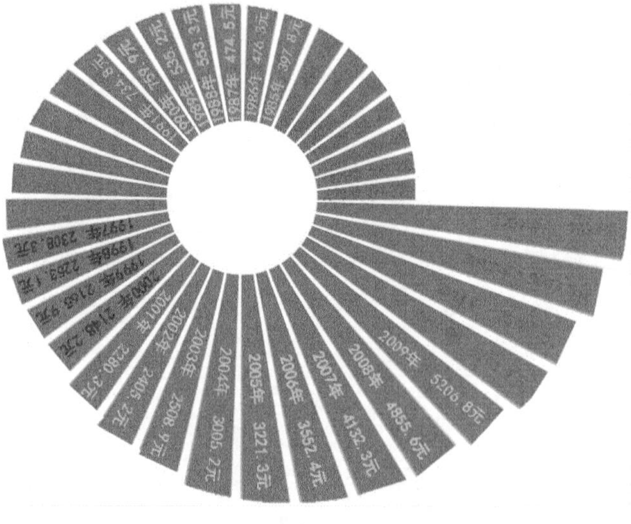

图 1　1987～2013 年黑龙江农民收入六阶段变化图

(一)家庭经营收入是收入的主要来源

黑龙江是我国重要商品粮主产省,城市化水平相对较低,二三产业发展滞后,以城带乡、以工促农的反哺作用发挥不充分。而且农村居民受教育程度普遍较低,缺乏专业技能,外出务工收入偏低,农民的大部分收入都依靠家庭经营取得。2013 年,黑龙江省农民人均家庭经营纯收入 6197 元,占农民人均纯收入的 64.3%,所占比重分别高于同期辽宁、内蒙古及全国平均水平 15.3、2.1 和 19.7 个百分点,高于粮食主产省河南 13.7 个百分点。而且在家庭经营总收入中,第一产业收入偏高,二、三产业收入明显低于其他粮食主产区。2012 年,黑龙江第一产业收入占家庭经营总收入的 95.4%,所占比重分别高于辽宁、河南、内蒙古及全国平均水平 10.3、15.9、0.3 和 15.9 个百分点;二产收入占家庭经营总收入的 0.6%,分别低于辽宁、吉林、河南及全国平均水平 4.3、0.3、4.3 和 5.3 个百分点;三产收入占家庭经营总收入的比重为 3.9%,分别低于辽宁、内蒙古、河南及全国平均水平 6.1、0.4、1.0 和 10.7 个百分点。

表 1　2013 年黑龙江与全国及相关省份农民收入构成对比表

单位:元

	农民人均纯收入	工资性收入	占比%	经营性收入	占比%	财产性收入	占比%	转移性收入	占比%
全　国	8896	4025	45.2	3793	42.6	293	3.3	784	8.8
黑龙江	9634	1991	20.7	6197	64.3	598	6.2	848	8.8
辽　宁	10523	4209	40.0	5161	49.0	283	2.7	870	8.3
吉　林	9621	1813	18.8	6855	71.3	188	2.0	765	8.0
内蒙古	8596	1695	19.7	5348	62.2	371	4.3	1182	13.8
河　南	8475	3581	42.3	4285	50.6	160	1.9	449	5.3

(二)收入渠道逐步拓宽

近年来,黑龙江大力发展现代农业,让农民真正从规模经营、特色种植和畜禽养殖中受益;同时,全面落实国家各项惠农政策,提高社会保障水平,通过鼓励农民自主创业和外出务工促进农民增收。在各级政府的扶持和引导下,农民群众的思想观念逐步更新,增收致富渠道日益拓宽。一是农民的工资性收入和转移性收入占比逐年提高,家庭经营收入中的二、三产业经营收入占比也有所提高。2013 年,黑龙江省农民人均家庭经营纯收入占当年农民人均纯收入的比重比 2003 年下降了 13.4 个百分点;2013 年,黑龙江省农民人均第一产业收入 6076 元,占家庭经营收入的 95.5%,所占比重比 2003 年下降 0.6 个百分点,二三产业收入所占比重比 2003 年提高 0.7 个百分点。二是工资性收入对农民增收的拉动作用日益凸显。2013 年,黑龙江省农民人均工资性收入 1991 元,是 2003 年的 5.1 倍,年均增长 17.5%;2013 年,农民人均工资性收入占纯收入比重为 20.7%,比 2003 年提高了 5

个百分点，十年间工资性收入拉动农民人均纯收入增长了 65.6 个百分点，对农民人均纯收入增长的贡献率为 22.4%，工资性收入已成为农民收入的重要来源，对农民增收的拉动作用日益凸显。三是转移性收入占比逐年攀升，支撑农民收入稳步增长。近年来，黑龙江省全面贯彻落实国家各项惠农政策，有力拉动了农民人均转移性收入的持续快速增长。2013 年，全省农民人均转移性收入 848 元，比全面实行农村税费改革制度的 2004 年增长 5.7 倍，年均增长 23.6%；农民人均转移性收入占当年农民纯收入的 8.8%，所占比重比 2004 年提高了 4.6 个百分点。

（三）收入货币化程度有所提高

2004 年，中央一号文件针对粮食主产区农民收入增幅低于全国平均水平，一些纯农户种粮收入持续徘徊甚至下降的实际，制定出台了一系列保护粮食主产区农民切身利益的政策措施。要求在进一步加大对农业主产区投入力度的同时，重点抓好粮食流通体系建设，发挥市场机制作用，培育农产品营销主体，搞活农产品流通。在这些政策的指导下，黑龙江省的农产品销售市场逐步健全并发展完善，农产品市场化和商品化程度稳步提升，农民销售农产品收入的货币化程度大幅提高。2013 年，全省农民人均现金纯收入 7039 元，占纯收入比重 73.1%，货币收入占比相比 2004 年提高 8.6 个百分点，实物收入占比下降，农民对资金自由支配能力显著增强。

（四）收入差距呈现缩小趋势

近十年来，中央对“三农”的扶持力度不断加大，黑龙江贯彻中央精神，也出台了多项具针对性的政策，有效推动了农民收入的稳定增长。2003 至 2013 年，黑龙江省农民人均纯收入年均增长 14.4%，高于同期城镇居民人均可支配收入年均增速 3 个百分点。经过十年赶超，城乡居民收入差距逐渐缩小。城乡收入比值由 2003 年的 2.66∶1，下降到 2012 年的 2.1∶1，2013 年再度缩小为 2.03∶1，收入差距低于全国平均水平 1 个百分点（2013 年全国城乡比为 3.03∶1）。从近十年农民最高最低收入对比看，2003 年为 9.98∶1、2007 年为 9.08∶1、2012 年为 8.02∶1（2013 年局部市县洪涝灾害严重，导致低收入群体收入过低，数据无可比性），城乡收入与农民内部最高最低收入比值逐年下降，表明黑龙江省城乡和农民内部间的贫富差距正在日益缩小，收入分配格局正逐步趋于合理。

二、农民增收面临的主要困难

改革开放以来黑龙江促进农民增收的各项措施取得了积极的成效,但在经济发展新阶段,要实现农民增收仍然面临很多困难。

(一)惠农政策对农民增收的支撑力逐步趋弱

2004 年起,国家实行“一免两补”政策,逐步取消农业税,并对种粮农民发放粮食直补和良种补贴。2006 年以后,国家又相继出台了农资综合补贴、农机具购置补贴,补贴种类不断增加,补贴标准稳步提高。各项补贴政策的实施对黑龙江省农民增收起到了较为明显的拉动作用,把黑龙江农民人均纯收入提到了一个相对较高的水平。但 2008 年以来,国家对种粮农民的补贴标准、补贴范围逐步趋于稳定,补贴拉动农民增收的政策效应已基本释放,补贴对农民增收的影响力逐渐趋弱。另外,农村社会养老保险政策实行只有一年时间,尚处于起步阶段,养老金额标准偏低,短期内也不会有较大幅度的增长,对农民增收的拉动作用相对较弱;农村合作医疗、五保户供养和弱势群体救助工作虽已实施多年,但报销比例、补助标准多年来无较大变化,且由于享受政策的只是小部分人群,所占份额较小,对农民增收的促进作用并不明显。从近几年的经济环境和宏观政策情况推测,今后一段时期内惠农政策的力度很难有大幅度提升,政策对增收的支撑力会逐步趋弱。

(二)依靠农业生产增收难度加大、空间收窄

农业从广义上讲包括种植业、林业、牧业、渔业。黑龙江种植业占据绝对优势,牧业次之,林业和渔业所占份额较小。从种植业方面看,黑龙江省农民增收较为乏力:一是受退耕还林还草政策限制和各类投资占用耕地现象的影响,现有的耕地面临进一步减少的风险,依靠耕地面积扩大增加粮食产量拉动农民收入增长的空间极为有限。2013 年,黑龙江省农作物实际播种面积为 22017 万亩,与 2010 年相比年均增速仅为 0.9%。二是单位面积产量提高空间有限。受农业科技成果转化和普及推广进程影响,单位面积产量提高难度加大,增速趋缓,对农民增收的支撑作用有限。以黑龙江省主栽作物水稻、玉米、大豆为例,2013 年,三大作物平均亩产 644 斤,比 2004 年仅增加了 40 斤,年均增长率仅为 0.7%。三是农产品价格涨幅空间狭小。

近年来,国家为了保护农民利益制定出台了粮食最低收购保护价政策,但政策的制定必须考虑城市居民和粮食加工企业的承受能力,农产品价格提高的幅度有限,近几年国家出台各类粮食保护价收购标准基本没有较大波动。而且加入世贸组织以后,我国粮食进口总量逐年增加,供给量增加造成价格上涨困难。2004 年至 2013 年,黑龙江省谷物原粮(玉米、水稻、小麦、杂粮)平均价格由 1.12 元增长到 1.94 元,年均增速仅为 6.3%,而且谷物原粮价格在 2013 年还出现下滑走势,分别比 2011 年和 2012 年下降 6.3% 和 9.3%。四是农业生产成本逐年提高挤压了本就有限的农业增收空间。近年来,农业生产资料价格逐年攀升,农业生产人工成本不断提高,农民在防灾、灭害和租用现代化机械方面都面临较大的成本压力。五是种植结构调整步伐缓慢影响农民快速增收。实践证明,推进种植结构调整,大力发展高效、特色经济作物是促进农民增收的重要手段,但黑龙江省农业种植结构调整必须在保证稳定粮食生产能力,确保国家粮食安全的前提下进行,可调整的规模有限。同时,调整种植结构还要搞好市场对接,解决农产品销售问题,工作难度和市场风险相对较大。2013 年,黑龙江粮食作物面积占农作物总播种面积的比例高达 95.6%,而其他经济作物的种植面积多数呈下降趋势,种植结构调整步履艰难。从牧业发展情况看,近年来,黑龙江省畜牧业虽然保持了稳定发展态势,但以生猪为主的畜禽产品价格波动频繁,规模养殖户养殖风险增大,补栏积极性受挫,散户养殖耗时费力,且利润空间狭小,靠牧业生产实现农民增收的难度不断加大。调查数据显示,2013 年全省农民人均牧业收入 353 元,比 2008 年增长 10.3%,年均增长 2%;2013 年牧业收入占农民人均纯收入的比重仅为 3.7%,比 2008 年下降了 2.9 个百分点。

(三)农业基础设施落后成为农民增收的障碍

截至 2012 年末,全省中低产田面积仍有 1.22 亿亩,约占总耕地面积的 69.3%,每年少收粮食近百亿斤;水源控制工程偏少,地表水截留能力仅为 27%,易旱易涝面积占全省耕地面积的 67.8%;农业生产率偏低,截止到 2013 年末,全省单位耕地农业机械总动力、用电量和有效灌溉面积仅为现代化实现程度的 22.0%、6.8%和 35.4%。农业生态环境恶化、农田水利建设滞后和农业物质装备水平偏低严重制约农业发展和农民增收。

(四)经济增长放缓给农民增收带来较大困难

2012 年以来,全国整体经济形势开始出现放缓迹象,制造业产值和利润都出现了不同程度下降。同期黑龙江省国民生产总值增速也连续两年下降,2012 和 2013 年黑龙江省 GDP 增速同比分别下降了 12.6 和 3.8 个百分点。受大环境影响,黑龙江省农民收入增速连续两年呈下降走势,2012 年和 2013 年增速同比分别下降了 4.4 和 1.1 个百分点。2013 年黑龙江省农民人均纯收入增速位居全国后数第七位,在全国 13 个粮食主产省中位居第十。黑龙江省低迷的宏观经济形势给农民增收带来极大挑战。

三、黑龙江农民收入影响因素的实证分析

综合考虑黑龙江农民增收的主要困难,分析制约农民增收的各项因素,本文从政策扶持、农业基础设施建设投入、农业生产能力等方面选取粮食补贴投入、农业机械总动力、粮食单位面积产量等 6 项影响农民收入变化的指标构建农民收入综合评价指标体系。

(一)指标和数据选取

Y 代表黑龙江省农民纯收入;X_1 为粮食补贴投入;X_2 为有效灌溉面积占农作物总播种面积比重;X_3 为农业机械总动力;X_4 为粮食单位面积产量;X_5 为农产品生产价格指数(以 2002 年为基期);X_6 为农业生产资料价格指数(以 2002 年为基期)。

表 2　数据列表

年份	农民纯收入(元)	粮食补贴投入(亿元)	有效灌溉面积占农作物总播种面积比重(%)	农业机械总动力(万千瓦)	粮食单位面积产量(千克/公顷)	农产品生产价格指数(以 2002 年为 100)	农业生产资料价格指数(以 2002 年为 100)
2003	2509.07	15.79 *	21.54	1807.70	3195.00	110.20	101.80
2004	3005.18	18.52	23.08	1952.20	3816.00	129.26	114.02
2005	3221.27	19.29	23.74	2234.00	3640.00	130.56	123.82
2006	3552.43	23.00	22.68	2570.60	3714.00	130.56	126.17
2007	4132.29	53.80	24.80	2785.30	3790.00	156.54	138.03
2008	4855.59	71.60	25.83	3018.40	3845.00	183.15	169.37
2009	5206.76	92.90	28.08	3401.30	3821.00	179.67	159.54
2010	6210.72	92.90	31.88	3736.30	4376.00	196.20	168.48
2011	7590.68	121.00	35.45	4097.80	4842.77	228.57	185.66
2012	8603.85	105.00	39.03	4549.30	5001.49	242.06	200.15
2013	9634.14	124.60	42.55	4848.70	5191.90	244.48	208.35

数据来源:黑龙江统计年鉴 2013;黑龙江统计提要 2014;黑龙江统计调查年鉴;中国统计信息网;相关部门基础数据。

由于年鉴中存在部分数据个别年份的缺失，为了不影响统计检验，本文采用趋势外推的方法将数据进行插补（插补数据在数据列表中用 * 号进行标记）。

（二）主成分分析

定性考察影响农村居民收入的 6 项指标，可以看出某些指标之间可能存在较强的相关性，比如：农业机械总动力与有效灌溉面积占农作物总播种面积比重、粮食单位面积产量之间都有较强的相关性。为了验证这种想法，将数据进行标准化处理后，计算相关系数。

表 3　指标相关矩阵列表

	X1	X2	X3	X4	X5	X6
X1	1					
X2	0.904109	1				
X3	0.955782	0.966959	1			
X4	0.867927	0.973062	0.9418	1		
X5	0.966322	0.955356	0.980237	0.944268	1	
X6	0.955577	0.934398	0.977595	0.916966	0.989434	1

根据相关矩阵可以看出某些指标之间确实存在较强的相关性，如果直接用这些指标进行综合评价，必然会造成信息的重叠，影响评价结果的客观性。因此考虑利用主成分分析法将指标进行处理。

依据主成分分析的原理，利用软件对 6 个标准化后的指标进行主成分分析，选取的前 6 项特征根及其贡献率如下：

表 4　主成分分析结果

序号	特征根	贡献率	累计贡献率
1	6.560572	0.962	0.962
2	0.131512	0.0248	0.9868
3	0.01077	0.006	0.9929
4	0.017332	0.0045	0.9973
5	0.010527	0.002	0.9993
6	0.002334	0.0005	0.9998

可以看出第一个特征根的累计贡献率就达到 96.2%,主成分分析效果很好。选取前三个主成分(累计贡献率超过 99%)进行综合分析和评价。前三个特征根对应的特征向量分别为:

表 5　对应特征向量表

	Pc_1	Pc_2	Pc_3
X1	0.369633	0.601108	0.538233
X2	0.3775	−0.39342	0.407585
X3	0.382324	0.079193	0.064701
X4	0.371254	−0.57855	−0.14987
X5	0.3826	0.171929	−0.28812
X6	0.378493	0.290878	−0.6527

由此得到的 4 个主成分分别为:

$$Z_1=0.369633X_1+0.3775X_2+\cdots\cdots+0.378493X_6$$

$$Z_2=0.601108X_1-0.39342X_2+\cdots\cdots+0.290878X_6$$

$$Z_3=0.538233X_1+0.407585X_2+\cdots\cdots-0.6527X_6$$

把原始指标的标准化数据带入 3 个主成分的表达式中,就可以得到三个主成分值。

分别以三个主成分的贡献率为权重,构建主成分综合评价模型:$F=0.962Z_1+0.0248Z_2+0.006Z_3$

表 6　标准化数据带入主成分值表

指标	计算结果
X1	0.373724
X2	0.355844
X3	0.370148
X4	0.341899
X5	0.370596
X6	0.367408

将回归方程转换为关于 X 的方程为:

$Y = 0.373724X_1 + 0.355844X_2 + 0.370148X_3 + 0.341899X_4 +$

$0.370596X_5+0.367408X_6$

(三)回归结果分析

依据标准化的回归系数还原原始数据的回归系数,以2013年数据为基数,可以计算各自变量变动1%对因变量的影响。

表7 还原回归系数的计算结果

2013年为基数	粮食补贴投入(亿元)	有效灌溉面积占农作物总播种面积比重(%)	农业机械总动力(万千瓦)	粮食单位面积产量(千克/公顷)	农产品生产价格指数(以2002年为100)	农业生产资料价格指数(以2002年为100)
原始数据变动1%的值	1.2460	0.4255	48.4870	51.9190	2.4448	2.0835
标准化变量X的变动	0.0211	0.0322	0.0301	0.0496	0.0353	0.0390
标准化变量Y的变动	0.0079	0.0115	0.0111	0.0170	0.0131	0.0143
农民纯收入变动量	18.9537	27.5408	26.7795	40.7606	31.4707	34.4409
农民纯收入变动率(%)	0.1967	0.2859	0.2780	0.4231	0.3267	0.3575

从还原计算的结果可以看出,当前情况下,粮食补贴投入提高1%,可以使农民纯收入增加0.1967%;有效灌溉面积占农作物总播种面积比重提高0.4255个百分点,可以使农民纯收入增加0.2859%;农业机械总动力提高1%,可以使农民纯收入增加0.2780%;粮食单位面积产量提高1%,可以使农民纯收入增加0.4231%;农产品生产价格指数提高2.4448个百分点,可以使农民纯收入增加0.3267%;农产品生产价格指数提高2.0835个百分点,可以使农民纯收入增加0.3575%。

在各类影响因素中,粮食单位面积产量的影响系数最高,有效灌溉面积占农作物总播种面积比重和农业机械总动力的影响系数也较大。这说明当前黑龙江农民增收的主要来源还是依靠粮食生产。同时,农业和农村基础设施建设对农民增收的影响非常重要,不论是水利工程、电力建设还是农业机械投入都能有效提高农民收入。

四、促进黑龙江农村居民收入增长的政策建议

从实证分析的结果可以看出,影响农民收入的因素与政府政策、农业生产能力等方面有密切的关联,提高农民收入应在优化农业生产条件、加强农村合作组织、增加农业补贴和提高农产品价格等方面着力。

(一)转变农业发展方式,提高单位土地面积产出率,进一步提高农业生产效率

实证分析表明,农业生产效率对农民收入的影响较大,优化农业生产方式,提高农业生产效率应是未来黑龙江农业政策的重要目标。

黑龙江要着力培育具有市场竞争优势的名优产品,采取多种形式从科研院所、大专院校和毗邻地区引进具有较高科技含量、适合市场消费需求的优质新品种,着力改善农产品的品种和质量,并积极引导和鼓励农民增加市场畅销的优质粮食生产,及时淘汰老、杂、劣品种,提高单位土地面积的产出率,推进农业生产由资金、劳动力投入为主向知识投入为主转变。一方面,要充分利用省内高校和科研院所的人才和技术优势,提高农业科技研发投资强度,加大先进实用技术、农业良种和地方特色品种的研发与推广力度,使人才和技术充分为农业生产服务。另一方面,要根据市场需求,大力开发功能型、营养型、保健型新品种,增加劳动密集型和技术、资本密集型农产品的生产,增强农产品竞争力。此外,还应顺应粮食作物布局向优势产区集中的趋势,科学确定区域农业发展重点,按照比较优势原则,对区域农业进行整体规划,形成优势突出、具有较强特色的农业基地和农业产业带,引导加工、流通、储运设施建设向优势产区聚集,形成生产要素的聚集,配置资源的优化,以农业集约化经营寻求粮食增产、农民增收的新增长点,提高农业经营效益。

(二)促进农民合作经济组织建设,壮大农业机械化合作企业和农产品加工企业,以农业产业化经营优化农业生产条件

实证分析表明,农村基础设施和农业生产现代化水平对农民收入的影响举足轻重。这是因为黑龙江农民进城务工的积极性不高,收入来源主要是农业生产。因此,实现农民增收必须依靠改善农业生产条件和实现农民

本地务工。当前比较有效的途径是发展各种类型的农村专业合作经济组织，黑龙江应重点着力于建设农业机械化合作企业和农产品加工企业，在促进农业产业化经营的同时，为大量农村剩余劳动力创造就业机会。

政府应根据各地农业产业化的发展程度、资源禀赋、生产实际等情况，用产业政策和典型实例做引导，鼓励农民因地制宜创办各种不同类型的合作社，并在每年的财政预算中安排一定数额的专项资金，通过贷款贴息、贷款担保、奖励补贴等方式，支持农民专业合作社组织在基础设施建设、农业信息推广、品牌创建及精深加工项目方面的发展。相关的财政、工商、税务、金融、国土等部门要从实际出发，加大政策支持力度，削低农民合作经济组织的准入门槛，明确税费减免、绿色通道、农资供应、用地用电、登记注册、涉农信贷、土地征用等方面的扶持措施，为专业合作经济组织的发展创造良好的外部环境。要根据地方资源实际，集中资源、集中投入、集中帮扶，加速培育带动能力强、产业关联度大、科技含量高、有市场竞争力的大型农机服务和农产品加工龙头企业，积极落实从事农机服务和农产品加工龙头企业的用地、税收、补贴等方面的优惠政策，对重点扶持的企业加大对包括技术改造、科技创新、基地建设、市场开拓等具体项目的补贴力度。此外，要尽快建立起企业与基地、农户的科学利益分配机制，着重发挥农民合作组织在规范经营行为、价格协调、利益纠纷调节、行业损害调查、农产品质量认定等方面的中介联结纽带作用，通过龙头企业与农户股份合作、签订合同契约、实行订单农产品最低收购价等多种形式，密切双方利益关系，强化双向约束，使龙头企业与农户建立相对稳定的经济联系。要加大市场经济秩序的整顿力度，坚决打击、惩处违约的公司和农户，提高合同的约束力和履约率，维护市场诚信，把以行政、法律手段为内容的监督约束机制同公司和农户间利益联结机制有机地结合，使各环节参与主体真正形成风险共担、利益均沾、同兴衰、共命运的利益共同体。

(三)加大财政对农业补贴力度，扩大补贴覆盖的范围，建立补贴稳定增长的机制

黑龙江地方财政投入能力较为薄弱，应在积极争取中央财政扶持的同时尽可能提高农业补贴资金的使用效率，优化补贴方式。要继续加强财政在农业科研及技术推广、基础设施、培训、检验检疫、营销等绿箱清单中的一般服务项目补贴力度，并调整财政支农投入结构，增加政府对农民的生产和服务支出,增设产品检验、市场信息、营销服务专项资金,把农业国内支持的重点由流通环节逐步向生产环节转移。同时要注意区分政策支持的优先顺序,重点确保关键性项目的建设,尽可能体现公益性、规模性、非竞争性、动力性、溢出性和持续性等原则,优先支持风险大、投资经济效益低,但对农业发展起着基础性、开发性、示范性作用的项目。通过科学合理地分配有限的公共资源,提高财政资源的支农效率,促进农业的可持续发展,有效地增强农业竞争力。

同时,应建立补贴支出稳定增长机制,稳步提高补贴标准。一是进一步加大"四项补贴"和"农业生产大县奖励"等政策的投入,确保各级财政每年对农业总投入的增长幅度高于财政经常性收入的增长幅度。二是尽快增设全国性的土地流转补贴、改良增产补贴、自然灾害补贴等专项直补政策,对农业生产的某些环节和方面进行引导和调节,提高农业综合生产能力。三是建立健全农业补贴的配套制度和措施,对产业结构单一、种粮效益偏低的粮食主产区,根据粮食产量、财政状况、生产成本,探索建立相对应的特殊粮食补贴标准和办法。四是建立起财政农业补贴支出稳定增长机制,提高预算内支出用于农业补贴的水平,逐年增加用于直接补贴的总量。

(四)强化价格政策导向功能,增加农民种粮比较效益,拓宽农民增收空间

在农民弱势的情况下,政府对农民的转移支付以及保障性支出对其增收推动及现实性增收起着决定性作用。

要把粮食主产区的粮食价格支持工作放在优先考虑的突出位置,在推进粮食价格形成机制市场化的过程中,必须坚持实行政府对粮食的支持性价格政策,除继续执行粮食最低收购价格、适时启动主要农产品临时收储等政策外,要逐步扩大政策性粮油的收购范围,完善政策的发布、启动、监管和补贴机制,建立起价格合理、范围确定合适的长效粮食价格支持机制,在保障农民受益,保证市场粮价在绝大多数消费者可承受范围之内的同时,通过价格支持政策引导农民优化粮食种植结构、提升农产品品质,最终达到促进农民增收的目的。今年,中共中央、国务院发布的《关于全面深化农村改革加快推进农业现代化的若干意见》,明确了将在黑龙江省启动大豆目标价格补贴试点工作,在市场价格低于目标价格时按差价补贴大豆生产者,可参照此政策,为玉米、水稻其他两类主要粮食品种制定目标价格补贴政策,在保

护农民利益、调动农民种粮积极性，保护和稳定粮食生产的前提下，更好地发挥市场在农产品价格形成中的决定性作用。

要进一步强化对农业生产资料的价格监管和政策调控，切实加大农资市场监控，完善粮食生产的成本控制机制。相关部门应强化对农业生产资料的价格监管和政策调控，密切关注农资市场的价格动态，及时了解农资的供给和需求情况，对可能引起价格异常波动的倾向性、苗头性和趋势性问题，及时预警、预测、预报，采取相应干预措施，建立起灵敏的粮食价格与农业生产资料价格相挂钩的农资动态调整机制，确保农资市场供应和价格稳定，破解粮食领域“剪刀差”现象。继续加大对种子、化肥、农药等农业生产资料市场的监督执法力度，严厉打击流通环节的囤积居奇、哄抬农资价格现象，规范农资流通秩序，保证农资质量，特别要加强农业生产资料批零差价的管理，控制流通环节的加价行为，确保政府各项价格调控措施落实到位。同时应进一步落实对农资生产经营企业在税收、补贴、贷款等方面的优惠和扶持政策，降低农资生产成本，增加农资供给，稳定农资市场价格，从而达到减少粮食生产成本，增加农民收入的最终目的。

完 成 单 位：国家统计局黑龙江调查总队
课题组组长：谭　波
课题组成员：李树斌　金　刚　常洪水
　　　　　　刘丽娜　于德明　李　娜
执　笔　人：常洪水　于德明　李　娜

第十一章 农民收入增长问题研究(四):以四川为例

摘要:近年来,四川农民收入虽然实现了较快的增长,但农村居民家庭人均纯收入增速仍慢于GDP增速,城乡居民收入差距在逐年扩大,与全国平均水平的差距也越来越大,探索四川农民增收的路径已是当务之急。影响四川农民收入的因素众多,主要可以分为经济和社会发展、农业生产情况、国家支农政策三类。选取代表性指标进行主成分回归分析发现:农村居民家庭第一产业就业劳动力比重对农民收入有反向影响,经济增长率、城镇化率、农业补贴、粮食单产、有效灌溉面积、农产品生产价格、粮食作物播种面积对农村居民收入都有正向影响。其中代表农业基础设施建设的有效灌溉面积影响最大,且影响程度远高于其他指标。这主要是由于基础设施建设到位能够节约农民的资金投入成本和时间投入,使农民能更多地从事其他生产经营活动提高收入。依据回归分析的情景预测显示,2020年四川居民人均可支配收入可达到17711元,能实现建成小康社会目标的要求。结合回归分析的结论,并借鉴日韩等国的成功经验,本文提出四项促进农民增收的对策建议,即保持经济平稳发展、加强科技投入和基础设施建设、完善农业补贴和农产品价格调控制度、统筹规划城乡发展。

十八大报告明确提出,要千方百计增加居民收入,努力实现居民收入增长和经济发展同步。四川作为农业大省,增加农村居民收入、缩小城乡差距既是全面建成小康社会的重点,也是难点。在《四川省委关于深入贯彻落实党的十八大精神为与全国同步全面建成小康社会而奋斗的决定》中,四川省委明确提出坚持把"三农"工作作为全部工作的重中之重,把农民增收作为"三农"工作的重中之重,发展农业,繁荣农村,富裕农民。本文通过深入分析四川农民收入增长的主要特点和影响因素,探索促进农村居民收入可持续增长、缩小城乡差距的可能途径。

一、四川农民收入增长情况

近年来，中央和地方各级党委、政府高度重视农村居民收入问题，陆续出台多项惠农政策，四川农民收入水平逐年提升、收入来源日益广泛。2013年，四川农民家庭人均纯收入达到7895元，较1993年增长10.3倍，按现价计算，年均增长率达到12.9%。

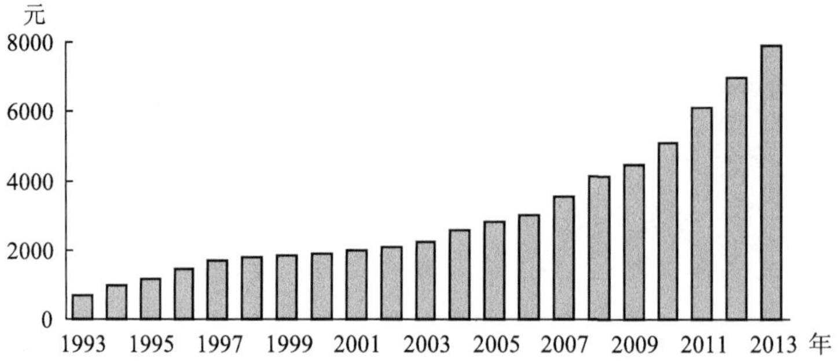

图1　1993～2013年四川农村居民家庭人均纯收入

（一）收入结构出现新变化

2012年，工资性收入比重首次超过家庭经营收入，成为农村居民收入的第一大来源。2013年，四川农村居民家庭人均工资性收入达到3543元，较2003年增长3.6倍，占纯收入比重44.9%，提高10.5个百分点；家庭经营收入达到3321元，较2003年增长1.5倍，占比42.1%，比重下降18.3个百分点；转移性收入和财产性收入分别增长8.7倍和5.5倍，占比10.5%和2.6%，提高6.7和1.2个百分点。

（二）工资性收入贡献最大

2003至2013年，四川农村居民家庭人均纯收入增长了5665元。其中，人均工资性收入增长2777元，是拉动纯收入增长的第一大动力，对总收入增长的贡献率达到49.0%；家庭经营收入增长1974元，对纯收入增长的贡献率达到34.8%。

（三）收入增速相对较低

一是农村居民家庭人均纯收入增长速度落后于GDP增速。按可比价

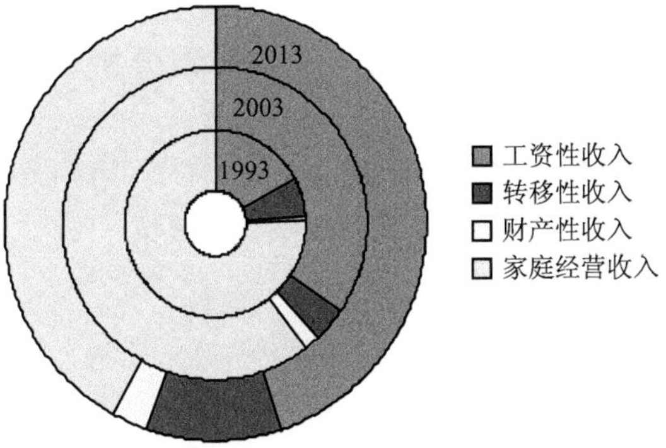

图 2　农村居民人均纯收入来源构成比较

计算,1993 至 2013 年人均纯收入年均增速只有 8.0%,较 GDP 平均增速低 3.5 个百分点。二是城乡居民收入差距逐年扩大,短期内难以实现转变。三是在全国的位次停滞不前,与全国平均水平差距不断拉大。2007 至 2013 年,四川农村居民人均纯收入水平连续 7 年在全国排位停滞于 21 位,与平均水平的差距由 594 元扩大到 1001 元。四是收入增长滞后于其他粮食主产省。2002 至 2012 十年间,在粮食产量前十位的省(区)中,四川农民纯收入增长额最低。

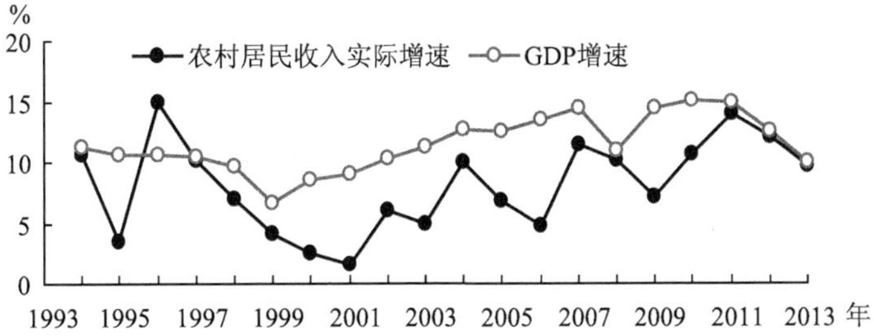

图 3　四川农村居民收入与 GDP 实际增速比较

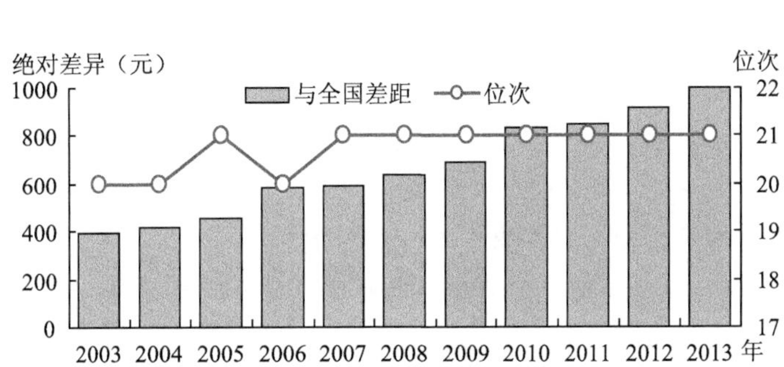

图 4　四川农村居民收入在全国位次及与全国平均水平差距变化

二、影响四川农民收入增长的主要因素分析

影响农民收入的因素众多，主要可以分为三类，第一类是经济和社会发展，第二类是农业生产情况，第三类是国家支农政策。

(一)经济和社会发展对农民收入的影响

经济和社会发展对居民收入产生的影响较为广泛，其中经济增长、工业化、农村劳动力转移、城镇化、价格变动等几个因素的影响比较明确。

1. 经济增长。经济增长对农民收入既有直接影响，又有间接影响。从直接影响来看，在经济快速发展的时期，农村居民就业机会增加，工资水平提高，经营性收入和财产性收入来源更广。从GDP增速与农村居民人均纯收入实际增速的趋势对比可以看出，虽然四川农村居民收入增幅略低于GDP增幅，但二者总体趋势具有一致性，GDP增长加快时，农村居民收入增速也趋于加快。比较农村居民工资性收入与GDP增长关系时，趋同性更加明显。从间接影响来看，经济增长可以带来财政对农业和农村支持力度加大，就业机会增加，农产品需求增长等其他间接影响，从而实现农村生产效率提高和农产品产量增加，农民收入随之增长。

2. 工业化与劳动力转移。工业化是指工业在一国或地区经济中的比重不断提高成为经济主导产业的过程。这一过程的特征主要是农业劳动力大量转向工业，农村人口大量向城镇转移。从狭义来说，在工业成为国民经济主导产业的过程中，必然吸纳大量劳动力，创造更多就业机会，扩大农民收入来源，有力拉动工资性收入的提高。从广义来看，工业化更重要的意义是在快速发展工业的同时，对农业和服务业的生产模式实行现代化改造，使农业和服务业劳动生产率得到迅速提高，从而促进包括农业在内的其他产业收入提高。但是在工业化过程中，农村劳动力结构也会发生显著改变，造成农村青壮年人口减少，制约农业生产效率提高，对农民收入增长也会造成一定的负面影响。

3. 城镇化。城镇化是随着工业化的发展一个国家或地区的农村人口向城市和城镇聚集的过程。这一过程有助于缓解农村劳动力过剩问题，提高生产效率，增加农民收入。但是过快的城镇化尤其是土地城镇化造成的人口“被迫”城镇化，会造成农村地区耕地紧张、成本上升，威胁粮食安全，而城

镇吸纳就业能力不足，最终也将制约农民收入增长。目前，四川城镇化率以年均 1.5 个百分点的速度提高，从图 5 可以看出，农民收入增速与城镇化率增速的变动趋势具有一致性，但这种趋同性既可能是由于城镇化推动了农民收入增长，也可能是因为二者均受到经济增长速度影响。

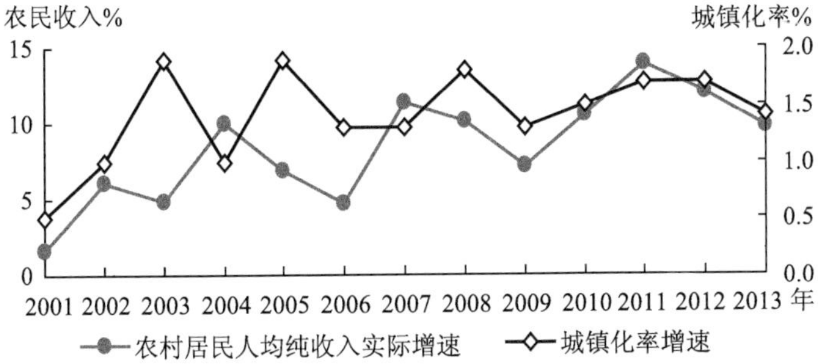

图 5　四川农民收入和城镇化率变动比较

4. 价格变动。农产品价格上涨的直接影响是增加农村居民第一产业经营收入。但是，如果农产品价格上涨过快，也会传导至其他产业，造成成本上升从而制约经济增长，最终影响农民收入增加。图 6 比较了 2003 至 2013 年间，农村居民收入与农产品价格走势①、家庭经营收入与农产品价格走势具有很强的一致性，而纯收入虽然增长更为平稳，但走势也基本一致。

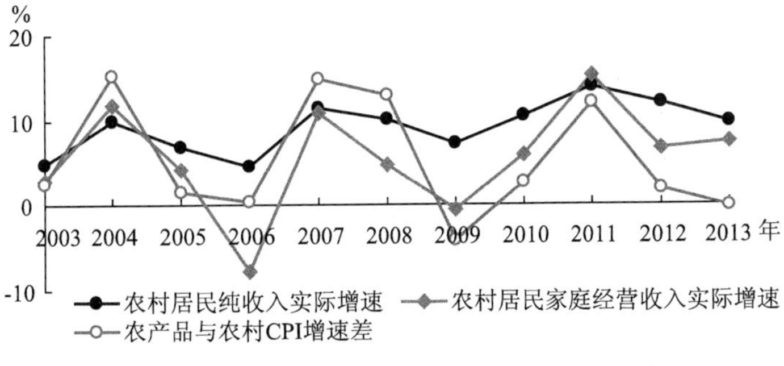

图 6　四川农村居民收入与农产品价格走势比较

(二)农业生产情况对农民收入的影响

农业生产情况包括多个方面，例如农作物播种面积、粮食单产、农业技

① 为了消除其他价格影响，收入采用实际增速，农产品价格指数则采用农产品价格指数减农村 CPI 之差。

术进步、农民受教育程度、区域差异等，都对农民收入有较直接的影响，但这些指标之间也可能存在相互影响。

1. 农作物播种面积。农作物播种面积属于农业生产要素投入，一般而言，其他条件不变的情况下，增加某一要素投入的结果是产量增加。但是农产量增加是否必然引起农民收入增加却需要进一步分析。因为增加播种面积后总成本会上升，其中包括劳动力的机会成本，即投入新增农业生产的劳动力如果从事其他行业可能获得的收入。如果成本上升超过总收益增加，则会引起农民收入下降。

2. 技术进步和基础设施建设。农业技术进步可以促进粮食单产提高，实现在劳动力投入不变甚至减少的情况下总产量增长，从而促进农业收入增长；而且，农业技术进步可以节约劳动力，促进农业劳动力转移，增加收入来源。基础设施建设是农业技术进步的一个重要方面，以水利建设为例，有效灌溉面积增加有利于农业生产能力提高，同时还可节约农户的投入成本，有力支撑了粮食总产量“七连增”。粮食总产量与农民收入尤其是家庭经营收入变动趋势一致性较高。2007 年以前，粮食产量和价格对农村居民家庭经营收入影响极大，而随着居民收入来源更为广泛，粮食生产对农民收入的影响力相对减弱。

3. 农村居民受教育程度。农民受教育程度和农民收入相互影响。加大教育投入既是收入增加后的普遍结果，又是推动收入继续增长的动力。但是，劳动力平均受教育年限是农村教育程度提高和高学历劳动力向城镇转移两种力量共同作用的结果，并不是一直上升的。如图 7 所示，2010 年之前，随着农村教育服务能力提高、生活条件改善及文化教育日益重视，农村劳动力平均受教育年限逐年提高，2011 年出现回落，但目前仍低于历史最高水平①。

（三）国家政策对农民收入的影响

国家政策对农民收入的影响虽然不易量化，但与政策变化的关联也比较直观。

---

① 资料来源于农村住户抽样调查中对劳动力文化程度的调查，原资料按“不识字或识字很少”、“小学”、“初中”、“高中”、“中专”、“大专或大专以上”分组，本文将前三类受教育年限折算为“0”、“6”、“9”，高中及以上学历考虑到未完成学业的情况增加，因而使用组中值。采用不同取值时，计算的平均受教育年限有差异，但变动趋势不受影响。

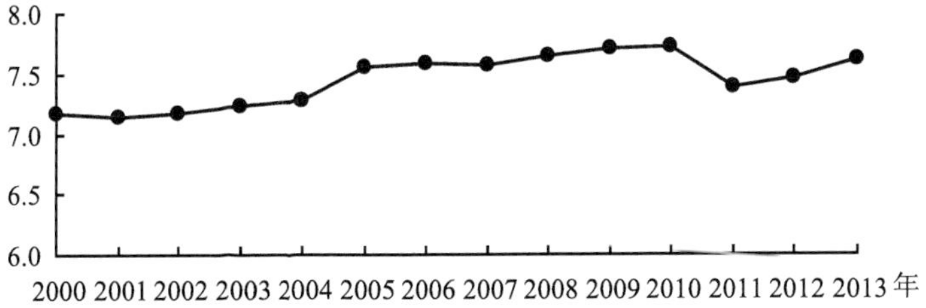

图 7　四川农村劳动力平均受教育年限变化情况

多年来,中央一号文件均以三农问题为主题,陆续出台农业补贴、取消农业税、加强农业基础建设,有力促进了农民增收。2008 年以来,针对粮食生产成本上升较快的情况,国家连续 6 年提高粮食最低收购价格。政策对农民收入产生了明显影响。如图 8 所示,2004 年,四川粮食播种面积和总产量开始回升,农村居民纯收入实际增速再次突破 10%,2004 年至今,四川农村居民纯收入年均增速达到 13.4%,扣除物价因素后实际增速达到 9.6%。

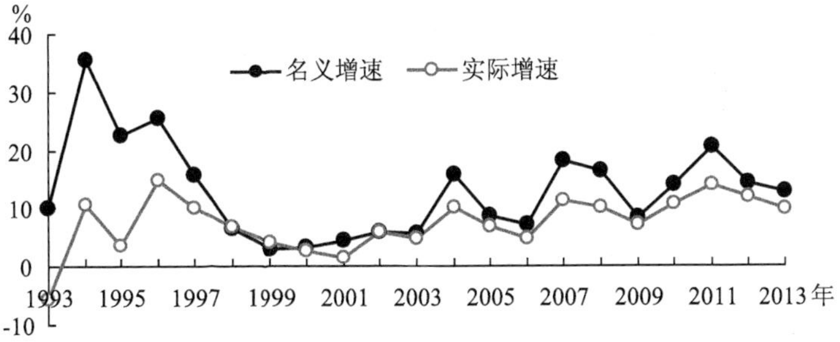

图 8　四川农村居民家庭人均纯收入增长率

三、四川农民收入增长的回归分析

如前文所述,影响农村居民收入的因素众多且具有一定相关性,直接进行多元回归分析可能无法找到收入变动的真正原因。因此,为了既保留从不同侧面揭示影响农民收入的各种因素,又减少信息间的重叠,本文通过主成分分析法,将具有一定相关性的多个指标构造成少数几个相互无关的线性组合,成为新的指标。

1. 指标选择。因变量为农村居民人均纯收入,自变量选取了 GDP 指数、城镇化率、工业化率、农村居民家庭第一产业就业劳动力比重、农业补贴、粮食单产、有效灌溉面积、农产品生产价格指数与农村 CPI 差异、粮食作物播种面积。数据使用2000年至2013年共14组,按2000年价格换算,如表1。对上述指标进行标准化后,得到因变量Y和一组新的自变量数据矩阵$X=(X_1,X_2,\cdots\cdots,X_9)$,如表2。

表1 2000～2013各年四川农村居民人均纯收入及相关经济指标

年份	农民纯收入	GDP指数	城镇化率	工业化率	一产业就业劳动力比重	农业补贴	粮食单位面积产量(公斤/公顷)	有效灌溉面积(千公顷)	农产品生产价格指数/CPI	粮食作物播种面积(千公顷)
2000	1903.60	1.00	26.7%	29.4%	73.7%	0.00	4919.43	2469.01	1.00	6854.45
2001	1934.75	1.09	27.2%	29.2%	72.2%	0.00	4363.56	2486.99	0.93	6706.67
2002	2052.23	1.20	28.2%	29.1%	70.6%	0.00	4713.28	2499.80	0.98	6645.90
2003	2151.87	1.34	30.1%	30.1%	68.2%	0.00	4781.52	2500.60	1.00	6387.30
2004	2366.95	1.51	31.1%	31.6%	66.3%	7.33	4858.64	2503.15	1.15	6476.50
2005	2530.57	1.70	33.0%	34.2%	64.4%	8.27	4891.36	2503.25	1.16	6564.84
2006	2649.84	1.93	34.3%	36.2%	62.1%	12.57	4429.89	2506.69	1.17	6455.46
2007	2953.05	2.21	35.6%	37.1%	60.8%	22.18	4693.03	2508.25	1.33	6450.00
2008	3252.52	2.45	37.4%	39.3%	60.6%	32.44	4882.68	2523.66	1.49	6430.90
2009	3486.65	2.80	38.7%	40.1%	59.8%	41.73	4976.48	2533.00	1.43	6419.40
2010	3855.38	3.23	40.2%	43.2%	58.1%	51.47	5034.21	2553.11	1.47	6402.00
2011	4390.23	3.71	41.8%	45.1%	55.5%	90.68	5110.78	2600.75	1.64	6440.50
2012	4917.18	4.18	43.5%	44.2%	55.0%	114.89	5125.07	2662.65	1.67	6468.20
2013	5393.94	4.60	44.9%	44.1%	53.7%	95.96	5235.20	2647.00	1.67	6469.90

表2 标准化后的农村居民人均纯收入及相关指标

	Y	X1	X2	X3	X4
1	−1.07902	−1.13947	−1.39403	−1.18388	1.65736
2	−1.05165	−1.06368	−1.31196	−1.21661	1.42656
3	−0.94840	−0.96912	−1.14782	−1.23297	1.18037
4	−0.86083	−0.85476	−0.83595	−1.06935	0.81109
5	−0.67180	−0.71161	−0.67181	−0.82393	0.51875
6	−0.52800	−0.55161	−0.35994	−0.39852	0.22640
7	−0.42318	−0.35860	−0.14656	−0.07129	−0.12749
8	−0.15669	−0.12324	0.06683	0.07597	−0.32751
9	0.10650	0.08114	0.36228	0.43592	−0.35829
10	0.31227	0.38024	0.57567	0.56681	−0.48138
11	0.63634	0.73687	0.82188	1.07403	−0.74295
12	1.10640	1.14469	1.08451	1.38490	−1.14300
13	1.56952	1.53853	1.36355	1.23764	−1.21994

续表

	X5	X6	X7	X8	X9
1	−0.85771	0.24523	−1.11596	−1.07845	2.54061
2	−0.85771	−1.98190	−0.81448	−1.34434	1.44332
3	−0.85771	−0.58072	−0.59969	−1.16573	0.99209
4	−0.85771	−0.30732	−0.58627	−1.07330	−0.92805
5	−0.67339	0.00167	−0.54352	−0.54042	−0.26572
6	−0.64975	0.13276	−0.54184	−0.47377	0.39021
7	−0.54162	−1.71614	−0.48416	−0.45720	−0.42195
8	−0.29996	−0.66186	−0.45800	0.14381	−0.46249
9	−0.04196	0.09799	−0.19962	0.74370	−0.60431
10	0.19165	0.47380	−0.04301	0.52017	−0.68970
11	0.43658	0.70510	0.29418	0.66342	−0.81890
12	1.42257	1.01188	1.09299	1.27879	−0.53303
13	2.03137	1.06914	2.13089	1.39737	−0.32735

2. 主成分提取。计算矩阵 X 的相关系数矩阵，并求其特征值和特征向量。9 个特征值由大到小依次为：8.17745、0.46662、0.26129、……，其中，前 2 个值合计超过 9 个特征值合计的 94.8%，其对应特征向量分别为：

E1	0.34686	0.34759	0.34468	0.33796	−0.33406	0.33901	0.27139	0.32942	0.34228
E2	0.00128	0.04499	0.18152	0.23473	−0.32074	−0.06563	−0.88733	−0.09235	0.08286

可以使用前 2 个主成分代替原来的 9 个指标，对原始指标的方差的解释程度达到 94.8%，依次为：

$$F_1 = 0.34686X_1 + 0.347591X_2 + 0.34468X_3 + 0.33796X_4 - 0.33406X_5 + 0.33901X_6 + 0.27139X_7 + 0.32942X_8 + 0.34228X_9$$

$$F_2 = 0.00128X_1 + 0.04499X_2 + 0.18152X_3 + 0.23473X_4 - 0.32074X_5 - 0.06563X_6 - 0.88733X_7 - 0.09235X_8 + 0.08286X_9$$

3. 模型拟合。因为 F_1、F_2 是原始指标得线性组合，而通过前文分析，农村居民收入与经济增长、工业化、农业生产等原始指标存在较强的相关性，所以用上面求得的主成分作为新的自变量，进行回归分析。最终可以确定回归方程为

$$Y = 0.27930F_1 - 0.50977F_2$$

对拟合程度进行检验：表中 F 统计量值为 195.3，而 F(0.05,2,11)=3.98，故对于 0.05 的显著性水平可以认为回归方程具有可以接受的拟合程度。

对回归系数的显著性进行检验：F_1、F_2的 t 统计量分别为 2.6、-6.0，而 t(0.05,11)=2.20，故对于 0.05 的显著性水平，2 个自变量均显著。

将回归方程转换为关于 X 的方程为：

$$Y=0.09623X_1+0.07415X_2+0.00374X_3-0.02527X_4+0.07020X_5+0.12814X_6+0.52813X_7+0.13908X_8+0.05336X_9$$

4. 结果分析

从标准化回归的结果可以看出：经济增长率、城镇化率、农业补贴、粮食单产、有效灌溉面积、农产品生产价格、粮食作物播种面积对农村居民收入有正向影响，而农村居民家庭第一产业就业劳动力比重对农民收入有反向影响，即农村劳动力向城镇转移能促进农民收入增长。

依据标准化的回归系数还原原始数据的回归系数，以 2013 年数据为基数，可以计算各自变量变动 1%对因变量的影响。

表 3　还原回归系数的计算结果

2013 年为基数	GDP 指数	城镇化率	工业化率	第一产业就业劳动力比重	农业补贴	粮食单位面积产量(公斤/公顷)	有效灌溉面积(千公顷)	农产品生产价格指数/CPI	粮食作物播种面积(千公顷)
原始数据变动 1%的值	0.0460	0.0045	0.0044	0.0054	0.9596	52.3520	26.4700	0.0167	64.6990
标准化变量 X 的变动	0.0387	0.0737	0.0722	0.0826	0.0241	0.2098	0.4438	0.0615	0.4804
标准化变量 Y 的变动	0.0037	0.0055	0.0003	-0.0021	0.0017	0.0269	0.2344	0.0085	0.0256
农民纯收入变动量	4.2396	6.2178	0.3066	-2.3753	1.9275	30.5828	266.7101	9.7279	29.1669
农民纯收入变动率	0.0786%	0.1153%	0.0057%	-0.044%	0.0357%	0.5670%	4.9446%	0.1803%	0.5407%

从还原计算的结果可以看出，当前情况下，GDP 增加 1%，可以使农民纯收入增加 0.079%；城镇化率提高 0.45 个百分点，可以使农民纯收入增加 0.115%；工业化率提高 0.44 个百分点，可以使农民纯收入增加 0.006%；第一产业就业劳动力比重降低 0.54 个百分点，可以使农民纯收入增加 0.044%；农业补贴标准提高 1%，可以使农民纯收入增加 0.036%；粮食单位

面积产量提高 1%,可以使农民纯收入增加 0.567%;有效灌溉面积增加 1%,可以使农民纯收入增加 4.94%;农产品生产价格上涨 1%,可以使农民纯收入增加 0.180%;粮食作物播种面积增加 1%,可以使农民纯收入增加 0.541%。在各类影响因素中,有效灌溉面积的影响系数最高,明显高于其他各项因素,这说明有效灌溉不仅能提高粮食单产,更主要的是能够节约农民的资金投入成本和时间投入,使农民能更多的从事其他生产经营活动提高收入。

5. 情景预测

根据四川省经济增长目标,"十二五"最后两年地区生产总值年均增长 9%,假定"十三五"期间年均增速达到 4%以上,则 2020 年地区生产总值可实现比 2010 年翻一番。其他各项指标的取值如下:城镇化率参考《四川省全面建设小康社会统计监测指标体系》,取 60%;工业化率暂无具体参考值,考虑到工业化进程中,第三产业也会较快发展,抵消工业增加值增长的份额,因此暂以 2013 年水平代替,取 44.1%;农村家庭一产业就业劳动力比重下降速度可能逐渐减慢,暂取 50%;农业补贴以 2013 年水平代替;有效灌溉面积假定提高到 3000 千公顷。农产品生产价格指数假定较 2010 年上涨 20%;劳动力平均受教育年限假定为 7.75 年;粮食单产按农业部预计单产提高 5%推算,取 5497 公斤/公顷;粮食作物播种面积参考《四川省食物与营养发展实施计划(2014～2020 年)》制定粮食产量 3500 万吨目标,按提高后的单产可降至 6367 千公顷。

将上述取值代入回归方程中,可得按 2000 年不变价格计算的农民人均纯收入为 9321 元,折合为 2013 年价格水平为 13644 元,年均实际增速为 8.1%。因此,按四川省全面建设小康社会统计指标标准值,城乡居民收入比不高于 2.8(假定为 2.5),城镇化率 60%计算,如果在经济增长、农业生产、粮食价格等方面能够得到相应保障,则 2020 年四川居民人均可支配收入可达到 17711 元(按 2000 年不变价格计算),超过 15000 元的目标值,在居民收入方面可实现与全国同步建成小康社会目标。

四、促进农民收入增长的国际经验借鉴

城乡居民收入差距扩大是世界各国经济发展中普遍存在的现象。借鉴国际经验,有助于更深入地了解影响农民收入的各类因素,为政策制定提供

更充分的依据。日本和韩国战后面临人多地少、农业资源匮乏，以小农业生产为主的困境，在工业化进程中，城乡差距一度扩大。但20世纪实行的一系列调控和支持措施，使两国成功跨越了中等收入陷阱、实现城乡居民收入持续增长。

(一)深入持久推进新农村建设

韩国“新村运动”始于1970年。大致分为三个阶段：第一阶段为基础设施阶段，政府无偿为农村提供一定数量的钢筋和水泥，用于改善农民的生产、生活条件；第二阶段为农民增收阶段，政府进一步加强农村水利、住房等设施建设，加快和推广农业技术普及，通过发展农业生产来提高农民收入；第三阶段为巩固提升阶段，政府鼓励和引导特色种植业和农产品加工业的发展，支持农村文化事业发展。1970～1978年，政府财政对农业投资增加82倍。财政资金的大量投入极大完善了农村基础设施建设，为农民增收创造了良好环境①。

(二)积极推动农业技术进步

农业的投入要素主要包括劳动和土地，因此可以把农业技术进步看作是对这两种要素的替代。对于劳动力而言，随着日本工业化和城镇化推进，农业劳动力数量不足，年龄老化逐渐成为制约农业发展的主要因素；对于土地而言，日本人多地少现实制约了耕地供给扩大，土地资源匮乏决定了其农业的经营规模较小。因此，日本首先采取了以化学、生物技术和精耕细作为主的土地节约型技术进步，同时加强农田水利设施建设，引入保温育苗技术，并逐步采取了小型机械化的劳动节约型技术进步②。通过技术进步，日本有效解决了土地和劳动力资源不足的问题，保障了农业产出的增长。

(三)实行农产品价格保护和补贴政策

日本政府对农产品价格保护的范围较广，实行价格保护的粮食占全部上市粮食的80%，其中最核心的是大米的价格保护政策。日本也是世界上

---

① 《韩国缩小城乡差距的经验》(袁岳驷　朱文蔚　罗玉华，《南方农村》2010年01期)

② 《美国和日本农业技术进步路线对中国的启示》(杨志勇　倪军，《西南农业学报》2010年第4期)

农业补贴最高的国家之一,以 2000 年颁布的《针对山区、半山区地区等的直接支付制度》为例,该制度对当地农户进行直接的收入补贴,符合要求的农户每年可享受上限为 100 万日元的补贴,全国补贴规模为每年 700 亿日元。高额的农业补贴政策提高了农民的生产积极性,促进了农民增收致富。韩国从 1968 年开始采用“高价收购、低价销售”的价格政策促进粮食生产,并且连续 4 年提高大米收购价格,最高的一年提高幅度达到 25%。20 世纪 90 年代后期,由于价格支持引发农产品国际竞争力下降,韩国政府开始实施直接补贴政策。2009 年,韩国直接补贴支出增长到 1.8 万亿韩元,比 1995 年增加 8000 亿韩元①。

(四)加强社会保障制度建设

战后经济高速增长期,日本政府面对农村剩余劳动力的大规模转移,通过完善城乡统筹的养老、医疗、教育制度等,使城市和农村在法律地位、居民政治权利、社会保障、治理模式等方面具有一致性,解除了农民进城或城市居民“下乡”的后顾之忧②。一是建立了城乡统筹的养老、医疗保障制度,使社会保障从职业型向普遍型转变。二是创设农业人养老金制度,包括针对具有一定耕种面积的农业人的农民年金计划基金、对兼业农民的职业相关社会保障,以及耕地转让的经营转让养老金。上述措施有效地促进了农村劳动力的转移,提高了农业收入,最终使农业户的收入总体上超过了工业户③。

五、促进四川农民收入增长的政策建议

根据前文分析,结合日韩等国的成功经验,建议从以下四方面入手,促进四川农村居民收入的持续增长。

(一)保持经济平稳发展

回归分析显示,GDP 对农民增收有明显的影响,可见经济平稳发展是居民获得稳定收入的前提。2010 年以来,受国内外经济环境、资源、成本瓶颈

---

① 《缩小城乡居民收入差距的国际经验比较与启示》,茶洪旺 明崧磊

② 《日本缩小城乡差距政策研究》,张晓冰 吴玲玲等

③ 《促进农民增收的国际经验借鉴与政策建议》,孔伟艳

制约等因素影响，四川地区生产总值增速逐年下滑，2013 年增幅降至 10%。在总需求中，投资和出口的增长速度均高位回落，城镇居民增速较为稳定，而农村居民消费却有较大的提升空间（2012 年农村居民消费占支出法 GDP 的比重仅为 13.6%）。因此，促进四川经济平稳发展应将重点放在农村，要充分发挥农村中年人口为主要来源的人口红利对经济增长的支撑作用。要加快以第三产业为主的劳动密集型产业发展，在餐饮业、社会服务业、卫生和社会福利等对体能要求较低的行业中广泛创造就业岗位，并积极发展小微企业、乡村旅游业等促进就近就业，为经济增长注入更多的动力。

（二）加强科技投入和基础设施建设

回归分析中，代表农业基础设施的有效灌溉面积对农民收入影响最大，与科技水平密切相关的第一产业劳动力就业比重也有较明显的影响。日韩的成功经验和四川的实际情况都表明，包含农村基础设施在内的农村科技水平对农民收入有重要影响。政府应进一步加强农业科技投入和农村基础设施建设。一是加强优良品种、病虫害防治、高效肥料等方面的研发、加强对生产者技能培训和咨询服务、促进新技术应用，依靠创新来提高土地生产率。二是鼓励适度规模经营，推广适合四川土地经营规模的小型机械替代劳动力。三是重点监察农村基础设施建设“最后一公里”，确保基础设施建设质量。

（三）完善农业补贴和农产品价格调控制度

回归分析中，农业补贴和农产品生产价格对农民收入的影响都比较明显，国际经验中，高补贴标准和农产能品涨价也是农民增收的重要途径。因此，应积极完善农业补贴和农产品价格调控制度，为农民增收提供最直接的保障。要提高粮食主产区和特殊地区的生产补贴标准，保护种粮积极性。参照日本对山区农民的粮食生产给予财政补贴和直接收入补贴，支持山区半山区农民从事农业生产，避免山区农村经济衰退和荒废粮食生产。同时，应参照韩国经验，连续大幅提高粮食收购价格，完善粮食价格为核心的农产品价格调控机制，着力缩小工农业产品价格剪刀差。

（四）统筹规划城乡发展

回归分析中，城镇化率提高对农民增收有正向的影响，这说明农民在城镇工作的收入要高于农村，劳动力由农村向城镇流动的趋势仍然存在。参照日本政府妥善处理农村劳动力转移的经验，我国应尽快统一城乡公共医疗和公共养老保险制度，解除农村居民尤其是老年人口的后顾之忧，探索以建立土地转让养老金等方式，促进农村社会保障从传统的土地保障向现代的制度保障转变，既让农民摆脱对土地的依赖，为土地等资源的合理分配提供前提；又为提高农村居民消费倾向，拉动国民经济健康发展提供支撑。在公共服务方面，要着力缩小城乡教育文化、医疗卫生、交通通讯等方面的差异，解决好农村各项管理和服务问题。此外，还要在土地和住宅流转等制度层面促进城乡一体化，通过建立完善的农业耕地和农村住宅流转体制，鼓励城市居民到农村居住、投资，活跃和繁荣农村经济。

完 成 单 位：国家统计局四川调查总队
课题组组长：唐建成
课题组成员：肖成刚　李传军　梁玉均
宋　洁　李志平
执　笔　人：宋　洁

第十二章　农民收入增长问题研究(五)：以青海为例

摘要：进入21世纪，青海的农业和农村经济有了长足发展，但农民收入增长仍然比较缓慢，成为制约青海经济发展的主要因素之一，农民增收问题已成为亟待解决的重大课题。影响农民收入的因素有很多，本文依据现有文献研究成果及数据可得性，筛选出6个影响因素进行多元回归分析。通过岭回归分析发现：财政用于农业的支出、建筑业企业增加值、农业增加值、非公有制经济增加值、农产品价格指数、城镇化率等6个因素对青海农民收入有显著影响，且均为正向影响，其中影响程度最大的是财政用于农业的支出，影响程度最小的是城镇化率。根据影响因素分析，青海农民收入增长还存在财政用于农业的支出偏低、农业生产条件差等问题。最后结合影响因素，提出促进青海农民收入持续、快速增长的对策建议：加大财政支农力度，积极推动非公有制经济、建筑业和农业发展，加快城镇化步伐，提高农民整体素质。

党的十八大报告高度重视农民收入问题，明确提出加快发展农业和农村经济，实施农民收入倍增计划，拓宽增收渠道，千方百计增加农民收入。青海省是一个农民人口占比大的省份，与全国其他地区相比，农民收入增长基础薄弱、难度较大，已成为制约青海经济发展的主要因素之一，增加农民收入对解决好青海“三农”问题乃至对全省经济社会发展全局都具有重要意义。本文通过深入分析2000年以来青海农民收入增长历程和特点，运用岭回归模型探寻影响农民收入增长的主要因素，探索促进农民收入持续、快速增长的有效途径。

一、“十五”以来青海农民收入基本特征分析

“十五”以来，青海农业和农村经济得到长足发展，农民收入逐年提高，

增长迅速。2000～2013 年,青海农民人均纯收入由 1490.5 元提高到 6196.4 元,增长 3.16 倍,年均增长率达 11.6%。

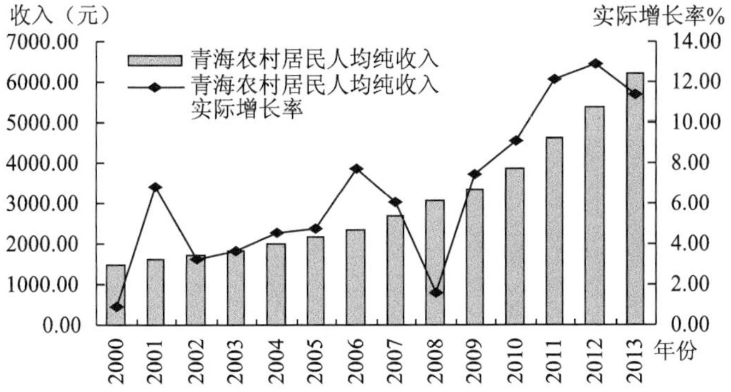

图 1　2000 年以来青海农民人均纯收入情况

(一)农民收入增长阶段及特征

1. 缓慢增长阶段(2000～2003 年)

2000～2003 年,受农产品价格低,乡镇经济实体少,劳动者整体素质不高,推广应用农业科技有限等因素的影响,青海农民收入增长缓慢。2000 年,青海农民人均纯收入 1490 元,仅增长 0.3%,增幅比上年回落 3.93 个百分点;2001 年增长 8.07%、2002 年增长 6.2%、2003 年增长 6.23%。2000 至 2003 年农民收入年均增速仅为 6.83%,远低于同期 GDP 增速。

2. 稳步增长阶段(2004～2010 年)

2004 至 2010 年,中央连续七年发布"一号文件"关注"三农"问题,农业税减免、农资综合补贴、良种补贴、农机具补贴、汽车、家电下乡等一系列强农惠农政策逐步实施,对青海农民收入增长起到重要的促进作用,农民收入步入了新世纪以来的一个高峰。2010 年,青海农民人均纯收入达到 3862.68 元,比 2004 年增长 92.69%,年均增长 11.55%,年均增速比上一阶段快 6.76 个百分点。

3. 快速增长阶段(2011～2013 年)

2011 年以来,青海积极实施城乡统筹、以工哺农、以城带乡推动"三农"发展,颁布实施了一系列支农和惠农政策,政策种类多,支持力度大,受益范围广,对促进农民收入持续快速增长发挥了重要的作用。2011 年,青海农民人均纯收入 4608.47 元,增长 19.3%;2012 年增加到 5364.38 元,增长 16.4%;2013 年达到 6196.39 元,增长 15.5%,增幅列全国各省(市、区)第 1 位。2011～2013

年，青海农民收入增速连续三年超过 15%，高于全国平均水平。

(二)农民收入结构变化及特征

1. 工资性收入较快增长。2013 年，青海农民人均工资性收入 2347.46 元，比 2000 年增长 6.52 倍，年均增长 16.78%。工资性收入占纯收入的比重由 2000 年的 20.95%提高到 2013 年的 37.88%，上升 16.93 个百分点，成为青海农民增收最直接、最重要的推动力。

2. 家庭经营收入平稳增长。2013 年，青海农民人均家庭经营纯收入 2570.33 元，比 2000 年增长 1.29 倍，年均增长 6.6%。从家庭经营收入构成情况看，2000～2013 年，来自第一产业的收入由 940.8 元增加到 2144.37 元，增长 1.27 倍，年均增长 6.54%；来自二、三产业收入由 178.91 元增加到 425.26 元，增加 246.35 元，年均增长 6.88%。从占比看，2000～2013 年，来自第一产业收入占纯收入的比重由 63.1%下降到 34.6%，下降了 28.5 个百分点；来自二、三产业收入占纯收入的比重由 12%下降到 6.86%，下降了 5.14 个百分点，其中，第二产业下降 0.5 个百分点，第三产业下降 4.64 个百分点。虽然第一产业收入所占比重下降较大，但其仍占纯收入的三分之一，对农民收入增长起到了重要支撑作用。

3. 转移性收入成倍增长。2013 年，青海农民人均转移性收入 1112.67 元，比 2000 年增长 31.92 倍，年均增长 30.84%，转移性收入占纯收入的比重也由 2000 年的 2.27%提高到 2013 年的 17.95%，上升了 15.68 个百分点。转移性收入的快速增长成为拉动农民增收的又一亮点。

4. 财产性收入稳定增长。2013 年，青海农民人均财产性收入 165.93 元，比 2000 年增长 5.72 倍，年均增长 15.78%。财产性收入占全年纯收入的比重也由 2000 年的 1.66%提高到 2013 年的 2.67%，上升 1.01 个百分点。财产性收入对农民收入增长的拉动作用偏弱(见图 2、图 3)。

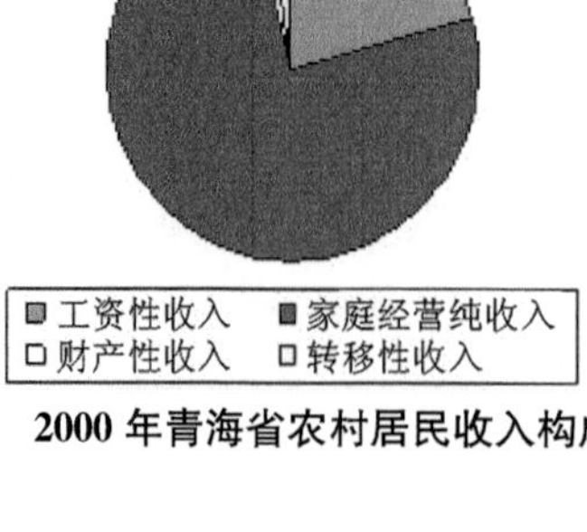

图 2　2000 年青海省农村居民收入构成

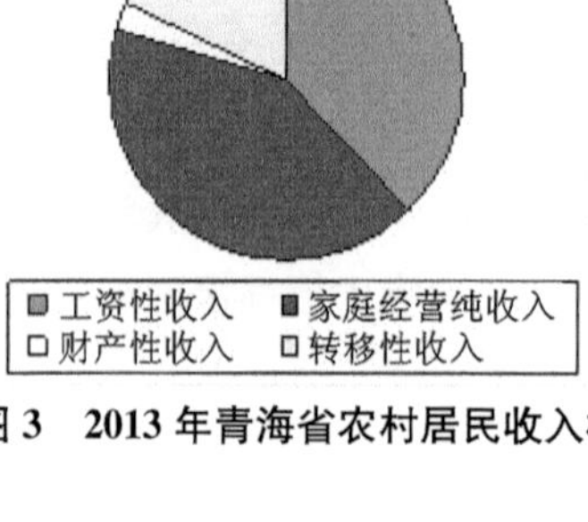

图 3　2013 年青海省农村居民收入构成

二、农民收入增长影响因素的定量分析

(一)变量的遴选

影响农民收入增减的因素有很多,根据现有文献研究成果及数据可得性,本文选取了财政用于农业的支出、建筑业增加值、农业增加值、非公有制经济增加值、农产品生产价格指数、城镇化率等 6 个影响青海农民纯收入增长的因素进行定量分析。

1. 财政用于农业的支出。财政用于农业的支出是政府增加农业投入,保护农业发展的有效手段。一方面财政农业支出通过各种资金补贴,直接提高农民收入,另一方面财政农业支出通过改善农业生产环境,提高农业生产率,间接拉动农民经营性收入。2013 年,青海财政用于农业的支出 159.69 亿元,比 2000 年增长 17.41 倍,年均增长 25.12%。

2. 农业增加值。农业增加值是农业生产经营活动的最终成果,是农民经营性收入的重要来源,能够直接带动农民收入增长。2013 年,青海农业增加值 207.59 亿元,比 2000 年增长 4.39 倍,年均增长 13.83%。

3. 建筑业增加值。建筑业发展越快,其吸纳的务工人员就越多,直接带动农民工资性收入增长。同时,建筑业的发展也为农民提供了房屋租赁、土地租赁等机会,间接带动农民财产性收入增长。2013 年,青海建筑业企业实现增加值 233.78 亿元,比 2000 年增长 6.78 倍,年均增长 17.10%。

4. 非公有制经济增加值。非公有制经济是农民收入的重要来源,非公有制经济的快速发展,能够带动大量农民转移就业,有效促进农民工资性收入增长。2012 年,青海非公有制经济增加值 621.15 亿元,比 2000 年增长 12.88 倍,年均增长 24.5%。

5. 农产品价格指数。农产品价格上涨能够直接提升农民第一产业经营收入,是影响农村居民收入增长的重要因素。2013 年,青海农产品生产价格比 2000 年上涨 1.92 倍,年均上涨 8.58%。其中,2010～2013 年,农产品价格快速上涨,年均增速达到 15%,有力地拉动了农村居民收入增长。

6. 城镇化率。随着城镇化进程的推进,农村人口逐步向城镇聚集,城镇人口增加,对农产品的需求不断增长,带动农民经营性收入增加。同时,城镇化水平的不断提高,拓宽了农民就业途径,增加了农民就业机会,直接带动农民工资性收入增长。2013 年,青海城镇化率为 48.51%,比 2000 年提高

13.75 个百分点，年均提高 1.06 个百分点。

本文利用 2000～2013 年 14 年的统计调查数据，将农民人均纯收入定为因变量，表示为 Y，将城镇化率、农产品价格指数等 6 个影响因素为自变量，依次表示为 X1－X6，借助 SPSS 21.0 软件建立多元线性回归分析。

(二)最小二乘回归分析

利用普通最小二乘法建立多元线性回归模型，模型结果如下：

表 1　模型汇总 b

模型	R	R 方	调整 R 方	标准估计的误差	Durbin－Watson
1	.999[a]	.999	.998	72.6017	1.243

a. 预测变量：(常量)，X6，X1，X2，X3，X4，X5。

b. 因变量：Y

表 2　系数 a

模　型		非标准化系数		标准系数	t	Sig.	共线性统计量	
		B	标准误差	试用版			容差	VIF
1	(常量)	2189.451	1421.711		1.540	.167		
	X1	－3663.400	4097.657	－.104	－.894	.401	.013	74.139
	X2	－21.540	72.405	－.060	－.297	.775	.004	223.016
	X3	.000	.000	.417	1.481	.182	.002	431.370
	X4	.001	.001	.494	1.411	.201	.001	668.043
	X5	.001	.001	.259	.730	.489	.001	687.358
	X6	－1.634E－005	.001	－.005	－.024	.982	.004	277.880

a. 因变量：Y

表 3　共线性诊断 a

模型	维数	特征值	条件索引	方差比例						
				(常量)	X1	X2	X3	X4	X5	X6
1	1	6.537	1.000	.00	.00	.00	.00	.00	.00	.00
	2	.449	3.817	.00	.00	.00	.00	.00	.00	.00
	3	.011	23.946	.00	.00	.00	.02	.00	.00	.07
	4	.002	64.417	.00	.00	.03	.05	.16	.01	.14
	5	.001	106.552	.00	.03	.44	.47	.00	.06	.00
	6	.000	152.350	.07	.03	.50	.03	.12	.57	.08
	7	6.315E－005	321.751	.92	.95	.02	.43	.72	.35	.71

模型结果表明:模型整体拟合效果较好,调整的 R^2 达到 0.998,且通过 F 显著性检验。但各个影响因素的 VIF 值(方差扩大因子)均远远大于 10,共线性诊断表输出的第 5、6、7 个条件指数均大于 100,并且回归模型中部分自变量未通过显著性检验,说明变量间存在多重共线性问题,导致模型结果不准确。

(三)岭回归分析

针对出现多重共线性时,我们采用岭回归来建模。岭回归是一种专用于共线性数据分析的有偏估计回归方法,通过放弃最小二乘法的无偏性,以损失部分信息、降低精度为代价获得回归系数更为符合实际、更可靠的回归方法。岭回归分析将所有的变量引入模型中,比逐步回归分析提供更多的信息。

首先我们令 k(为岭参数)从 O 到 1,步长为 0.01,做出岭迹图如下:

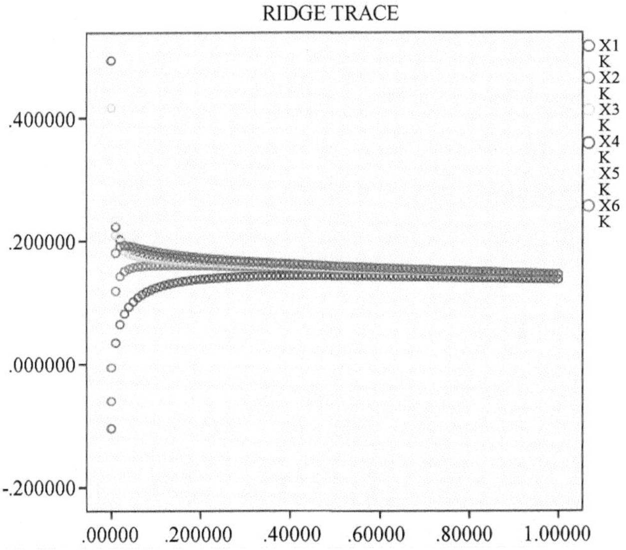

图 4　岭轨迹图

通过上图,可以看出,k 在近 0.1 左右时候,岭迹相对稳定,而且由于此时 k 相对比较小,对于 p 的估计影响不大。再结合考量岭回归计算结果报告表中列出的系列 K 值的标准化系数,k=0.06 时标准化系数趋于稳定,我们令 k=0.06,做岭回归,最终结果如下:

表 3 * * * * * * Ridge Regression with k=0.06 * * * * * *

RSquare .99757819

Adj RSqu .99550235

F value Sig F

480.5666449 .0000000

————————————————Variables in the Equation————————————————

	B	SE(B)	Beta	T	sig
X1	3809.313464	1112.534241	.108430	3.423997	.011075
X2	56.724700	7.535935	.158485	7.527227	.000134
X3	.000117	.000012	.175034	9.630610	.000027
X4	.000435	.000044	.182985	9.789079	.000025
X5	.000497	.000045	.180691	11.111012	.000011
X6	.000580	.000088	.188996	6.571300	.000313
Constant	−653.589399	394.314598	.000000	−1.657533	.141379

通过岭回归，得到标准化岭回归模型如下：

$$Y=0.189X6+0.183X4+0.181X5+0.175X3+0.158X2+0.108X1$$

从模型结果看，与最小二乘回归相比，岭回归的调整后 R 为 0.9955，以及整体方程的 F 值几乎没有下降，模型整体损失较小。岭回归成功消除了多重共线性的影响，所有变量的 VIF 均低于 10。并且 6 个影响因素的系数均大于 0，与常识相符，且均通过了显著性检验，可靠性较高。

(四)平稳性检验

在进行时间序列分析时，传统回归方法要求时间序列必须是平稳的，否则，将可能产生“伪回归”问题。因此，需要对模型的平稳性进行检验。对序列的平稳性有两种检验方法，一种是根据时序图和自相关图显示的特征做出判断的图检验方法；一种是构造检验统计量进行假设检验的方法。我们采用前者图检验方法来检验，检验结果：因变量和 6 个自变量的时序图均无明显的周期性；各变量自相关系数图均具有两个显著特征，一是拖尾性，始终有非零取值；二是系数呈负指数衰减。表明各变量序列均为平稳时间序列。

(五)结论

1. 模型结果显示，财政用于农业的支出、建筑业企业增加值、农业增加值、非公有制经济增加值、农产品价格指数、城镇化率等6个因素对青海农民收入有显著影响,且均为正向影响。

2. 在6个主要影响因素中,财政用于农业的支出对农民收入的影响程度最大,为0.189,即财政用于农业的支出提高1%,可促进农民收入提高0.189%。其他依次为:建筑业总产值的影响程度为0.183、农业增加值的影响程度为0.181、非公有制经济增加值的影响程度为0.175、农产品价格指数的影响程度为0.158,城镇化率的影响程度最小,为0.108。

三、青海农民收入增长存在的问题

(一)财政农业支出偏低,农村基础设施建设滞后

由于地方财政困难,对农业的投入有限,青海农村牧区基础设施落后、农牧业生产条件差、生产力水平低的问题没有得到根本性的解决,农牧业生产抵御自然灾害的能力依然脆弱,许多地方仍然未摆脱靠天吃饭的尴尬局面,农业和农村经济发展的基础不牢靠,农村居民增收缺乏后劲,加重了青海农村居民增收的难度。

水利设施建设方面,由于牧业区群众居住分散,水利工程造价过高;部分农田灌溉工程老化失修,灌区供水不足,水资源浪费严重。交通建设方面,农牧区公路建设起步晚,公路网络不尽完善,农村道路硬化、牧区通村公路等级较低,农牧区客运通行率低,交通支撑能力有限。边远牧区群众生产生活用电没有根本解决。农产品的储藏条件差,贮藏方法单一、设施简陋、能力有限,给反季节销售带来了困难。

(二)农业生产条件差,产业化水平低

青海地处高原,高寒、干旱少雨、交通不便、自然条件恶劣、自然灾害频繁始终制约着农业和农村经济的发展。2012年,青海人均耕地只有1.5亩,耕地少且水利条件差,机械化程度低,农业科技服务跟不上等等诸多问题,使青海的农产品科技含量少,农产品价格低,经济效益差。

同时,青海农业产业化发展水平低,市场竞争能力不强,龙头企业和综合性批发市场的发展不足,阻碍了农业产业化水平的提高,制约了农业产业链条的延伸,在相当程度上降低了农业和农牧民参与市场竞争的能力。主要表现在:一是加工不足。农产品不能通过加工和流通增值,多以原材料的

形式输出,农牧民难以分享到加工和销售环节的后续利润。二是引导不足。由于农村单家独户式的小规模经营,对市场信息的掌握和分析能力弱,更不具备研究和开发市场新产品的能力,缺乏产业化组织的引导,农牧民在结构调整上存在很大的盲目性和趋同性,容易造成产品积压、价格下跌使农业产业结构调整的风险加大。三是龙头企业、优势品种不突出。青海目前缺乏以农产品为主要原料的大的龙头企业,农产品缺少能叫响的优质品牌,市场竞争力不强,辐射带动作用有限。四是农牧民专业合作经济组织带动作用发挥有限,如加工、销售等农牧民企盼的,对提高农产品附加值、提高经济效益作用更大的合作内容,由于受经济实力的限制或受市场风险的影响,开展得比较少。同时,专业合作组织之间缺乏必要的再联合,参与市场竞争和抵御市场风险的能力仍显不足。五是地方特色产品特而不优,优而不强,难以形成增收合力。

(三)非公有制经济发展滞后,家庭经营性收入结构单一

二、三产业收入比重偏低,影响农村居民收入增加的质量和速度。2013年,家庭经营性收入占农村居民人均纯收入的41.48%,其占比较大,虽然保证了在有限的土地和草场上农村居民收入不断稳定地提高,但进一步分析我们可发现,在家庭经营性收入中农业收入所占比重偏大,二、三产业的收入比重较小是影响家庭经营性收入质量提高的一大障碍。2013年,家庭经营性收入中第一产业收入比重为83.46%,而第二产业收入占2.43%;第三产业收入占14.11%,远远不及第一产业收入所占的比重,而农业生产不确定性相对于非农产业大,今后二、三产业如果有更大更好的发展,那么农村居民收入增长的稳定性将会提高,收入也会更上一层台阶。

(四)农民整体素质不高,就业缺乏竞争力

青海农民平均受教育程度普遍偏低,专业技术和技能更是缺乏,外出务工大多从事粗重体力活,例如建筑施工、道路、桥梁建设、搬迁装卸的体力劳作,或餐饮、娱乐等服务生的简单工作,难以适应产业升级加快对技术工人的需求,在务工过程中缺乏竞争力,难以获取较高的劳动报酬,导致工资水平低。

四、青海农民增收的对策建议

(一)进一步加大财政支农力度,推动农业发展和农民增收

模型结果分析可知,在众多影响因素中,财政农业支出对农民收入的影响程度最大,达到 0.189,以 2013 年为例,财政农业支出对农民收入增长的贡献最大,贡献率为 25.5%。青海财政农业支出的增长,对农民收入增长起到显著拉动作用。

首先加大财政农业投资力度。在项目上重点投向与农业生产和农民增收关系密切的,如节水灌溉、人畜饮水、乡村道路、农村沼气、农村水电、草场围拦、动植物防疫、农产品质量安全等农村基础设施建设。上述措施一方面可以为农民创造就业机会,增加其工资性收入,另一方面还可以改善农民的生产生活条件,为其收入持续增长奠定坚实基础。

其次,应进一步增加财政农业补贴,用少量的财政补贴引导社会资金流向农业和农村。加大强农惠农富农政策力度,进一步增加农资综合直补,提高补贴标准,扩大补贴范围,增加对种粮农民的补贴。提高粮油等农产品最低收购价格,保证农产品能够有盈利的价格。

(二)促进经济发展,带动工资性收入增长

2013 年青海农民工资性收入占收入的比重为 37.88%,较 2000 年上升 16.93 个百分点,成为农民增收最直接、最重要的推动力。模型结果显示,建筑业和非公经济发展能够吸纳农民转移就业,提高农民工资性收入。因此,进一步促进经济发展,积极推动民营经济的发展,着力加快建筑行业发展,拓宽企业发展空间,切实把发展第二、三产业作为转移农村剩余劳动力的重要领域,培育新的就业岗位,拓展农村劳动力转移就业的渠道,提高企业吸纳农村富余劳动力、带动农民工资性收入增长的能力。

(三)培植特色生态农业,大力发展畜牧业

农业收入是青海农民收入的基础,2013 年,青海农民来自农业的收入占纯收入的三分之一,农业发展对农民收入增长的贡献率达到 24.9%。发展农业应注重发挥青海特有的自然资源优势、劳动力成本优势、地理环境优势以及后发优势,紧随特色生态农业发展方向国际化、技术支撑高新化、经营

模式多样化等大趋势。全力打造油菜、马铃薯、蚕豆、蔬菜、中藏药、特色果品、牛羊肉、奶牛、毛绒等十大农牧特色产业，在做强中做大，发展壮大成为特色农业。依托现有的各类农产品生产基地，大力发展各类合作社经济组织，进一步扶持“龙头”企业，把千家万户的小生产与千变万化的大市场紧密连接起来。大力发展畜牧业，特别是要加快发展畜产品的加工增值，提高畜牧业副产品的商品率，扩大牛羊育肥规模经营，继续走产、供、销一条龙的农牧业产业化路子。

（四）加快城镇化步伐，统筹城乡发展

模型结果显示，城镇化率对农民收入有明显的正向影响，能够带动农产品需求增长和农民转移就业。加快城镇化步伐，繁荣小城镇经济，为农民转移就业创造良好的制度环境。要大力发展农牧区小城镇建设，不断增加城镇人口的比重，逐步减少农民人口；要大力发展有地方特色的乡镇企业及农村非农产业，加速转移农村富余劳动力，坚持因地制宜，内转外输相结合，以内转为主的原则，转移农村富余劳动力，增加非农产业收入。

其次统筹城乡发展。建立城乡经济社会发展一体化的体制机制，更多地支持农业和农村发展，建立城乡互动的协调机制，促进城乡要素平等交换和公共资源均衡配置，形成以工促农、以城带乡、工农互惠、城乡一体的新型工农、城乡关系。统筹城乡就业政策，加快农村劳动力的流动和转移，将农村富余劳动力更多地转移到其他非农产业，扩大农民就业渠道，增加农民收入。

（五）大力发展农村教育，提高农村劳动力素质

2013年青海农村劳动力中，文盲半文盲劳动力占22.28%，小学程度劳动力占38.76%。2007年，外出务工劳动力中受过专业培训的人数占比重为31.98%。应继续加大教育和科技的投资力度，提高农民科学文化素质。首先，要大力普及九年义务教育，扫除农村牧区文盲、半文盲，提高农村牧区劳动力的科学文化素质。其次，要加大对农民的劳动技能和职业技术培训，进一步拓展农民的就业和致富渠道。加强现有劳务培训资源或引导各类社会培训机构与劳务市场合作，根据劳动力市场对农民工的技能要求，在农民工外出前有针对性地进行培训，使其在短期内获得实用技术，提高他们在劳动力市场上的竞争力。并对外出务工人员进行基本的法律、法规知识培训。

同时,建立和完善农村劳动力转移服务体系,从职业培训,劳务输出、就业咨询、劳务信息和劳动力市场机制建设等方面,为农村劳动力转移提供全方位服务。

完 成 单 位:国家统计局青海调查总队
课题组组长:沈　宏
课题组成员:成小梅　白宁生　程光利

第十三章　农民收入增长问题研究(六):以新疆为例

摘要:新疆是我国西部大省,农业人口多,农村经济欠发达,农民收入水平偏低,“三农”问题已成为制约新疆经济社会发展的一个重要因素。其中,农民增收问题最为关键,不仅关系到农村的改革、发展和稳定,更关系到新疆社会稳定和经济发展的全局。为研究构建新疆农民增收的长效机制,本文通过分析新疆农民收入基本特征,根据现有文献研究成果,选择了第一、二、三产业人均GDP、城镇化水平、农作物总播种面积、农村劳动力素质等6个影响农民收入的因素进行主成分回归分析,回归结果发现:这6个因素对新疆农民收入均有显著正向影响,其中影响程度最大的是农村劳动力素质,影响程度最小的是第二产业人均GDP。最后结合影响因素,提出促进新疆农民收入持续、快速增长的对策建议:提高农村劳动力素质,提高城镇化水平,加快农业发展。

新疆是我国西部大省,农业人口多,农村经济欠发达,农民收入水平偏低,“三农”问题已成为制约新疆经济社会发展的一个重要因素。其中,农民收入增长问题最为关键,不仅关系到农村的改革、发展和稳定,更关系到新疆社会稳定和经济发展的全局,农民增收一直以来都是新疆自治区党委、政府关注的重点。因此,了解新疆农民收入特征,分析影响农民收入增长因素,研究构建农民增收的长效机制尤为重要。

一、新疆农民收入基本特征

(一)收入增长前慢后快

1. 缓慢增长阶段(2003～2009年)。2003～2009年,新疆农民人均纯收入(以下简称农民收入)增长缓慢,与全国平均水平的差距逐步扩大。从收入增速看，新疆农民收入年均增长 10.7%，比全国平均水平慢 1.2 个百分点。从收入水平看，新疆农民收入与全国平均水平的差距由 2003 年的 516 元扩大到 2009 年的 1270 元，增长 2.5 倍，差距比由 1.25∶1 扩大到 1.33∶1(见表 1)。

表 1　2003～2009 年新疆农民收入与全国比较

年　份	农民人均纯收入(元)		
	全国	新疆	差距
2003	2622	2106	-516
2004	2936	2245	-691
2005	3255	2482	-773
2006	3587	2737	-850
2007	4140	3183	-957
2008	4761	3503	-1258
2009	5153	3883	-1270

2. 快速增长阶段(2010～2013 年)。2010 年中央新疆工作座谈会以来，新疆农民收入呈现强劲追赶势头，农民收入由 2010 年的 4643 元增加到 2013 年的 7296 元，年均增长 16.3%，比前一个阶段快 5.6 个百分点，比全国平均水平快 1.8 个百分点，增幅创历史新高。与全国平均水平的差距比也由 2010 年的 1.25∶1 缩小到 2013 年的 1.22∶1。

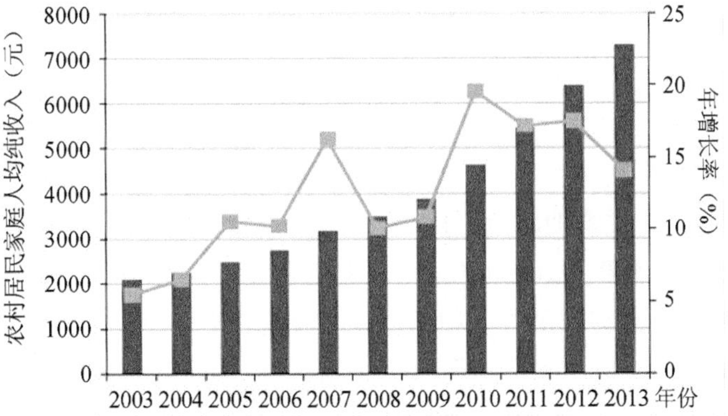

图 1　2003～2013 年新疆农民收入及增速

(二)城乡差距逐步缩小

2003～2013年,新疆城镇居民人均可支配收入由7006元增加到19874元,年均增长11%,慢于农民收入增速2.2个百分点,城乡居民收入差距不断缩小,城乡收入比由2003年的3.3∶1缩小至2013年的2.7∶1(见图2)。

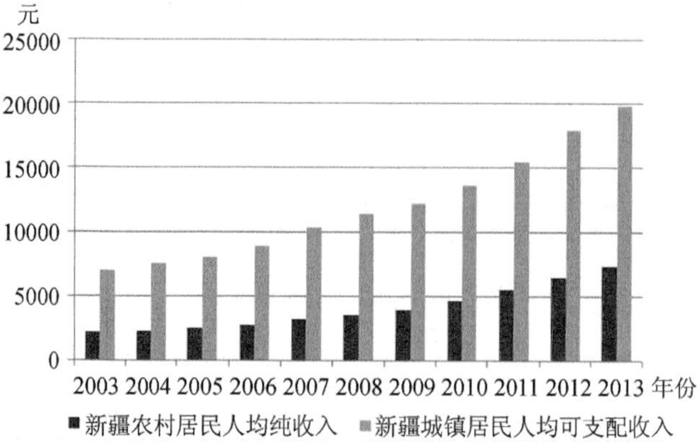

图2　2003～2013年新疆城乡居民收入比较

二、影响农民收入的因素分析

(一)影响因素的选择

影响农民收入的因素众多,根据现有文献研究成果,本文选取了第一、二、三产业人均GDP、城镇化水平、农作物总播种面积、每百个劳动者中受9年以上教育的人数等6个指标对新疆农民收入增长进行实证分析。

1. 第一、二、三产业人均GDP。 农民收入的增长与GDP的增长密切相关,其中第一产业、第二产业、第三产业对农民收入的增长影响各不相同,本文引入第一、二、三产业人均GDP指标来考量它们对农民收入的影响程度。

2. 城镇化水平。 胡鞍钢(2003)、宋元梁和肖卫东(2005)等人研究结果表明,城镇化发展与农民收入增长之间存在着较强的正向交互响应作用,而且其长期的响应作用程度更显著、更稳定。本文选取新疆城镇化率来研究城镇化水平对农民收入的影响程度。

3. 农作物总播种面积。 家庭经营纯收入是新疆农民收入的主要来源,而农作物总播种面积是保证农民家庭经营收入增长的根本。因此,选择农作物总播种面积作为影响农民收入的因素。

4. 每百个劳动者中受 9 年以上教育的人数。农民受教育程度是农民素质的直接体现,直接关系到农业科技成果转化和农业技术运用,对农民收入增长有正向影响。本文选择每百个劳动者中受 9 年以上教育的人数来衡量农民受教育程度对收入的影响。

根据上述分析,选取新疆农民收入作为因变量(Y),选取新疆第一产业人均 GDP(X1)、第二产业人均 GDP(X2)、第三产业人均 GDP(X3)、城镇化水平(X4)、农作物播种面积(X5)、每百个劳动者中受 9 年以上教育的人数(X6)等 6 个影响因素为自变量,利用 SPSS20.0 进行多元线性回归。样本区间为 2003～2013 年共 11 年的数据(见表 2),所有数据来源于历年《新疆调查年鉴》以及《新疆统计年鉴》。

表 2　农村居民家庭人均纯收入影响因素列表

	Y	X_1	X_2	X_3	X_4	X_5	X_6
年份	农村居民家庭人均纯收入(元)	第一产业人均 GDP(元)	第二产业人均 GDP(元)	第三产业人均 GDP(元)	城镇化水平(%)	农作物总播种面积(千公顷)	劳动者中受 9 年以上教育的人数(%)
2003	2106.19	2135.01	3720.57	3898.29	34.4	3470.280	9.1
2004	2244.93	2272.57	4658.27	4322.17	35.2	3571.890	10
2005	2482.15	2536.87	5794.02	4622.78	37.2	3728.110	10.3
2006	2737.28	2574.63	7118.54	5161.76	37.9	4203.280	9.3
2007	3182.97	3000.78	7863.49	5951.20	39.2	4394.250	10.4
2008	3502.9	3243.23	9718.18	6670.61	39.6	4536.870	10.3
2009	3883.1	3519.55	8938.96	7355.22	39.8	4710.260	11.2
2010	4642.67	4944.26	11881.98	8098.21	42.8	4758.640	11.6
2011	5442.15	5156.99	14605.36	10164.85	43.5	4983.480	10.7
2012	6393.7	5914.47	15592.94	12106.79	44	5136.740	10.7
2013	7296.46	6536.24	17444.68	13602.44	44.5	5212.570	11.7

(二)多元线性回归分析

通过变量间偏相关系数(见表 3)可以看出,多数自变量与农民收入的相关性都很强,仅有 X6 与农民收入的线性关系并不明显。且 X1、X2、X3、X4、X5 之间的相关性很强,可能存在多重共线性。

表 3　偏相关系数矩阵

	Y	X1	X2	X3	X4	X5	X6
Y	1	.991	.985	.998	.945	.916	.746
X1	.991	1	.981	.982	.956	.905	.772
X2	.985	.981	1	.982	.977	.949	.739
X3	.998	.982	.982	1	.934	.913	.725
X4	.945	.956	.977	.934	1	.970	.794
X5	.916	.905	.949	.913	.970	1	.760
X6	.008	.005	.009	.012	.003	.007	1

利用最小二乘法建立多元线性回归模型，模型结果如下：

$$Y=367.062+0.379X1+0.008X2+0.355X3-32.702X4+0.123X5+21.181X6$$

(0.263) (3.441) (0.160) (6.040) (−0.564) (0.705) (0.519)

模型调整后的可决系数为 0.999，具有显著的统计学意义，但从各变量回归系数看，X2、X5 的回归系数没有通过检验，无统计学意义；城镇化水平 X4 的系数为负，不符合现实意义。同时，共线性诊断结果（见表 4）表明，多个自变量的方差膨胀因子（VIF）>10，多个维度的特征根（Eigenvalue）接近于 0，多个维度的条件指数（Condition Index）>30，均说明自变量之间存在严重的多重共线性，导致参数估计失真，模型结果不准确。

表 4　共线性诊断

Model	Collinearity Statistics	
	Tolerance	VIF
(Constant)		
X1	.010	99.705
X2	.006	173.313
X3	.008	123.752
X4	.007	140.705
X5	.026	39.087
X6	.255	3.917

(三)主成分分析

主成分分析（Principal Component Analysis，PCA）是解决回归分析中多重共线性问题的常用方法，它将原来众多具有一定相关性的变量（比如 P 个变量），重新组合成一组新的互相无关的综合变量，用来代替原来的变量，就是将原来 P 个变量的线性组合 F,作为新的综合变量。F_1(选取的第一个线性组合,即第一个综合变量)的方差 $Var(F_1)$越大,表示 F_1包含的信息越多,在所有的线性组合中选取的方差最大的 F_1,称为第一主成分。如果第一主成分不足以代表原来 P 个指标的信息,再考虑选取 F_2即选第二个线性组合,为了有效地反映原来信息,F_1已有的信息就不需要再出现在 F_2中,就是要求 $Cov(F_1,F_2)=0$,则称 F_2为第二主成分,依此类推可以构造出第三、第四,…,第 N 个主成分。主成分方程如下所示:

$$\begin{cases} F_1=a_{11}ZX_1+a_{21}ZX2+\cdots+a_{p1}ZX_p \\ F_2=a_{12}ZX_1+a_{22}ZX_2+\cdots+a_{p2}ZX_p \\ \cdots \\ F_n=a_{1n}ZX_1+a_{2n}ZX_2+\cdots+a_{pn}ZX_p \end{cases}$$

其中 $a_{1i},a_{2i},\cdots,a_{pi}(i=1,\cdots,m)$为 X 的协方差阵 Σ 的特征值多对应的特征向量,$ZX_1,ZX_2,\cdots,ZX_p$是原始变量经过标准化处理的值,$A=(a_{ij})_{p\times n}=(a_1,a_2,\cdots,a_n,)$,$Ra_i=\lambda_i a_i$,R 为相关系数矩阵,$\lambda_i$、$a_i$是相应的特征值和单位特征向量,$\lambda_1\geqslant\lambda_2\geqslant\cdots\geqslant\lambda_p\geqslant0$。由于变量往往存在量纲不同,所以在计算之前须进行标准化处理,消除量纲的影响。本文所采用的数据均进行标准化处理。

将标准化后的自变量 ZX1、ZX2、ZX3、ZX4、ZX5、ZX6 进行主成分提取,由方差分解主成分提取分析表可知(见表 5),特征根大于 1 的主成分只有一个,且此主成分的累计贡献率是 91.063%,说明这一个主成分已经反映了原来 6 个变量的 91.063%的信息,所以只提取一个主成分 F。初始因子载荷矩阵(见表 6)表示主成分与标准化以后的自变量之间的线性关系,主成分方程可以表示成:

$$F=0.419ZX_1+0.422ZX_2+0.415ZX_3+0.422ZX_4+0.412ZX_5+0.355ZX_6$$

表 5　方差分解主成分提取分析表

Component	Initial Eigenvalues			Extraction Sums of Squared Loadings		
	Total	% of Variance	Cumulative %	Total	% of Variance	Cumulative %
1	5.464	91.063	91.063	5.464	91.063	91.063
2	.367	6.111	97.174			
3	.126	2.101	99.275			
4	.033	.554	99.829			
5	.008	.131	99.960			
6	.002	.040	100.000			

表 6 初始因子载荷矩阵

	Component
	1
X1	.980
X2	.987
X3	.971
X4	.986
X5	.963
X6	.830

将上述主成分作为自变量，对标准化的农民收入(ZY)进行线性回归，结果见表 7。

表 7 线性回归结果

Model	Coefficients	Std. Error	t	Sig.
(Constant)	6.618E−016	.066	.000	1.000
F	.418	.030	14.087	.000
R Square	.957	AdjustedR Square		.952

回归方程为：ZY=(6.618E−016)+0.418F

模型调整后的可决系数为 0.952，主成分 F 通过显著性检验，具有显著的统计学意义。将主成分方程带入上式，将标准化变量转换为原始变量，最终得到回归模型：

$$Y=2104.52+0.21X_1+0.07X_2+0.09X_3+0.90X_4+0.51X_5+2.96X_6$$

(四)结论

上述模型结果表明，新疆第一产业人均 GDP、第二产业人均 GDP、第三产业人均 GDP、城镇化水平、农作物总播种面积、每百个劳动者中受 9 年以上教育的人数等 6 个因素均对农民收入增长有正向影响。其中影响最大的是每百个劳动者中受 9 年以上教育的人数，其增长 1%，将带动新疆农民收入增长 2.96%，其他依次为：城镇化水平，弹性为 0.9；农作物总播种面积，弹性为 0.51；第一产业人均 GDP，弹性为 0.21；第三产业人均 GDP，弹性为 0.09；第二产业人均 GDP 的弹性最小，为 0.07。

三、新疆农民增收的对策建议

(一)提高农村劳动力素质

模型结果表明,受教育程度特别是受基础教育程度对新疆农业收入增长的弹性超过1,影响程度最大。新疆农民受教育程度偏低,导致农民贫困,农村家庭贫困又影响到农民子女受教育程度,从而形成恶性循环。首先政府应巩固和加强农村基础教育,基础教育对于提高农民素质具有奠基作用,在少数民族人口集中的地区和贫困的农村牧区大力推广九年义务教育,着力普及南疆12年义务教育,切实提高农民受教育水平,加快农民脱贫的步伐;其次,积极发展农村职业技术教育,在抓好农村基础教育的同时,切实办好职业中学和高等职业技术学院,结合实际,采取多种形式、多种途径,提高农民职业技能,增强就业能力。

(二)提高城镇化水平

从模型结果中可以看到,城镇化水平对农民收入增长的贡献很大,因此提高农民收入的重要步骤是加快城镇化进程,实现农村剩余劳动力转移就业,大力发展二、三产业,以拓宽农民增收渠道。首先,放宽城市农民准入条件,让城镇建设吸纳更多的农村劳动力,促进农村劳动力就业结构非农化;其次,以城镇化建设为契机促进城乡经济统筹发展,扶持发展乡镇产业集群,带动乡镇产业结构调整优化,提高产业聚集效应,鼓励支持有条件的农民自主创业,为农村剩余劳动力转移就业营造更多空间。

(三)加快农业发展

农业发展直接带动农民经营性收入增长,对新疆农民增收有重要影响。应加快农业发展,优化农村经济结构,加大农业生产要素投入、提高农业机械化水平,全力推进以生产规模化、管理企业化、经营市场化为特征的新型农业,走农业产业化道路。首先,实现农业产业化的核心资源是耕地,在保证提高农民生活水平的前提下实现土地的流转;其次,以市场为导向,把建设农业龙头企业作为突破口,将生产、加工、销售有机结合,实现一体化经营的农业产业,制定并落实一系列优惠政策,积极招商引资,积极引进更多的龙头企业投资落户;再次,充分发挥龙头企业对农村经济的带动作用,采取

“公司＋基地＋农户”等方式，利用公司资金和技术辐射带动农户参与产业开发，形成以城带乡、以工促农的良好局面。最后，利用科技发展农牧业生产、特色林果业，配套政策增加与之相关的补贴数额，努力提高农民的生产热情。

完 成 单 位：国家统计局新疆调查总队
课题主持人：余晓明
课题组成员：潘玉珍　王贵荣　张敬东
王永阳　张　婷

第十四章　农民收入增长问题研究(七):以湖北荆门为例

摘要:荆门市位于湖北省中部,是湖北省的农业大市,素有"中国农谷"之称。2004 年以来荆门市农民人均纯收入由 3629 元增长到 10615,年均增长率达 12.7%,农民增收的经验在全国粮食主产区中有较强的代表性。课题组联合畜牧、水产、农业等 6 部门实地调研 15 天,调查了 40 多家企业、种养大户及合作社,较清楚地了解了荆门市农民增收的形势、途径和前景。荆门市在农民增收方面的成功经验主要是有效实行土地流转、实施新模式拓展产业链和价值链、大力发展订单农业和不断完善农业机械化服务体系。结合实际调查情况,课题组提出促进粮食主产区农民增收的政策建议:一是科学推进土地适度规模经营,二是培育种粮、增收、致富的职业农民和领军人物,三是提高种粮农户对现代生产要素的购买能力和使用能力,四是完善对粮食主产区的利益补偿机制,五是完善粮食风险基金配套政策。

从 2004 年起,连续 11 年的中央一号文件"锁定"三农主题,粮食主产区的农业生产条件及农民收入水平得到了较大地改善。荆门市位于湖北省中部,是湖北省的农业大市、著名的"鱼米之乡",粮食产量占湖北省的 10.7%,素有"中国农谷"之称。2004 年以来荆门市粮食产量实现十年连增,农民人均纯收入由 3629 元增长到 10615,年均增长率达 12.7%,农民增收的经验在全国粮食主产区中有较强的代表性。课题组联合畜牧、水产、农业等 6 部门实地调研 15 天,调查了 40 多家企业、种养大户及合作社,发放了 200 份入户调查问卷,较清楚地了解了荆门市农民增收的形势、途径和前景。

一、荆门市农民增收概况

2013 年荆门市农民人均耕地面积 3.94 亩,户均 15.1 亩,为全省第一,市内农田水利灌溉条件较好,气候适宜发展粮食生产,特别是适宜发展稻谷生产。荆门市粮食产量从 2004 年开始连续十年保持增长,累计增加 99.36 万吨,农民收入也随之实现了较快增长。

10 年来,荆门市农民收入以两位数幅度增长,从 2004 年到 2013 年,农民人均纯收入由 3629 元增长到 10615 元,年均增长率达 12.7%。其中种粮收入 2013 年达到 4026 元,比 2004 年增长 1.46 倍,10 年间年均增长率达 10.5%。

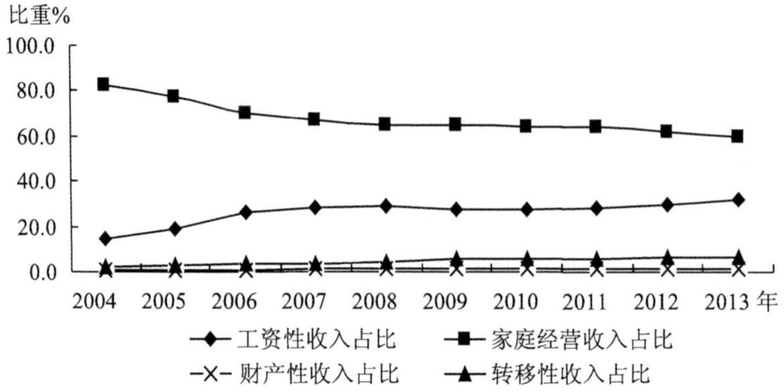

图 1　四大收入构成占农民纯收入比重

在四大收入构成中,转移性收入 10 年来年均增长 27.6%,工资性收入年均增长 23.0%、财产性收入年均增长 16.7%、家庭经营收入年均增长 8.8%,非农收入逐渐成为保障农民收入快速增长的主要来源。从增收贡献率上来看,家庭经营收入边际贡献率的变化趋势相对平稳,但近年来有下降趋势,工资性收入的边际贡献率近年来有不断上升的趋势,转移性和财产性收入的边际贡献率变化趋势不明显。

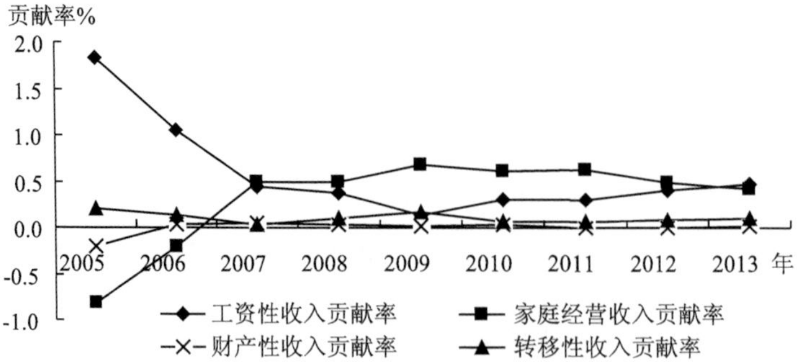

图 2　四大收入来源贡献率

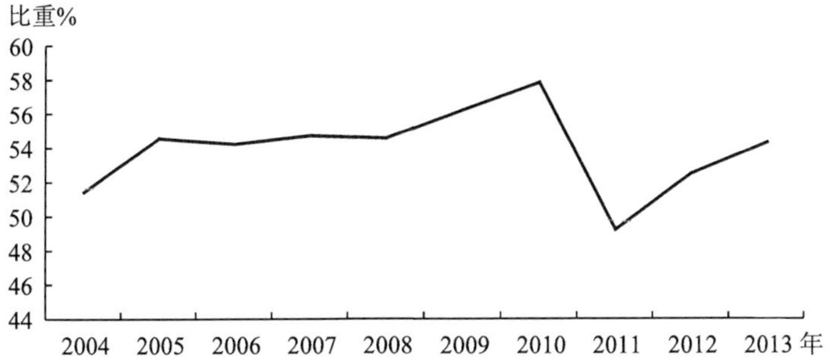

图 3　农民从粮食种植中获得的收入占种植业收入比重

注:工资性收入边际贡献率=当前工资性收入增加值/当年人均纯收入增加值,家庭经营收入贡献率、转移性收入贡献率和财产性收入贡献率计算方法相同。

二、荆门市农民增收的成功经验

荆门市在积极发展二、三产业和打工经济解决农民增收问题的同时,立足于耕地,立足于种养,大力调整结构和模式,因地制宜发展高效农业,在促进农业增效、农民增收方面进行了积极探索。

(一)有效实施土地流转

为有效解决"农村年轻人不愿意种地,年纪大的人种不了地"的现象,荆门市积极鼓励土地经营权流转。土地确权并实施土地流转后,土地使用权、处置权归转进方所有,收益权一部分归转进方所有,一部分归转出方所有,即农户把土地转给别人去耕种了,可以凭自己所拥有的一部分收益权从土地直接耕种者那里获得土地转让费和国家的补贴;如果是采取土地入股经营的方式则可以分得红利,即取得分配收入。只要是在合同期内,这种收益权都存在,不会随意改变,不管转出农户把土地转让给谁,包括农户、个人和组织,这种权利都是存在的。所以把土地转让出去不会丢了根本,掉了饭碗。这样,流转后的土地一定会种满、种足,同时转出的农民,即可获得国家农业补贴外,又可获得土地租金,土地的生产效率在流转中实现了最大化。而且,土地流转过程中,可以进行大规模集中整治,进一步扩大规模收益。钟祥市石牌镇彭墩村原有耕地面积 6000 亩,在土地流转过程中实施了大规模土地整治,通过迁村移户腾地,全村共腾出了 3000 亩宅基地变成可耕地,使村里的耕地面积增加了 40%以上,直接增加了农民收入来源。截至 2013

年底，全市共流转土地124.4万亩，占农村承包耕地面积的38.7%，高于全省平均水平，其中仅2013年就流转56.3万亩。

2014年，全市计划新增土地流转面积50万亩，新增转移农民10万人，按全市144万农村常住人口，亩平租金600元（667m^2）计算，全年全市农村常住居民人均可新增土地租金202元，新增工资性收入680元。如沙洋县官垱镇王坪村有2800亩农户承包土地流转到正中水镇农民专业合作社，流转费为每亩1500元/年，共解决农民就业450人，转移剩余劳动力118人。以一户两个劳动力、10亩耕地计算，年土地租金1.5万元，在合作社企业打工每人1800元/月左右，共可获得收入5.8万元，大大高于以前的收入。

（二）实施新模式拓展产业链和价值链

传统农业费时、费工且收益不高，遇到灾年或者农产品价格低迷，对农民增收影响很大。荆门市依托“中国农谷”战略，引进高科技人才，创建了院士工作站，聘请了袁隆平等14位在农业技术方面卓有成就的专家院士，建成了隆平高科稻谷育种基地和京山县中华草鳖原种基地等全国性的种苗基地，实施大规模的土地整治和水利设施建设，为全面推广以新品种、新技术、新模式应用为主的“一高三新”高效农业创造了良好的条件。当前，荆门市推广较为普遍且效益较好的模式有三种：

一是“香稻嘉鱼①”。不改变基本农田用途，稻田经过简单改造后，在种植中稻同时，在田中养殖鳖、蟹、鳅、虾等水产品的高效模式。因为场地改造简单、技术成熟、收入高而得以大面积推广，2014年全市计划将“香稻嘉鱼”面积扩大到3万亩。沙洋县金鑫惠家庭农场实施400亩稻、龟、鳖、虾生态高效模式，可亩产香稻800斤，龟、鳖、虾300多斤，亩平纯收入上万元，效益比传统种粮模式提高10倍。京山县高田生态鱼鳖养殖专业合作网络养殖面积5000亩，以生态鱼鳖混养养殖模式为主，确保了产品质量的原生态，使常规养殖的利润翻番，达到6000元/亩。

二是再生稻种植模式。再生稻是一次播种，两季收成。第一季亩均产量能达到1300斤，第二季能达到700斤。由于再生稻品质好、价格高，比一般杂交中稻价格高出近50%，一亩地纯收入要比以往两季种植高400～500元。通过多年的摸索与实践，再生稻种植技术逐渐成熟、效益明显提高，农

① 荆门当地俗称，始于明朝嘉靖年间。

民种植再生稻的积极性高涨,仅沙洋县毛李镇今年就新增 1.1 万亩再生稻,达到 1.8 万亩,占全镇中稻面积的 32.7%。

三是循环经济养殖模式。秸秆养牛—牛粪种菇—菇料还田,这是一种循环高效的种养模式。通过对玉米等秸秆进行青贮处理,作为饲料喂养肉牛,利用牛粪种植双孢菇,双孢菇采收后,菇料作为有机肥还田,既改善了环境,又增加了种养收入。目前全市采用这种循环高效模式的肉牛养殖户 641 户。沙洋县高阳镇垢家肉牛养殖基地实施秸秆养牛—牛粪种菇—菇料还田高效模式,比传统养牛模式效益高 160%。除了这三种主要模式之外,荆门市还有亩产值可达 6000 元的早稻—荸荠模式,亩产值可达 7000 元的小麦/西瓜/棉花模式,亩产值可达 15000 元的鸭+鱼+水生蔬菜模式等 21 种高效模式在全市强势推广,以此来推动农业结构调整,增加农业效益,推动农民增收。

(三)大力发展订单农业

荆门市目前订单农业形式主要有两种:一种是农户与农民专业合作经济组织、专业协会签订合同,发展订单农业。普通农户实现规模效益最好的载体就是通过农民专业合作社改变以往单打独斗的方式,形成规模经营,增强抵御风险的能力。荆门市现有农民专业合作社 3400 多家,居全省第一,为规模经营创造了有利条件。钟祥联发水产合作社起源于一名回乡创业人员自己承包经营几十亩鱼池,由于带头人懂技术、会管理,擅营销,规模越做越大,渐渐带动周边农户从事水产养殖业,进而发展成为有 175 个农户参加的大型水产合作社。合作社统一提供种苗、技术、饲料,产品由合作社统一收购对外销售,从传统的水产养殖到网箱养鳝、稻虾、稻鳖等高效养殖模式,效益年年递增。2014 年合作社又新增土地流转面积近 2000 亩,发展稻渔共生和无公害有机稻种植高效模式,可以实现当年投产当年收益。

另一种是农户与农业产业化龙头企业或加工企业签订农产品购销合同,依托龙头企业或加工企业发展订单农业。荆门市有洪森粮油、国宝桥米、宝源木业等 3 家国家级和近 200 家省、市级农业产业化重点龙头企业,龙头企业的发展确保了农产品在产、销环节不断链,让农民种得出、不愁卖、价格好、收入增。2013 年国宝桥米和洪森粮油中稻订单总面积达 290 万亩,加工 370 万吨稻谷,几乎是荆门市稻谷产量的两倍。国宝桥米公司全面推行“五统一”订单种植模式,即统一种子供应、统一技术规程、统一农药化肥、统一质量收购，与农户签订优质稻收购合同，承诺收购价格高于普通稻 30%。公司还创新出“二次结算”模式，有效保护了优质稻种植农户利益，增加了农民收入。2013 年公司按 1.65 元/斤进行收购，最后根据市场行情进行二次计算，将市场价格提高为 1.78 元/斤。

(四)不断完善农业机械化服务体系

荆门市是全省农机大市，现有各类动力机械 43.4 万台(套)，农机总动力 416.6 万千瓦，人均水平居湖北省第一；主要农作物耕种收综合机械化水平达到 71%，比湖北省平均高 10%；插秧机达到 10715 台；机插秧水平 50.2%；油菜秸秆还田面积 79.8 万亩，机械还田率 43.6%。同时还有中南地区唯一的农用航空站，现有 9 架飞机为农业生产提供服务，已形成了育种、整田、机插、机收、秸秆利用“一条龙”的农机综合服务体系，提供多方面的服务。

一是水稻机插秧服务。与传统人工插秧相比，水稻机插秧有六大优点，即“四省两增”：省秧田、省工、省水、省成本、增产、增收。机插秧亩平可实现节本增效 144 元，2014 年全市将新增 20 万亩机插秧面积，可增加收入 2800 万元。

二是秸秆回收利用服务。一是秸秆粉碎还田。以油菜秸秆还田为例，节省肥料、增加稻谷产量的实际效益可达每亩 94 元。二是秸秆打捆出售。以养殖业为主的饲料化利用，年消耗秸秆近 112 万吨。以秸秆发电、固化和炭化为主的燃料化利用秸秆近 31 万吨，按秸秆平均 200 元/吨收购价，全市农民可从秸秆出售中获得 3 个亿的收入。2014 年全市秸秆利用率将提高 12 个百分点，可新增 5000 万元收入。

三是农机跨区作业服务。2013 年全市共有 1856 台收割机参与跨区作业，占全市收割机总量的 14%，作业纯收入达到 1.55 亿；2014 年参与跨区作业的机械将超过 2300 台，纯收入将达到 2 个亿。屈家岭管理区鑫鹏农机专业合作社是一个以跨区作业为主的农机合作社，作业区域涵盖云南、河南、山东、江西、四川、重庆、东北三省、广东等 10 个省市区，收割油菜、小麦和水稻，作业时间从 4 月一直持续到 11 月，长达 8 个月，每台机车纯收入都超过 15 万元。2014 年由于每亩的服务费用较上年同期上涨了 10%左右，每台机械将比去年多挣近 2 万元，达到 17 万元。

三、促进粮食主产区农民增收的政策建议

(一)科学推进土地适度规模经营

现代化农业需要集中土地进行规模经营,但规模经营并非越大越好,规模越大意味着经营的风险越大,荆门市就比较普遍的出现了种田大户的经营收益低于一般承包农户的情况。华中农业大学土地学院部分师生 2009 年在对湖北荆州市的沙市区、江陵县、监利县和仙桃市、红安县、大悟县等 6 个区、县、市一般农户进行调查的基础上,测算出在利润最大化前提下,一般农户耕地最优规模即适度规模为 2.44 公顷,即 36.60 亩。而根据部分专家学者在研究分析国家"十二五"规划对农业、农村建设与发展的要求时,提出了 20 年以后可能由 4000 万左右的专业农户支撑中国现代农业的设想,按照全国 18 亿亩耕地计算,平均每个专业农户经营耕地 45 亩左右。因此,粮食主产区的耕地规模经营应以 40 亩左右作为参考标准,各地因地制宜,合理规划土地流转的规模。通过最低工资标准调整、推进进城务工人员福利制度完善等政策,使土地转出农民的务工收入略高于留守农民租种 40 亩耕地的收入。同时,必须严格保护耕地,加强农村基础设施建设。通过迁村腾地、土地整理等方式来优化整合土地资源,加快推进水利、道路和电网建设,构建"渠成网、田成方、路成框、树成行,场宽长、电通畅"的现代农业生产条件和环境。

(二)培育种粮、增收、致富的职业农民和领军人物

在调查中也发现,农民的收入水平与其个人的综合素质密切相关,农村里文化水平高,懂技术,有手艺的人收入明显高于其他农民。因此,培育有技术、会经营、善管理的人才,是提高农民收入的一项重要措施。一是通过制订留人、吸引人的政策措施,把农村中的文化程度较高、身心素质较好、农业科学技术接受和运用能力较强、能够获取市场信息、具有创新精神的优质青壮年劳动力留在粮食主产区务农种粮,同时把有志于务农种粮的相关大中专毕业生、复员退伍军人等社会人才引入粮食主产区。在此基础上引导、扶持他们在务农中扩大经营规模、引进利用新技术、开辟融资和增值渠道、培育拓展产品市场,使他们成为现代农业新型经营主体专业大户、家庭农场、专业合作社种粮、增收、致富的实用人才、中坚骨干、领军人物。二是对

粮食主产区普通劳动力进行长期的全方位培训。可由村、乡(镇)及龙头企业定期举办“农民综合素质与科学技术”《培训夜校》或《闲季培训班》,对普通劳动力进行现代身心健康、文化基础、市场观念、创新精神、科学技术、操作技能等培训,整体提升其观念、意识和素质、能力,使他们脱离粗放低效型的劳动集约经营方式,适应精细高效型资金集约经营方式的需要,创造高效率、高效益和高收入。

(三)提高种粮农户对现代生产要素的购买能力和使用能力

机械化耕作是现代农业的重要标志,也是中国农业的发展方向。提高农户对现代生产要素的购买能力和使用能力是促进农民增收的重要环节,政府应大力支持农户使用现代生产工具的诉求。要处理好农业生产资料生产经营部门与农业机械和科技服务行业同农民的利益分配关系。依据调查中农民的意愿,农业生产资料和科技服务产品的价格适当调低,农产品特别是粮食产品价格适当调高,缩小剪刀差。同时要为种粮农户提供全方位的农机、农技服务。一是从县(市)到乡(镇)到村再到农业产业化龙头企业,要建立上下联通联动有机结合的服务体系和网络,做到农户的服务需求随时有受理和安排落实的组织机构。二是要充实农机、农技服务人员,提高他们的地位、待遇、技术水平、服务能力,要通过严格的培训、管理,使他们遵纪守法,全心全意为农户服务,杜绝坑、骗和盘剥农户的行为。第三是通过农机、农技服务人员对农户农业劳动力进行持续性培训,使他们掌握现代耕作和农作物培育管理知识、技术以及现代生产要素的使用技术,提高农业生产的科技含量。

(四)完善对粮食主产区的利益补偿机制

我国工农业产品价格剪刀差一直很大,粮食主产区农民种粮收入偏低的问题长期存在,农民增收必须依靠有力的利益补偿机制。依据调查中了解的情况,课题组认为应改现行的“普惠制”农业补贴为有原则有重点的发放。在发放区域上,将补贴直接补给具有比较优势的粮食主产区,补贴给种植优质粮食的耕地和农户,使得具有比较优势的地区专业化生产更好更多的粮食,使得没有比较优势的地区减少或退出粮食种植。在发放对象上,实行“产补”挂钩模式,由单纯根据种粮面积补贴,变为依照种粮面积和向国家出售商品粮的数量与质量的补贴方式;粮食直接补贴与粮食品种结构、质量挂钩,做到只有符合市场需要的粮食品种和按照政府产业政策种植的粮食才能够予以补贴;使粮食补贴向粮食主产区、种粮大户、种粮能手倾斜,促进粮食产业结构的调整和优化。另外,要进一步提高种粮农民补贴标准和粮食最低收购价格,至少使补贴标准和最低收购价格与生产资料涨幅同步。特别是对主产区的玉米、水稻、大豆等粮食产品给予全面良种补贴,以利于提高粮食产量和质量。同时,还要加强对农资价格的调控和质量监控,建立健全农资淡季储备制度和农资补贴机制,把对生产、流通领域的补贴逐步转变为与农资市场变化挂钩,对农民实行化肥、农药、农机等直接补贴方式。

(五)完善粮食风险基金配套政策

粮食调控部门应区别对待主产区与主销区粮食风险基金的来源结构,实行分类管理。一是在主产区粮食风险基金来源制度上应增加主产区粮食风险基金规模,逐步提高主产区粮食风险基金中国家匹配的比重。二是对于粮食主产区内消费的粮食按照原来中央与主产区地方相配套的比例政策执行,对于外调的部分则应由中央和主销区共同向主产区支付粮食风险基金。三是应尽快建立粮食安全保障基金,形成粮食安全责任分担机制,逐步降低粮食主产区地方政府配套资金的比例,逐年核销粮食主产区政府因执行中央粮食政策而累积的银行债务,给粮食主产区营造相对宽松的财政和金融环境,建立健全有利于粮食和农业发展的保险、信贷和担保机制。另外,为调动地方政府发展粮食生产的积极性,缓解中西部地区特别是粮食主产区县乡的财政困难,国家财政应继续采取有效措施,根据粮食播种面积、产量和商品量等因素,加大对粮食主产县的转移支付奖励和补助力度,进一步完善国家"三奖一补"政策,建立政策支持与粮食播种面积、产量挂钩机制,实现产粮越多,支持越大,促进农民增收。

完 成 单 位:国家统计局湖北调查总队
课题组成员:许晓红　邱　波　周家庆　胡　憬　汪剑锋
许　平　陈　航　刘俊杰　胡　艺
主 要 执 笔:许晓红　邱　波　周家庆　胡　憬
刘俊杰

第十五章 农民收入增长问题研究(八):以广东为例

摘要:本文在对广东省农村居民收入变动进行比较分析的基础上,通过实地调查的典型案例分析农民收入增长的困境和成功经验。我们发现:改革开放以来,广东省农村居民收入呈现明显的阶段性特征,近年来收入增长不断加快,但总体而言,城乡居民收入差距仍然较大,农民收入的平均增速仍低于城镇居民;案例分析表明农村的产业结构调整、土地经营方式的变化、非农产业的发展以及政府政策的支持将会有力地促进农民收入的稳步增长。

十八大强调解决"三农"问题是全党工作的重中之重。"三农"问题的解决最直接的表现就是农民收入的提高。当前农民收入增幅趋缓已成为突出问题。按可比价格计算,1979 年至 2013 年,广东地区农村居民人均纯收入年均实际增长 7.2%,与生产总值年均增速 13.1%相比较,低 5.9 个百分点。广东农民收入增长较慢、收入水平偏低、城乡居民收入差距较大,直接影响到经济增长、城乡一体化进程、收入分配公平、社会稳定等多个方面。因此,把农村居民收入增速提高到一个合理的水平就显得非常重要而迫切。

目前国内对农民收入研究成果丰富,既立足于国内经济发展的现实情况,又结合不同地区的农民增收问题的实际需求,研究角度全面,包括了宏观政策、经济环境、制度因素、劳动力素质等多个方面。归纳起来,在"三农"问题的认识上多为定性分析,而在具体的农民增收影响因素以及影响方向的分析多为定量研究。不过,总体上看,不少文献研究年份较早,难以适应新时期农民增收的分析。鉴于此,本文在深入分析近年广东农民增收情况的基础上,通过主成分分析找出影响农民收入增长的主要原因,根据各因素进行预测;并结合实例分析农民收入增长的成功经验,最后提出对策建议。

一、广东农村居民收入增长情况分析

(一)农村居民人均纯收入的变化趋势

改革开放30多年来,广东农村居民人纯收入从1978年的193.25元增至2013年的11669.31元,增长了59倍,年均增长12.43%,扣除价格因素,增长了10.5倍,年均增长7.23%。人均纯收入绝对值增长同样的数量所需时间越来越少,1990年人均纯收入首次突破1000元,到1994年仅四年时间就达到2000元以上,接着1996年人均纯收入超过3000元,距1994年仅两年时间。到2012年,人均收入已突破万元大关。

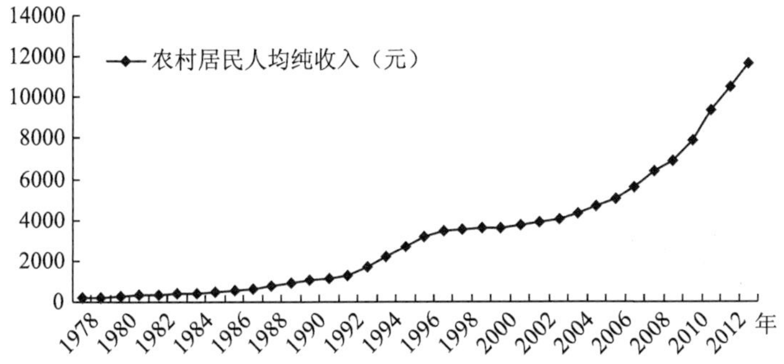

图1　广东省农村居民人均纯收入的变化趋势

广东省农村居民人均纯收入呈现出明显的阶段性特征(见图2),(1)1979～1983年为高速增长阶段。在这一时期,农产品的市场和价格进行了改革开放,取消了统购派购,市场快速发展,社会商品供不应求有效地刺激了生产,并且农村联产承包责任制也使农民的生产热情高涨,农民收入得到迅速增长。(2)1984～1990年,名义收入增长较快,实际增长减缓。随着改革的深入,这个阶段由于物价不断增长,虽然农民收入在不断提高,但是与相对较高的物价相比,实际收入增长缓慢。(3)1991～1996年,增长速度达到历史最高点,这一阶段的人均纯收入的增长曲线是最为陡峭的。1994年的名义增长率达到30.3%,但由于这一期间物价上涨过猛,扣除物价因素外实际增长率在1992年达到最高,为10.4%,其余年份实际增长率都低于10%。(4)1997～2006年,收入增长放缓。继前几个增长期之后,广东省农村居民收入进入了一个低速增长期。这一时期由于广东先后遭遇"非典"、"禽流感"、干旱和洪涝等疫情和灾害的侵袭,农业生产遇到前所未有的困难，农民收入增加愈显艰难。名义增长率和实际增长率都很低，2000 年分别为 0.7%和 0.9%，是 1978 年以来的最低值。(5)2007～2013 年，农民收入增长速度再次加快，除了 2009 年的名义增长率为 7.9%以外，其他六年的名义增长速度都在 10%以上，并且实际增长速度也有所加快，最高达到 2011 年的 11.9%。通过实行种粮直补、良种补贴、农机具购置补贴和农资综合直补等“四项补贴”，增加了农民的种粮收入。并且广东推行了“政银保”农业合作项目，农户减缓了以往因高额抵押而借不到钱的压力，并且分散了风险，为农民创收增加了有利条件。

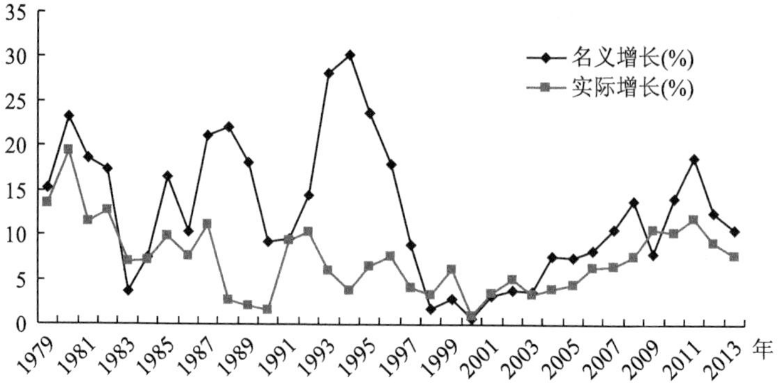

图 2　广东省农村居民人均纯收入的增长速度

(二)农村居民收入结构的变化趋势

随着第二产业和第三产业的不断发展，农村居民的收入结构也发生了很大的变化。由于乡镇企业、“三资”企业、私营和个体经济快速发展，农民的非农就业机会不断增加，所以工资性收入的比重逐渐成为收入的重要部分，而经营净收入由原来的重要来源逐步变为次要来源。

从表 1 中可以看出，工资性收入的比重由 1994 年的 25.09%上升到 2013 年的 64.72%，1994 年到 1999 年，比重上升的很慢。2000 年以后，工资性收入的比重开始快速增加，这是由于广东民营企业发展迅猛，各地加大了工业园区和基础设施建设，为农村居民外出从业和在本地提供劳务创造了条件，促进了工薪收入的稳定增长。而经营净收入的比重由 1994 年的 66.4%下降到 2013 年的 23.77%，农民的收入不再局限于农业生产所得的收入。财产性收入的比重有所增加，但增长幅度并不是很大，1994 年到 2013 年之间，比重约增加了 4%。转移性收入的比重变化并不明显，只是在 2003 年和 2004 年的比重较低，占纯收入的比重不大，影响也不明显。

表 1　1994～2013 年广东农民人均纯收入分项收入比重

单位:%

年份	工资性收入	经营净收入	财产性收入	转移性收入
1994	25.09	66.40	1.50	7.01
1995	26.39	65.08	1.85	6.68
1996	25.82	66.16	1.74	6.28
1997	26.20	65.84	1.50	6.45
1998	28.22	63.83	1.63	6.31
1999	30.43	61.61	1.63	6.33
2000	37.27	54.81	2.02	5.90
2001	46.48	50.69	2.99	4.61
2002	43.82	47.79	3.57	4.82
2003	48.48	43.43	4.55	3.54
2004	49.78	41.36	5.66	3.21
2005	54.63	36.93	3.57	4.88
2006	57.21	33.34	4.35	5.10
2007	56.94	32.69	5.56	4.81
2008	57.57	31.27	5.30	5.85
2009	59.21	29.21	5.18	6.40
2010	60.83	27.93	5.08	6.16
2011	62.47	26.66	5.23	5.64
2012	64.54	24.34	5.28	5.84
2013	64.72	23.77	5.43	6.08

(三)广东省城乡居民收入差距分析

作为最早改革开放的地区,广东的经济保持了三十多年的高速增长,人民收入也得到了很大的提高。但是随着经济的发展,广东的城乡收入差距却没有缩小。根据统计资料计算,1979～2013 年间,城镇居民人均可支配收入每年以 13.3%的速度递增,农村居民人均纯收入以 12.4%速度递增,比前者低 0.9 个百分点。城乡居民收入差距由 1979 年的 1.87∶1 扩大到 2013 年的 2.84∶1。广东农民收入的增速较城镇居民收入增速较慢,导致农民收入偏低,所以解决好农村居民增收问题至关重要。

(四)广东省与沿海四省农村居民收入比较分析

2006 以来,沿海五省的农村居民收入在不断增加,且都比全国平均水平高出很多,广东居五省的中间位置,浙江的农民收入一直位居第一,广东与浙江的差距逐年拉大,由 2006 年相差 2200 元到 2013 年相差 4000 元左右。广东与江苏的差距也在增加,从 2006 年相差 600 多元到 2013 年的近 2000 元。广东与其他省份的差距也在不断增加。

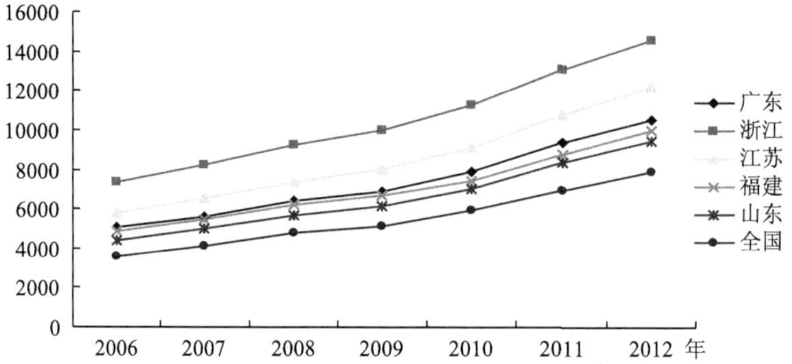

图 3　沿海五省的农村居民人均纯收入图

从增长速度来看,2006～2013 年间,全国的农民收入增长速度都几乎高于沿海五省的增长速度。广东省的增长速度在 2006～2009 年间比其他四省的速度都要慢,最近几年增长速度有所提高。

表 2　沿海五省的农村居民人均纯收入增长速度

单位:%

年份	2006	2007	2008	2009	2010	2011	2012	2013
全国	10.2	15.43	14.98	8.25	14.86	17.88	13.46	12.4
广东	8.3	10.71	13.79	7.92	14.24	18.78	12.5	10.7
浙江	10.13	12.68	12.01	8.09	12.94	15.64	11.33	10.7
江苏	10.18	12.86	12.12	8.8	13.93	18.5	12.93	11.4
福建	8.64	13.08	13.33	7.81	11.18	18.2	13.54	11.2
山东	11.14	14.12	13.16	8.46	14.24	19.34	13.24	12.4

(五)广东省与沿海四省的收入结构比较

从收入构成看,广东、浙江和江苏三省的工资性收入所占比重分别为

66.45%、52.76%和55.53%,是农民收入的主要来源,而山东和福建的农民收入来源仍是经营净收入,所占比重仍然很大。

广东农村居民的经营净收入无论是占总收入的比重还是增幅都处于较低水平,2012年广东农村居民的经营净收入的增速比全国慢6.94个百分点,比山东慢了8.98个百分点。并且广东省的转移性收入增幅也处于五省中最慢的,有待提速。

表3　2012年沿海五省农村居民收入结构比较

单位:%

省份	工资性收入		经营净收入		财产性收入		转移性收入	
	比重	增幅	比重	增幅	比重	增幅	比重	增幅
全国	43.55	16.34	44.63	9.66	3.15	8.97	8.67	21.91
广东	66.45	16.22	18.45	2.72	6.82	13.47	8.29	16.52
浙江	52.76	14.24	36.36	6.21	4.04	5.90	6.83	22.40
江苏	55.53	13.52	31.75	10.99	3.76	10.67	8.96	17.43
福建	44.89	15.04	45.85	11.61	3.21	9.71	6.04	19.81
山东	46.40	17.98	44.83	7.61	2.72	4.34	6.05	28.39

二、广东农民增收的案例分析

2013年广东家庭经营收入仅占23.7%,第一产业家庭经营收入比重更低。农业产业效率低下,第一产业经营性收入增长缓慢,已影响农村居民的收入的一个重要因素。尤其是在城镇化快速发展,农业劳动力不断减少的背景下更加突出。如何解决这个问题?梅州市探索出农业产业化促收入的思路。

(一)以农业产业化促收入——梅州市

梅州市属于山区市,农业产业化的基本思路是确定主导产业,实行区域布局,依靠龙头带动,发展规模经营,实行"市场牵龙头、龙头带基地、基地连农户"的产业组织形式。梅州农业产业化经营于90年代中后期开始起步,近年来,梅州大力实施"一园两特带动一精"产业发展战略,以农业增效、农民增收为中心,以农业科技进步为动力,大力发展精致高效农业,推进了农业产业化的发展进程,促进了农业和农村经济全面发展。

1. 农业产业化基地建设初具规模

目前全市有国家级农业标准化示范区 1 个、省级农业标准化示范区 26 个,示范面积有 50 万亩,辐射带动面积达 200 万亩。全市八大主导产业基地面积达到 340 万亩,有 3 个村被认定为全国"一村一品"示范村镇。

2. 农业基础设施建设步伐加快

一是农田水利基本建设不断加强,2013 年共投入 0.96 亿元,建设高标准农田 7.85 万亩。二是农业机械化进程加快。成立中国南方丘陵山区农业装备研发中心,这是我国目前唯一针对南方丘陵山区农业装备的研发平台,成功生产一批适合山地果、茶园作业的机械产品,并部分投放市场应用。全市农机总动力达到 139.4 万千瓦,比上年增长 4 万千瓦,增长 2.9%;发展农机专业合作社 77 个,入社成员 2868 个,服务农户 3.3 万户;全市水稻机械化综合水平达 57%,比上年提高了 7 个百分点。

3. 农业龙头企业发展迅速,拉动作用明显

梅州不断加大政策扶持力度,逐渐培育起一批起点高、规模大、带动强的农业龙头企业。截至目前为止,梅州共有市级以上农业龙头企业 255 家,其中:国家级龙头企业 1 家,省级 42 家,市级 244 家。特别是在 2013 年,新增了 17 家省级重点农业龙头企业。农业龙头企业发展水平的提高,对农村经济的带动作用不断增强,对农民增收的拉动作用显著。龙头企业带动户数由 2009 年的 35.8 万户增长到 2013 年的 52 万户,带动户均增收也由 2880 元增长为 4500 元。此外,在龙头企业的带动下,梅州农产品加工业进一步发展,农产品产加销一体化进程不断加快。

表 4 近五年梅州农业龙头企业发展与带动情况

年 份	2009 年	2010 年	2011 年	2012 年	2013 年
龙头企业数量(个)	152	169	197	218	244
带动户数(户数)	358000	408000	435000	470000	520000
户均增收(万元)	0.288	0.3098	0.418	0.42	0.45

资料来源:据梅州市农业局相关报表整理提供。

4. 农民专业合作经济组织成为促进产业化发展和农民增收的重要推动力量

近年来梅州各类农民专业合作经济发展迅速,合作组织数量和带动户数大幅增长(见表 9)。截至目前为止,全市共有农民专业合作经济组织 3160

家,社员成员总数逾 6 万人,带动非成员农户 23.4 万户,带动农户增收约 20%以上,合作社经营总收入约 15 亿元。

表 5　近五年梅州农民专业合作经济组织发展情况

年　份	2009 年	2010 年	2011 年	2012 年	2013 年
农业合作组织数量(个)	458	667	963	1289	2900
带动户数(户数)	105956	133171	172873	191841	230452

资料来源:据梅州市农业局相关报表整理提供。

从 2010 年开始,梅州农民人均纯收入增幅连续 4 年"跑赢"城市居民,特别是在 2011 年,农民人均纯收入增幅为 22.9%,超过城市居民增幅 9.1 个百分点。

(二)集体经济和社会保障——中山市

从前面的分析得知,政府财政支农虽然力度不小,但对农民收入增长有限,农民收入对其的弹性系数只有 0.0548。如何有效发挥政府财政支农经费的使用效能,促进农民收入的有效增长?中山市从集体经济和政府保障对农民增收进行双保障。

中山市一方面促进农村集体经济发展,一方面完善农村社会保障体系,有效地促进了农民收入水平的提高。

1. 发展农村集体经济促收入

绩西社区隶属于小榄镇,于 2005 年前后完成"村改居"工作,但仍保留了农民享受的基本权益和优惠政策。该居委会目前由 18 条自然村组成,共有 8000 多户籍人口和 2.5 万流动人口。

该居委会的集体经济收入来源主要是厂房出租和土地收益。其中,新建厂房出租单价为 13～14 元/平方米/月,旧的厂房租金为 11～12 元/平方米/月,租赁合同三年一签,价格三年内不变;出租屋租金一般为 200～500 元/间,每间房约为 12～25 平方米。土地收益主要来源于物业和出租屋的租金收入。自 2005 年以来,该社区集体收益不断增长,其中,2010～2013 年间,平均每年递增 8%～10%。

该社区集体收益的分配方式采用股份制的形式,这种形式在中山各村(居)具有普遍性和代表性。绩西社区以 2000 年为划分界限,2000 年以前获得股份的股民称为一股股民,2000 年以后又分别划分为二股和三股,但是所占数量较少。2013 年底，该社区集体分配的金额为 5800 元/股，一股股民一般每人拥有 1 股股份，二三股的股民一般每人拥有 0.5 股股份。

据了解，中山其他镇区的村(居)也大都采用类似的方式分配集体收益，每股具体金额因不同村(居)的集体经济水平不同而各有不同。

2. 完善社会保障体系促收入

崖口村隶属于南朗镇，该村实行"集体模式"运作，村集体探索建立了较为完善的社会保障体系。

一是社会福利的全覆盖。村集体统一为有股份的村民购买社会养老保险和医疗保险，其中，社保按照全市统一标准购买，社保 198 元/月/人，医保 36 元/月/人，村民无需缴费即可享受相应的福利待遇，相应费用部分在年终集体分红中扣除，而对于没有股份或在外工作的村民，村集体按照 67.5 元/月/人的标准补给村民；医疗费用则按照 500 元/年的额度报销，超过 500 元的部分才需要村民自行支付。到达退休年龄的村民因年龄不同可领取到每月每人 600～1067 元不等的养老金。在教育方面，村、镇两级对村民子女入读幼儿园发放补贴，共计 2700 元/孩子，成绩优秀的学生还能得到村集体发放的奖学金；此外，单亲、困难家庭每年还能获得村集体发放的补助 1000 元/户。

二是日常基本生活的全保障。一方面，水稻收成后，除出售部分外，剩余部分作为福利分发给村民，满足其粮食需求。其中，小于 16 岁及大于 60 岁的无需支付费用即可领取口粮，而 17 岁至 59 岁间的人名义上交付 64 元可购得 100 斤稻米，仅为市面价格的 1/3 左右，部分村民还能有所剩余出售盈利。另一方面，帮村民解决就业问题。村民可自选是否参加村集体劳作，参加者按照参加工种、时间长短等计算工分，并可在村集体兑换劳动报酬，较好地保障了无法在外找到工作的老人、妇女的工作和收入问题。此外，该村同样实行股份分红制度，分红的来源为水稻收成、土地出租、海水养殖场出租等。

三、启示与对策

通过对广东省农村居民收入变动的比较分析和实地调研的案例分析，可以得到如下启示：

启示 1：梅州市是山区市，通过产业结构调整，发展农业产业化，能够有效的带动农民增收致富,推动农业的发展和农村社会经济的全面进步。

启示 2:中山市利用珠三角的地缘优势,发展集体经济,同时加大政府转移支付,完善社会保障体系,有效促进农民人均纯收入的增加。

根据以上启示,特提出如下政策建议:

(一)优化农业生产结构,发挥特色农业优势

解决农民增收问题,发展农业是根本。促进农民增收先要巩固现有成果,总结地区农业特色化发展经验。进一步调整农业结构,扩大特色农业产业规模,将已有特色农产品继续做强,提高产品品质,实现"人无我有人有我优",才能在国内、国际市场竞争中利于不败之地。发展特色农产品的深加工和精加工,提高产品附加值,增加农户收入。

(二)扩大农业产业化经营规模,大力扶持龙头企业

推动农业产业化,能够发挥农业产业的辐射带动作用,加快农村建设,促进农业发展。目前广东省已经发展了一批技术装备好、经营效益高、市场竞争力强、辐射带动大的农业龙头企业,通过企业带农户,农业产业化已经取得了明显进步。截至 2012 年,广东省省级以上农业龙头企业从 191 家增加到 354 家,农民专业合作社从 1727 家发展到 14657 家。今后农业产业化的工作重心应放在继续发展农、工、贸一体化经营。推动农业物流企业,农业电子商务企业发展,搭建农产品互联网销售平台,拓宽农产品销售范围和渠道。

(三)促进农业技术创新,壮大农业科技力量

农业科技对农民增收的作用不容小觑。政府应当进一步加大农业技术投资,推进农业技术引进和技术研发。创建农业技术生产试验园地,引进农业技术人才,培育农业新品种、新技术,搭建农业技术推广平台,促进新技术的交流与推广。

(四)发展农村教育事业,提高农业劳动力素质

农民增收不能忽视农民自身的作用。2012 年广东省农业劳动力中 21.9%只有小学文化,55.9%属于初中文化,农业劳动力受教育程度不高。发展农村教育要将技术教育和义务教育并重。对于成人着重开展职业技术教育和技术培训；对于农村学子要完善义务教育，缩小城乡之间的教育资源、教育水平的差距。农村教育应当着眼于农业产业化与农业社会服务化的需要，培养一批具有制造业和服务业知识与技能的现代化劳动力。进一步增加农村教育投入，提高农村教育补贴，建立农村教育机构，搭建农民网络技术教育平台。

(五)缩小农业发展的地区差距

目前广东省农业发展虽然整体取得较大进展，但是地区之间差距较大。不同地区的自然禀赋不同，社会经济状况不同，发展模式也应当有所不同。鼓励各地区结合先进地区的发展经验，同时探索适合本地区的发展道路。开展落后农村的帮扶政策，加大落后地区农业科技项目的补贴力度，大力扶持贫困地区产业发展。缩小地区之间的收入差距。

完 成 单 位：国家统计局广东调查总队
课题组组长：刘寿生
课题组成员：许　鹏　夏晓平　程　慧
成俊生　叶宏丽　葛舒琪
主 要 执 笔：许　鹏　夏晓平　成俊生
叶宏丽　葛舒琪

第十六章　农民收入增长问题研究(九):以湖南为例

摘要:当前,我国农业主产区特别是粮食主产区的"三农"问题比较突出,农民收入增长相对比较缓慢。解决粮食主产区的农民增收问题,是解决"三农"问题的难点和关键点,研究粮食主产区的农民增收问题具有重要而现实的意义。本文以湖南省(粮食主产区)为例,通过对湖南农民收入增长情况及其影响因素进行剖析,建立农民收入增长模型对农民收入增长情况进行计量分析,探索粮食主产区农民收入的增长途径,提出了"两手抓,一手抓农村人口转移,减少农业人口;一手抓现代农业生产,推进农业产业化,提高农业生产效率,从而推动农民收入持续较快增长"的建议,以期对解决粮食主产区的农民增收和"三农"问题提供参考。

改革开放以来,我国经济特别是工业经济高速发展,居民收入也得到了较大提高。同时,由于经济发展不均衡,城镇化、农业现代化落后于工业化,也导致农民收入增速落后于城镇居民收入增速,农业主产区特别是粮食主产区农民收入增速落后于非农业主产区农民收入增速等一系列收入分配问题的产生。当前,我国进入了经济发展转型升级的关键期,农民增收也面临新的契机和困难,研究粮食主产区的农民增收问题具有重要而现实的意义。

一、湖南农民收入增长情况分析

(一)改革开放以来湖南农民收入及构成变化情况

1. 农民收入增长呈现出阶段性特征

改革开放以来,湖南农民收入增长呈现出明显的阶段性特征,大体可分为五个阶段:一是 1978～1986 年的高速增长阶段,年均实际增幅 12.5%。其原因主要是农村联产承包责任制等改革措施的巨大推动作用。二是 1986

～1990年的负增长阶段，年均实际下降2.7%。其原因主要是物价改革步伐加快，工业品价格大幅上涨，工农产品剪刀差扩大。同时，这一时期农业自然灾害较多，农业生产处于徘徊局面。三是1990～1997年的恢复增长阶段，年均实际增长4.8%。其原因主要是国民经济进入新一轮快速发展时期，农村乡镇企业和小城镇建设出现新气象，农民外出务工人数增加，经营性收入和工资性收入增长较快，分别实际增长1.2倍和2.4倍。四是1997～2003年的缓慢增长阶段，年均实际增长4.6%。其原因主要是这一时期内发生了几次大的自然灾害，农产品价格持续低迷。同时，农村乡镇企业发展缓慢。五是2003～2013年的较快增长阶段，年均实际增长9.1%。其原因主要是中央及地方政府各项惠农政策效果明显。从2004年以来，中央连续发布"一号文件"，取消农业税，推行农村低保，不断增加对农业及农民的扶持力度，农民转移性收入快速增长。同时，随着国民经济的持续较快发展，农村劳动力由无限供给向有限供给转化，农民工资性收入增长较快。2013年较2003年农民转移性收入实际增长5.7倍，工资性收入实际增长3.4倍。

表1　湖南农民人均纯收入增长的分阶段情况

阶段(年)	绝对值变化情况	年均实际增速	实际涨幅最高的年份及实际增速
1978～1986	143元增加到440元	12.5%	1979年和1980年，两年累计实际增长47.6%
1986～1990	440元增加到664元	−2.7%	1987年，0.6%
1990～1997	664元增加到2037元	4.8%	1997年，8.9%
1997～2003	2037元增至2533元	4.6%	1999年，5.5%
2003～2013	2533元增加到8372元	9.1%	2012，11.5%

2. 农民收入构成发生重大变化，从经营性收入为主转变为工资性收入为主，收入来源趋向非农化

20世纪90年代以来，由于国家政策有利于非农产业的发展，农户生产经营方式有了较大变化，增收途径越来越广，收入来源日趋非农化。考虑到2000年以前农民的财产性收入和转移性收入没有分开的原因，以下主要对2000年以后的数据进行分析。

(1)工资性收入稳步较快增长，比重不断提高，成为近年来农民收入的主要来源和增长点。1990年以来，随着国民经济的持续较快发展、农村劳动

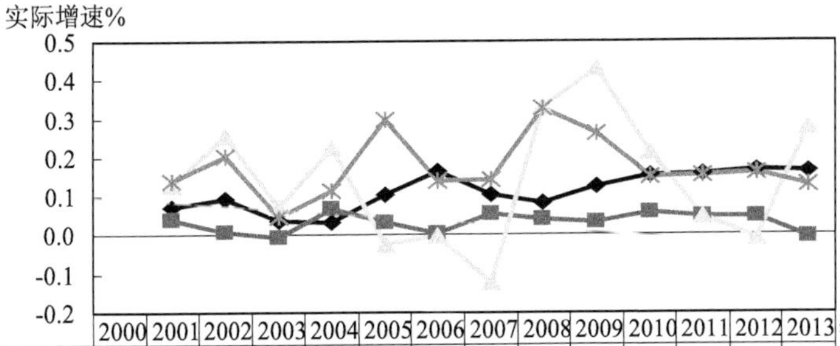

	2000	2001	2002	2003	2004	2005	2006	2007	2008	2009	2010	2011	2012	2013年
工资性收入实际增速(%)		7.1	9.5	3.8	3.5	10.6	16.6	10.5	8.2	12.7	15.2	15.6	16.9	16.5
经营性收入实际增速(%)		3.9	1.0	-0.4	7.0	3.2	0.6	5.4	4.1	3.2	5.8	4.7	4.9	-0.5
财产性收入实际增速(%)		12.8	25.7	7.1	22.5	-2.3	-0.2	-12.1	33.1	42.9	21.2	4.6	-1.1	27.8
转移性收入实际增速(%)		13.8	20.4	4.8	11.4	29.8	14.1	14.2	32.8	26.3	15.1	15.5	16.1	12.8

图 1　2000 年以来农民四大项收入实际增速情况

力外出务工人数增加和农民工工资水平提高,农村居民工资性收入稳步较快增长。2013 年农民人均工资性收入达到 4596 元,较 2000 年的 790 元增长 4.8 倍,年均实际增长 11.2%。工资性收入占农民人均纯收入的比重不断提高,由 2000 年的 35.9%提高到 2013 年的 54.9%,较 2000 年提高 19 个百分点,成为农民收入的第一来源和增长的主要动力。

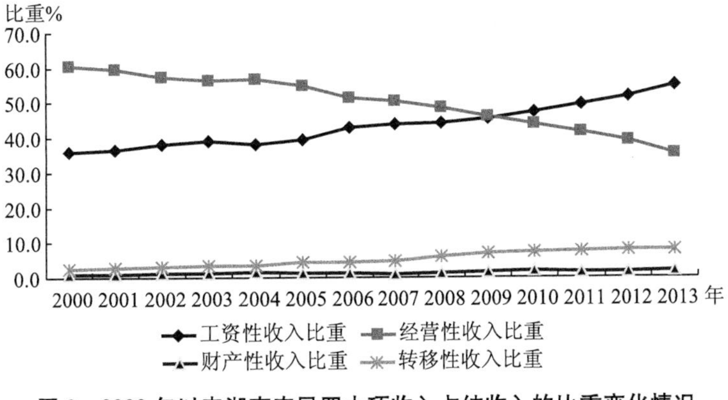

图 2　2000 年以来湖南农民四大项收入占纯收入的比重变化情况

(2)转移性收入和财产性收入快速增长,但增幅波动较大。2000 年以来,中央对"三农"问题重视程度不断加深,取消农业税、发放粮食直补等农业补贴、推行农村养老保险和新农合制度、推动土地流转等政策措施给农民带来了明显的实惠。2013 年湖南农民人均转移性收入达 666.9 元,较 2000 年的 57.6 元增长 10.6 倍,年均实际增长 17.2%,占纯收入比重由 2000 年的2.6%提高到8%,提高5.4个百分点;人均财产性收入达147.7元,较2000年的20.7元增长6.1倍,年均实际增长12.9%,占纯收入比重由2000年的0.9%提高到1.8%,提高0.9个百分点。但转移性收入和财产性收入增幅波动较大。如转移性收入2008年的实际增幅最高,为32.8%,较2003年的最低增幅4.8%高28个百分点。

(3)经营性收入增长缓慢,占纯收入比重下降,特别是第一产业经营性收入增长缓慢、比重降幅较大。农业普遍存在"产业化程度低、生产效率低、比较效益低"的"三低"现象,农村文化和身体素质较高的青壮劳动力大多外出务工经营或在本乡从事非农产业。这种现象导致了农民经营性收入增长缓慢、比重下降。2000～2013年,湖南农民人均家庭经营性收入年均实际增速仅3.3%;2013年湖南农民人均家庭经营性收入比重也从2000年的60.5%下降到35.4%,下降25.1个百分点。其中,2000～2013年湖南农民人均第一产业经营性收入年均实际增速仅2.6%;2013年湖南农民人均第一产业经营性收入比重也从2000年的41.2%下降到22.5%,下降18.7个百分点。

(二)湖南等粮食主产省农民收入增长与非粮食主产省份的对比分析

根据2012年全国各省的粮食总产量和第一、二、三产业的增加值排名情况,将全国各省份分为"粮食主产省份(第一产业增加值在地区国民生产总值中占比较大且粮食产量在全国排名较高的省份)、其它农业主产省份(第一产业增加值占比较大的省份)和非农业主产省份(第一产业增加值占比较小、第二和第三产业发达的省份)"三大类别。我们选择了湖南、湖北、新疆、云南、北京、上海等18个特征比较突出的省份分别作为三大类别省份的代表(江苏、山东等省既是粮食生产大省也是第二、三产业发达省份,内蒙古既是粮食生产大省也是牧业和矿产资源大省,西藏和青海由于缺乏部分历史数据,因此这些省份均没有选择),将其2012年的农村居民人均纯收入与1980年的人均纯收入进行对比(见表3),可得出以下三个结论。

1. 粮食主产省份与其它农业主产省的农民收入增速相差不大,收入差距较小。从表2可以看出,湖南、湖北等6个粮食主产省和新疆、云南等6个其它农业主产省1980～2012年的农民人均纯收入的年均增速在11%～13%之间,两者相差不大,最高的河南为12.8%,最低的甘肃为11.1%。从两者2012年农民人均纯收入的绝对值来看,差距不是很大,在4500～8700

元之间,最高的黑龙江为 8603.8 元,最低的甘肃为 4506.7 元。粮食主产省份的农民收入水平和年均增速总体来讲略高于其它农业主产省份。其原因主要是粮食主产省份主要集中在中部和东北地区,更靠近东部沿海发达地区,相对位于西北和西南地区的其它农业主产省份更有地理和交通优势,其第二、三产业相对更发达一些,农民人均工资性收入、家庭经营性收入相对其它农业主产省份增长要快一些。

表 2　1980～2012 年各地区农村居民收入增长情况

	省份	纯收入绝对值(元)		年均增速(名义增速)(%)			
		1980 年	2012 年	纯收入	工资性收入	家庭经营纯收入	财产性和转移性收入
粮食主产省份	湖南	219.7	7440.2	11.6%	11.9%	11.5%	10.7%
	湖北	169.9	7851.7	12.7%	11.6%	14.5%	10.5%
	河南	160.8	7524.9	12.8%	11.7%	15.0%	9.8%
	黑龙江	205.4	8603.8	12.4%	8.5%	15.6%	14.5%
	吉林	236.3	8598.2	11.9%	9.0%	13.6%	12.4%
	四川	187.9	7001.4	12.0%	11.3%	12.6%	12.7%
其它农业主产省份	新疆	198.0	6393.7	11.5%	6.7%	15.1%	12.9%
	云南	150.1	5416.5	11.9%	9.6%	13.6%	12.0%
	陕西	142.5	5762.5	12.3%	12.2%	12.9%	11.0%
	甘肃	153.3	4506.7	11.1%	9.7%	13.2%	10.9%
	广西	173.7	6007.5	11.7%	11.2%	12.2%	11.2%
	宁夏	178.1	6180.3	11.7%	11.3%	12.7%	10.0%
非农业主产省份	北京	290.5	16475.7	13.4%	13.6%	11.0%	14.4%
	上海	397.4	17803.7	12.6%	13.6%	9.4%	11.9%
	天津	277.9	14025.5	13.0%	12.5%	15.4%	12.0%
	福建	171.7	9967.2	13.5%	13.3%	14.1%	12.2%
	浙江	219.2	14551.9	14.0%	13.7%	14.9%	13.0%
	广东	274.4	10542.8	12.1%	13.5%	10.0%	11.5%

2. 粮食主产省份的农民收入增速低于非农业主产省份的农民收入增速,收入差距较大。从表 2 可以看出,湖南、湖北等 6 个粮食主产省和浙江、福建等 6 个非农业主产省份 1980～2012 年的农民人均纯收入的年均增速相差较大,在 11.5%～14.0%之间,最高的浙江为 14.0%,最低的湖南为

11.6%。从两者2012年农民人均纯收入的绝对值来看，差距很大，在7000～18000元之间，最高的上海为17803.7元，最低的四川为7001.4元。总体来看，粮食主产省份的农民收入水平远低于非农业主产省，其年均增速也低于非农业主产省份。其原因主要是非农业主产省份是东部沿海发达地区，交通便利，第二、三产业发达，而第二、三产业的比较效益远高于第一产业，其农民人均工资性收入和财产性及转移性收入增长更快。同时，这些省份农民家庭经营性收入中的第二、第三产业经营性收入的增速也高于粮食主产省份。如1980～2011年，浙江农民人均家庭经营总收入中第二和第三产业的收入由14.9元增加到4371.3元，年均增长20.1%；湖南农民则由9.0元增加到1296.7元，年均增长17.4%，较浙江低2.7个百分点。

3. 湖南农民收入水平较低，增速也相对偏低。从绝对水平来看，2012年湖南农民人均纯收入为7440.2元，在上述18个省份中排名第11位，不仅低于非农业主产省，也低于同样是粮食主产省的黑龙江、吉林、河南、湖北。从增速来看，1980～2012年，湖南农村居民人均纯收入年均增速为11.6%，在上述18个省份中排名偏低，仅高于甘肃和新疆，处于倒数第三位，比增速最高的浙江低1.4个百分点，比增速最低的甘肃仅高0.5个百分点。

二、湖南农民收入增长影响因素分析

（一）主要影响因素

影响农民增收的因素有很多，有农民自身的主观因素，也有自然条件、政策环境、城镇化和工业化水平、农业规模化程度、农业科技水平等客观因素。归纳起来，主要有以下几个方面的影响因素。

1. 自然条件。自然条件主要包括地理位置和自然资源。它是人们从事生产的外在物质基础，也是影响农民收入的重要因素。不考虑其它因素，城郊的农民往往比偏远山区的农民收入高，人均耕地面积大的农民往往比人均耕地面积小的农民收入高。湖南农民的人均耕地面积较小。住户调查资料显示，2012年湖南农村居民中的农业生产经营户的人均经营耕地面积仅为1.22亩，较全国平均水平少1.12亩，较最高的黑龙江省少12.34亩，在全国排名第23位。

2. 政策因素。影响农民收入增长的政策因素主要包括土地制度和财政金融制度。土地和农民的关系是农村中最重要的经济关系，土地制度通过调节农业生产用地面积、经营方式、利益分配影响农民收入,对农民增收的影响不容忽视。财政金融支持是农民收入的重要保障,直接影响着农民的生产和生活。国家增加财政支农力度,加大教育、卫生、水利、交通、通信等基础设施投入,加大对贫困农民的保障和扶持力度,深化农村税费、农业补贴和农村金融制度改革,都对农民增收有着重要的影响。

3. 城镇化及劳动力转移。城镇化使劳动、资本等资源集聚,创造更多的就业岗位,吸纳更多农村劳动力就业,转移农村剩余劳动力,减少农民数量,促进农业规模化和产业化发展,从而直接或间接地增加农民收入。同时,城镇化通过增加城市人口,扩大了农产品的有效需求。

4. 农业生产的规模化程度和农业科技水平。农业规模化生产和农业科技进步是提高农业生产效率的基础,也是推进农业产业化、现代化的两个方面。只有农业生产规模上去了,农民采用机械化农具、测土配方施肥等现代农业耕种方式和整修耕地、修建机耕道路、修建农田沟渠的积极性才会真正提高。只有提高农业生产的规模化程度和农业科技水平,农业生产效率和比较效益才会有较大的提升,农民收入的持续增长才有了坚实的基础。当前,湖南农村主要是分散式生产经营方式,农业规模化生产经营程度较低,导致农业生产效率较低。据统计数据推算,2012 年湖南第一产业的劳动生产率约为第二产业的八分之一、第三产业的五分之一。

5. 工业化进程。工业化与城镇化和农业产业化存在相互影响、相互促进的关系。工业化为农村转移富余劳动力、提升农业科技水平提供了条件。农业固有的“弱质性”决定了单纯依靠农业生产并不是实现农民增收的有效手段,以工业反哺农业、以新型工业化推进城镇化和农业产业化发展才是实现农民增收的有效路径。

6. 农民自身素质。它是实现农民增收的主观条件,包括思想文化素质和劳动生产技能。高素质的农民能够更快更好地适应市场经济和社会发展,获取更多的经济回报。湖南广大农村地区教育基础较薄弱,农民文化素质偏低。特别是由于大量青壮劳动力外出务工,在农村留守的多是老人、妇女和儿童,缺乏现代农业生产方面的技能,制约了农业生产发展。外出务工的农民则由于素质不高,而工资水平偏低。据农民工监测显示,2012 年,湖南农民工的月工资水平为 2487 元,仅为同期城镇职工在岗职工月平均工资的 74.6%。

7. 农产品价格。农产品价格与农民纯收入中的第一产业经营性收入呈一定的正相关性。

(二)农民收入增长的多元回归分析

对农民收入增长因素进行计量分析,须建立相应的统计模型。根据上述影响因素分析和数据的可获取性,我们选取以下变量:

因变量:Y—湖南省农村居民人均纯收入。

自变量:X1—农民人均工资性收入中常住人口外出从业得到的收入(不含本乡镇务工)。本来想选取外出务工的农民工人数来反映农村劳动力转移情况,但由于农民工监测是近几年才开始实施,数据缺失较多,因此用农民人均工资性收入中常住人口外出从业得到的收入这一指标来反映农村劳动力转移对农民纯收入的影响。X2—第一产业从业人员占农村从业人员的比重(其中城镇居民中的农业从业人员数很少,在这里忽略不计),反映从事农业生产的劳动力结构情况;一定程度上可以反映劳动力转移和非农经济发展对农民收入的影响。X3—农业机械年末总动力的增长率,反映农业规模化生产和技术进步。X4—财政支出中的农林水事务支出,反映政府财政对农业的资金投入情况,一定程度上可以反映政策因素对农民收入的影响。X5—农产品生产者价格涨幅,反映农产品价格对农民收入的影响。X6—工业化率,反映工业化程度对农民收入的影响。X7—城镇化率,反映城镇化程度对农民收入的影响。

建立多元回归分析模型:

$$Yi=\alpha+\beta1X1i+\beta2X2i+\beta3X3i+\beta4X4i+\beta5X5i+\beta6X6i++\beta7X7i\mu i(i=1,2,\cdots,I)$$

I 为样本个数,α 为截距,β 为回归系数,μ 为随机误差。

考虑到因变量和自变量中既有绝对数又有相对数,为排除异方差影响,我们对方程两边的变量取对数,得到多元回归模型:

$$\log Yi=\alpha+\beta1\log X1i+\beta2\log X2i+\beta3\log X3i+\beta4\log X4i+\beta5\log X5i+\beta6\log X6i+\beta7\log X7i\mu i$$

根据该回归模型和 1993～2012 年湖南的上述指标数据,运用最小二乘法进行参数估计,为消除多重共线性影响,我们采用逐步回归法剔除部分自变量,得到下列模型:

$$\log Yi=2.82+0.65\log X1i-0.47\log X2i+0.09\log X4i+\varepsilon$$

$(R^2=0.99\quad t(c)=10.38\quad t(x1)=10.39\quad t(x2)=-6.27$

t(x4)=2.43　F=2035.93　D.W=1.64)

由上可见,模型的整体拟合效果很好,所有自变量 t 检验的 P 值均小于 0.05,通过了显著性检验。

根据上述模型,我们可以算出 2008～2012 年湖南农民常住人口外出从业收入、第一产业从业人员占农村从业人员的比重、财政支出中的农林水事务支出三个指标对农民人均纯收入增长的贡献情况(见表 3)。

表 3　三个指标对农民收入增长的贡献情况

年度(年)	X1		X2		X4	
	增长情况	对 Y 的贡献率	增长情况	对 Y 的贡献率	增长情况	对 Y 的贡献率
2008	18.53%	12.05%	2.27%	−1.06%	40.11%	3.61%
2009	10.59%	6.88%	3.10%	−1.46%	56.63%	5.10%
2010	19.49%	12.67%	−0.67%	0.32%	16.79%	1.51%
2011	18.50%	12.03%	−8.61%	4.05%	22.19%	2.00%
2012	18.02%	11.72%	−2.53%	1.19%	13.54%	1.22%

(三)几点结论

根据上述分析,可得出以下几点结论:

1. 农民外出务工的收入对农民收入增长影响较大,两者成正相关。农民常住人口外出从业得到的收入每增长 1 个百分点,农民人均纯收入增长 0.65 个百分点。从 2008 年至 2012 年的两者的变化情况来看,由于农民常住人口外出从业得到的收入增长较快,其对农民人均纯收入的增收贡献率也较高。

2. 从事第一产业人员占农村从业人员比重对农民收入增长影响较大,两者呈负相关。从事第一产业人员占农村从业人员比重每下降 1 个百分点,农民人均纯收入则上升 0.47 个百分点。说明农业的比较效益显著偏低,农民从事低效益的农业人数越多则增收难度越大。因此,农民从非农产业所获得的收入(包括务工收入和从事第二、第三产业的经营收入)比重越来越大,从纯农业中获得的收入比重越来越小。从 2008 年至 2012 年的两者的变化情况来看,由于第一产业人员占农村从业人员比重下降缓慢,其对农民人均纯收入的增收贡献率不高,这也是由于湖南农村大量青壮劳动力自 90 年代以来大量外出务工,近几年来在家从事农业的劳动力主要是妇女和中老年人，其数量和结构变化不大，农民外出务工人数的增长也趋于缓慢。

3. 政府财政对农业、农村的投入力度对农民的收入有一定的影响，两者呈正相关。财政支出中的农林水事务支出每提高1个百点，农民人均纯收入则提高0.09个百分点。

4. 农民增收难度加大。近十年来，农民收入快速增长主要依赖于农民外出务工带来的工资性收入增长和国家惠农政策推动的转移性及财产性收入增长。但考虑到以下因素，预计今后几年农民收入增速将呈放缓趋势。一是工资性收入继续高速增长的动力不足。当前，国内经济增速呈放缓趋势，我国经济进入结构转型、增长适度的新常态。一方面在复杂的经济形势下农民外出务工的就业增长空间有限，农村劳动力总量也有限，人口红利逐步消失，农民工总体就业规模继续扩大的难度较大。另一方面，当前企业用工成本的承受能力减弱，预计各地农民工的工资水平增速较以前会明显放缓。二是第一产业经营性收入受生产和市场的双重风险影响，不确定性加大。湖南稻谷、畜禽等主要农产品易受自然灾害、病虫害的影响，增产难度较大，农产品价格也难以出现稳定的上涨预期。三是现有的农业补贴政策对农民收入增长的拉动作用呈递减趋势，需要新的惠农政策出台。

三、促进湖南农民收入持续较快增长的对策建议

根据粮食主产区农民收入增长特点和影响因素，当前要促进农民增收必须“两手抓，一手抓农村人口转移，减少农业人口；一手抓现代农业生产，推进农业产业化，提高农业生产效率”。为此，建议着重抓好以下几个方面的工作：

（一）大力推进工业化、城镇化和农民工市民化，减少农村人口

一是大力推进工业化，以工业化促进第三产业发展，促进工业反哺农业，促进农村劳动力转移。二是进一步推进城镇化进程，加快发展中小城镇，引导农村富余人口向中小城镇集聚。三是巩固户籍制度改革成果，逐步用身份证和居住证管理代替户籍管理。四是加快就业、社会保障、医疗、教育、住房保障、城市管理等制度改革，切实推进农民工市民化进程，实现农村进城务工人员的公共服务和管理的城镇化。

(二)大力发展农村第二和第三产业,减少农业从业人口

湖南农村存在人多地少的矛盾,从事农业的人数越多农民增收越难,富余劳动力必须从农业生产中转移出去。除了向城镇转移富余劳动力外,还须大力发展农村第二、第三产业,将部分富余劳动力向农村第二、第三产业转移。发展农村第二、第三产业重点是发展农产品加工业和农村金融、通信、物流、农家乐等服务业。

(三)合理配置资源,大力推进农业产业化

一是进一步推进农村土地制度改革。在明确产权、确权颁证的基础上,加大农村土地流转的引导力度,鼓励建立农村土地流转市场和中介组织,鼓励国有和民间资本介入农村土地流转市场。同时,积极探索农民工市民化和农村土地流转配套改革的办法。鼓励有条件的地方政府在农民自愿的基础上收储农业用地,建立农业土地流转储备中心和国有农场或现代化农业示范基地。二是深化农村金融制度改革。降低农村金融市场准入门槛,积极培育多元化的金融服务主体。三是出台财政和金融优惠政策,鼓励国有和民间资本投资现代农业,鼓励高校、科研院所和优秀的农业专业人才领办或创办现代农业企业。四是建立农产品市场信息平台。及时发布农产品供需等市场信息,引导农民合理安排农业生产和网上销售农产品。五是优化农产品品种,调优农业产业结构和产业布局。

(四)转变基层政府职能,大力发展和推广现代农业技术

一是各级政府要进一步重视现代农业技术的研发和引进。加大资金投入力度,加快研发和引进提高农产品质量、效益的实用技术。大力鼓励、积极引导企业和民间资本投资现代农业技术的研发和应用。二是转变乡镇政府和村级组织职能,将发展现代农业、推广现代农业技术作为乡镇基层政府和村级组织最主要的工作职能之一。积极选择农业生产能人、农业专业技术人才担任职业化村干部。积极鼓励各级政府、高校、科研院所的农业技术干部到乡镇政府或村委会挂职,促进农业科技成果转化、推广和应用。

(五)加强对农民的教育培训,培养职业化的现代农民

一是进一步重视发展农村基础教育。进一步加强农村师资队伍建设,

改善农村教育条件。探索在农村优先扩大义务教育范围,逐步推行“十二年”义务教育制度。二是大力发展农村职业技术教育。围绕现代农业技术、农业产业化生产开展职业知识和专业技能培训,培养高素质的现代化农民。

(六)改革农业补贴机制,建立健全粮食主产区补偿机制

一是改革和完善农业补贴制度。继续扩大补贴总量,新增补贴重点向粮食规模化生产单位倾斜。同时,扩大补贴范围。对农业科技成果转化、生态农业、农民专业合作经济组织等农村经济发展等迫切需要加强的环节给予补贴。二是建立健全粮食主产区补偿机制。建立粮食主产区专项补偿基金,调节地区收入差距,确保国家粮食安全。

完 成 单 位:国家统计局湖南调查总队
课题组负责人:庞晓林
课 题 组 成 员:彭建霞　方志红　张　蜜

第十七章　农民收入增长问题研究(十):以北京为例

摘要:本文从北京农村居民收入变动的特点入手,分析了农村居民收入增长的变动趋势、收入构成的变动特点。指出了农民增收中存在的主要问题,一方面是农村居民收入增长基本慢于经济增长,另一方面是农村居民增收缺乏后劲,最后是收入差距问题仍需重视。文章第三部分是结合国外农民增收的经验,给出了北京农民增收的途径。一是要努力提高农业劳动生产率,二是促进农村居民非农收入的增加,三是加大城市反哺农村的力度,四是保障农民各项财产权权益。

农民增收问题,是当前农村改革和发展需要解决的重大问题,既是整个国民经济发展的客观要求,也是社会实现共同富裕的要求。改革开放 30 多年以来,北京经济快速发展,地区实力显著增强,特别是新世纪以来农村居民生活水平有了质的飞跃,但农村居民收入水平低于城镇居民,增收后劲不足等问题仍然存在。本文拟通过梳理改革开放以来北京农民收入增长的变动特点,指出农民增收存在的问题,并借鉴国外先进经验,提出增加农民收入的路径选择。

一、北京农村居民收入变动特点

(一)农村居民收入增长的变动趋势

改革开放以来,北京农村居民人均纯收入由 1978 年的 225 元增加到 2013 年的 18337 元,增长 80.5 倍,扣除价格因素,实际增长 20.3 倍,年均实际增长 9%。从收入构成看,工资性收入、经营性收入、财产性收入和转移性收入年均实际增速分别为 8.3%、5.3%、11.2%和 12.4%。分阶段看,北京农村居民收入增长经历了四个阶段。

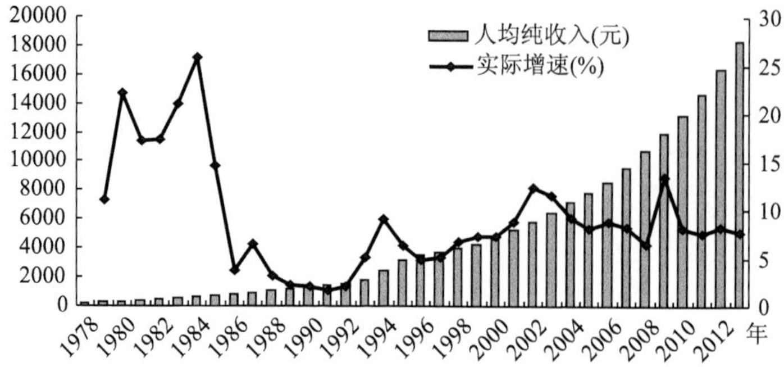

图1 1978～2013年北京农村居民人均纯收入及实际增速

第一阶段(快速增长期):1979～1985年,是改革开放以来农民收入增长最快的阶段。这一阶段,以家庭联产承包责任制为中心的农村经济管理体制改革极大地激发了农民的生产热情,作为农民家庭副业的生产活动也转变为家庭经营生产。乡镇企业的崛起,也使得农民由乡镇企业所得收入占家庭纯收入总额的比重大幅上升。这期间农民人均纯收入由1978年的225元提高到1985年的775元,增长了2.4倍,平均每年增长19.3%,扣除物价因素,年均实际增长18.3%,是改革开放以来农民增收最快的一个时期。

第二阶段(缓慢增长期):1986～1992年,是改革开放以来北京农民收入增长最慢的阶段。主要原因是经济改革的重心转向城市,农产品出售难与农业生产资料价格大幅上涨,导致家庭经营经济效益下滑,同时乡镇企业发展也有所放缓。农民人均纯收入由1985年的775元增加到1992年的1569元,增长一倍,平均每年增长10.6%,扣除物价上涨因素,年均实际增长仅3%,比第一阶段实际增幅低15.3个百分点。

第三阶段(稳定增长期):1993～2005年,是改革开放以来农民收入增长最稳定、持续时间最长的一个阶段。这一时期城镇化快速推进,逐渐由以城市发展为中心向城市反哺农村转变,促进了农业生产、农村发展和农民增收。非农产业成为农民增收主体。农民人均纯收入由1992年的1569元提高到2005年的7860元,增长了4.01倍,平均每年增长13.2%,扣除物价因素,年均实际增长7.8%,比第二阶段实际增速快4.8个百分点。

第四阶段(加快增长期):2006年至今,这一阶段虽然经济增速回落,但随着“三农”政策的持续推进、城乡统筹和新农村建设的加快实施等因素,带动农村居民收入加快增长,部分年份农村居民收入增长快于经济增长。农民人均纯收入由2005年的7860元提高到2013年的18337元,增长了1.3

倍,平均每年增长11.2%,扣除物价因素,年均实际增长8.5%,比第三阶段实际增速快0.7个百分点。

表1　改革开放以来农村居民收入与经济增速

年　份	地区生产总值增速(%)	农村居民人均纯收入实际增速(%)	人均纯收入与GDP增速差(百分点)
1979～2013年	10.3	9.0	−1.3
第一阶段:1979～1985年	10.0	18.3	8.3
第二阶段:1986～1992年	8.7	3.0	−5.7
第三阶段:1993～2005年	11.5	7.8	−3.7
第四阶段:2006～2013年	10.1	8.5	−1.6

(二)农村居民收入构成的变动特点

1. 依靠农业获得的收入比重不断下降

近年来,在北京生态环境建设、产业结构调整的带动下,北京农业进入战略性结构调整期,传统农业加快退出,以第一产业为主的生产经营活动日渐收缩,从事农业的就业人口占比不断下降,农村居民从第一产业获得的收入占比也不断减少。2013年,北京从事第一产业的就业人员为55.4万人,占全市就业人员的4.8%,与1978年相比,从业人员减少70.5万人,占比下降23.5个百分点。人均纯收入中,从第一产业获得的收入占比也从最高时的29.2%(1985年)降为2013年的1.5%。

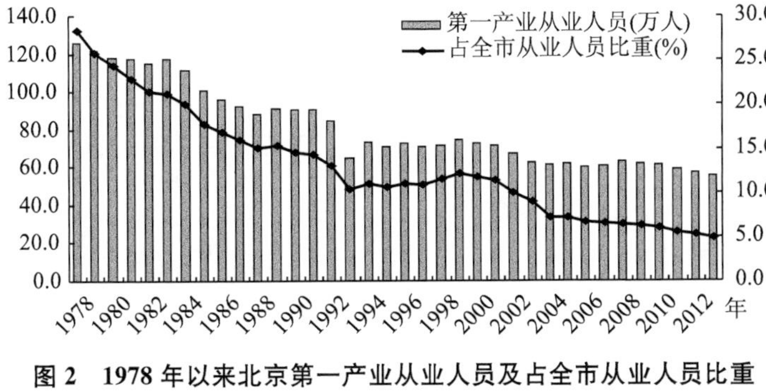

图2　1978年以来北京第一产业从业人员及占全市从业人员比重

2. 收入来源更趋多元化

随着城乡一体化建设步伐的不断加快,在体制改革和富农惠农政策密集出台的背景下，北京农村在基础设施建设、产业发展、市场信息等方面享受到了与城镇同样的文明和实惠，农民家庭在搬进新房、升级家电的同时，生产、生活方式也悄然发生着改变，居民收入来源更趋多元化。

一是工资性收入占据了农村居民收入来源的首要位置，2013 年该比重为 65.6%（城镇居民为 66.9%）。二是社会保障水平不断提高，使得农村居民获得的转移性收入不断增长，并超越家庭经营收入成为拉动收入增长的第二主力，2013 年转移性收入占纯收入的比重达到 18.8%，比 1978 年提高 12.6 个百分点。三是财产性收入增长较快。一方面，得益于京郊有利的地理位置和大城市密集人口的刚性住房需求，靠出租房屋获得的房屋租金占据了北京农民财产性收入的半壁江山。2006～2013 年财产性收入年均增速达 12.9%，占比逐年提高，2008 年以来一直稳定在 10%以上，2013 年为 11%。另一方面，耕地、林地等资源的规范流转和有效经营让集体经济再放异彩，既促进了乡镇经济发展，又作为源头活水不断增加农民的股息红利和各种补贴。四是家庭经营收入占比下降。从全国范围看，随着城镇化步伐的加快，城市基础设施和各类建设征占了部分农业用地，加上城市环境保护要求限制了农民家禽家畜的分散饲养，家庭经营收入萎缩现象在城镇化程度较高的北京、上海、天津等地区表现明显。2013 年北京农村居民家庭经营性收入占比仅为 4.5%，比最高时的 40.4%（1989 年）下降了 35.9 个百分点。

表 2　分阶段农村居民收入增速及占比情况

年　份	年均实际增速（%）					平均比重（%）			
	人均纯收入	工资性收入	家庭经营纯收入	财产性收入	转移性收入	工资性收入	家庭经营纯收入	财产性收入	转移性收入
1979～2013	9.0	8.3	5.3	11.2	12.4	62.5	19.0	8.4	10.1
1979～1985	18.3	12.8	35.5	3.3	8.3	65.2	25.1	2.7	7.1
1986～1992	3.0	4.0	0.2	9.9	9.4	56.3	37.1	2.5	4.1
1993～2005	7.8	7.8	5.9	15.3	9.8	62.9	26.8	5.4	4.9
2006～2013	8.5	9.3	－12.5	12.9	23.7	62.7	12.9	10.8	13.7

3. 高低收入差距呈缩小态势

新世纪以来北京农村居民 20%高低收入比一直高于城镇居民，2003 年最高,为 6.2(城镇居民一直在 4 左右)。近年来,北京在缩小农村居民收入差距方面出台了一些政策,特别是自 2009 年起,实施了三年"共同致富行动计划"①,通过"四个一批",即促进劳动力转移就业增收一批、发展都市型现代农业增收一批、开展社会帮扶增收一批、提高社会保障水平增收一批,实现了低收入农户收入水平和生活水平的大幅提升。经过几年的扶持、积累,低收入户中的纯农就业家庭基本消除,分户指导、有针对性的实用技术和职业技能培训让每一个低收入农户至少有一个懂技术的"明白人",低收入户立足自身实现增收致富的能力不断增强。北京 20%低收入农户人均纯收入由 2008 年的 4458 元增加到 2013 年的 8052 元,增长了 70.6%。最高、最低收入组的收入差距由 2008 年的 4.9 倍缩小到 2013 年的 4 倍。

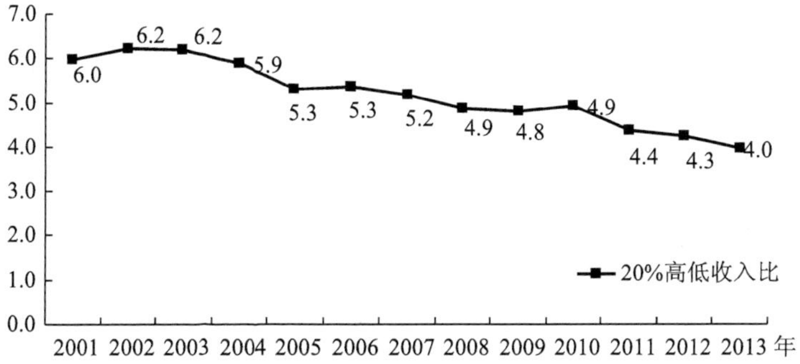

图 3　2001～2013 年北京农村居民 20%高低收入户纯收入比

二、农民增收中存在的主要问题

(一)农村居民收入增长总体慢于经济增长

改革开放以来,北京农村居民人均纯收入年均实际增速低于地区生产总值年均增速 1.3 个百分点。30 多年中,除改革开放初期和个别年份农民收入增速快于经济增长外,大部分年份都低于经济增长。农村居民收入增速与地区生产总值增速的相关系数仅为 0.25,而城镇居民为 0.53,表明农村居民收入增长与经济增长的相关程度较弱,也反映出农村居民并未充分享受到城市发展和经济增长带来的成果。

① 2009 年起,北京实施为期三年的"共同致富行动计划",对 2008 年农民人均纯收入低于 4500 元(2008 年 20%低收入组农民纯收入的平均水平),具有劳动能力的低收入农户进行扶持,力争到 2015 年实现低收入农户人均纯收入翻一番的目标。

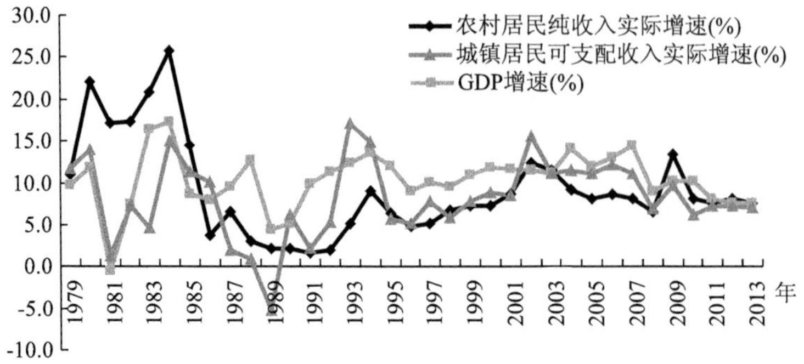

图 4　1979～2013 年城乡居民收入增速与地区生产总值增速

(二)农村居民增收缺乏后劲

从目前来看,农村居民增收仍然存在一定难度,主要表现在四个方面。首先,农村居民从事的行业主要是工资水平相对较低、增长较慢的行业,加大了其依靠工资性收入促进总收入增长的难度。第六次人口普查资料显示,2010 年农村居民从业人员中,有 2/3 集中在制造业,农林牧渔业,批发与零售业,交通运输、仓储和邮政业等传统的劳动密集型行业,这些行业不仅工资水平低于全市平均,而且除制造业外其他行业工资增速也低于全市平均。其次,保持转移性收入持续快速增长有一定压力。目前,社会保险缴款收入增长快于支出,政府转移支付能力较强,但人口老龄化程度的逐步加深,将对政府转移支付形成压力。第三,财产性收入占比仍然较低。财产性收入占总收入的比例,是衡量一个国家或地区民众富裕程度的重要尺度。在发达国家,农村居民财产性收入占总收入的比重一般在 40%左右。2013 年北京农村居民财产性收入占总收入的比重为 11%,差距仍较大。同时,财产性收入中 2/3 的收入来源于租金收入。随着北京旧村改造工作的推进和农民搬迁上楼,农村居民租金收入的增长将存在一定的不确定性。第四,家庭经营收入易受宏观经济环境、相关政策及气候等因素影响,增长波动性较大,对农村居民总体收入的带动作用不够稳定。

(三)收入差距仍然较大

从城乡居民看,改革开放以来,虽然农村居民收入年均增速高于城镇居民 0.9 个百分点,但城乡居民收入的绝对差距仍呈扩大趋势,城乡居民收入比由 1978 年的 1.6∶1 扩大到 2013 年的 2.2∶1(最高时 2006 年为 2.32∶1)。

参照国际经验,城乡居民收入差距1.7倍为安全,2倍为基本安全,2.5倍有风险,3倍有重大风险,3.5倍及以上易出现社会稳定危机。目前北京城乡居民收入差距处于基本安全和有风险之间,如果考虑到城镇居民所享有的社会保障,这一差距可能更高。从农村居民内部看,部分领域高低收入户差距也较大。如财产性收入高低收入差距仍较大,2013年20%高低收入户的财产性收入之比为7.7∶1,远大于纯收入之比。

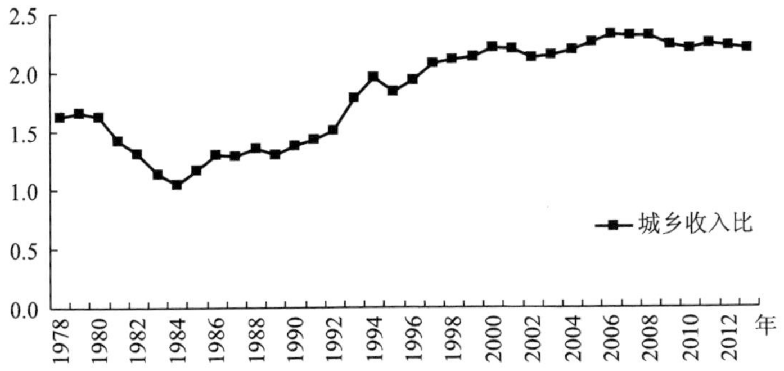

图5　1978年以来城乡居民收入比(以农村居民为1)

三、从国外经验看北京农民增收的路径选择

解决农民增收和缩小收入差距是一项复杂的系统工程,结合国外的经验,我们认为既要立足于挖掘内部增收潜力,更要在农业和农村外部寻求增收途径。

(一)努力提高农业劳动生产率

改革开放以来,北京农业劳动生产率一直较低,始终低于全市平均水平,其相当于全市的比例经历了由上升到下降的过程,1990年达到最高(相当于全市平均水平的58.9%),此后逐年下降,2013年北京农业劳动生产率为2.9万元/人,仅相当于全市平均水平的16.6%,而美国2010年折合人民币约为51.6万元/人,日本为18.8万元/人①,分别相当于该国平均水平的75%和32.4%,北京与发达国家相比差距仍然较大。

从国外看,提高农业劳动生产率主要做法包括推进农业产业化、提高劳

① 美国、日本农业劳动生产率根据《国际统计年鉴2013》粗略测算。

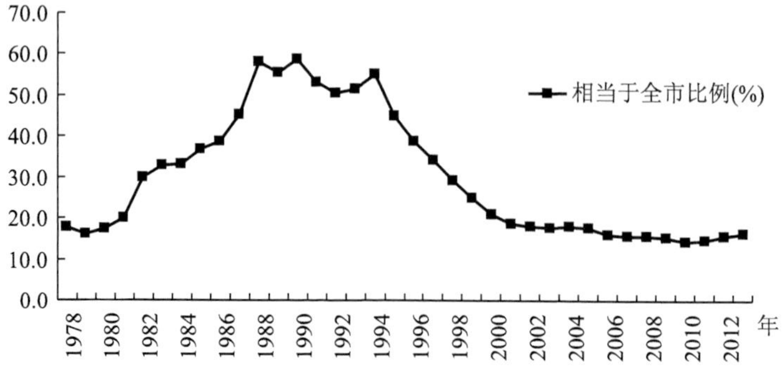

图 6　1978 年以来农业劳动生产率相当于全市平均水平的比例

动者素质、加快特色产业发展等。

1. 推动农业产业化

农业产业化是第二次世界大战后在发达国家兴起的一种农业纵向经营形式,它是依靠经济和法律将农业与其相关的工商服务等行业相联合而形成的一种农业经营形式,是被世界发达国家实践证明了的成功之路。欧美国家农业产业化的主要做法:一是建立完善的农村协会组织。二是集中统一销售农产品。三是生产、加工、销售一条龙。四是农民以法人身份进入市场。在欧盟,农民对外的经济来源或以农场,或以合作社及其所设的加工、流通企业的名义出面,具有规范的法人地位。这就大大提高了其信誉度,为农村经济快速、健康发展奠定了基础。

截至 2014 年上半年,全市工商登记注册的合作社 6000 多个,其中 3/4 以上是 2007 年以来新增的。从目前看,北京农业专业合作社存在的主要问题一是单体规模较小,总体经济实力较弱。6000 多个合作社中 8 成以上成员数不足 50 人,平均每个合作社成员仅为 20 余人。二是产业链较短,服务和带动能力还不强。截至 2014 年上半年,81.6%的合作社业务范围为种植业和养殖业,而采购、加工、销售、运输、提供技术服务等产业配套环节不足 5%,现有合作社除少量具备加工和销售能力外,多数合作社服务层次低,总体带动和服务能力还不强。今后北京应加大扶持力度,特别是人才和资金方面的扶持力度,进一步推动农民专业合作社产业化发展,支持和鼓励农民专业合作社参与政府投资的各类项目建设,重点帮助农民专业合作社兴办加工储运企业或参股龙头企业,延长产业链条,让社员分享加工、销售环节的增值收益,使其真正成为带动农民增收的有力途径。此外,继续加强农村土地管理,加快推进农村土地流转[①],是促进土地适度规模经营和现代农业建设的重要制度保障。

2. 提高农村居民劳动者素质

农村居民收入与受教育程度呈正向关系,受教育程度越高,收入也越高。美国农民平均受教育年限为10～11年;荷兰农民大部分是高级中等专业农校毕业水平,而且每年还有将近20%的从业农民进入各类职业教育学校,接受专业性的继续教育;德国的农业劳动力中有54%受过至少3年的职业培训。从北京情况看,2010年乡村就业人口中,初中及以下学历占71.7%,远高于城市就业人口这一比重(31.8%),其中从事农业的就业人口这一比重高达86%,农业就业人员素质有待提高。

全方位的教育供给系统是提高农业就业人员素质的主要途径。以日本为例,日本的农民教育供给主体是多元化的,包括各级农业科技培训中心、高中等农业院校、各级农民协会、各级农业技术推广服务体系等。例如日本的农业科技机构承担了对农民进行技术培训的职能,日本农协通过正规教育和社会教育并举的办法,采用灵活多样的方式培养农业科技人才。地方政府农业部门与农业院校、农业试验场合作,以农民喜闻乐见、简明易懂的形式开展推广教育。日本这种由政府、科研机构等各种力量组成的全方位教育供给系统,对农民进行了不同层次、不同侧重点的教育,提高了农民的科技素质和文化素质。

近年来北京在促进农民就业、完善就业援助制度等方面取得了显著成效,但在对农民职业培训的针对性和实用性上还有待加强。调查表明,北京农民对农业实用技术培训、农业专业知识、计算机及网络知识、市场营销知识和农业法规知识[②]的培训需求较大。因此,应根据北京农民的实际情况和多样需求,对农民职业培训既要有基础型培训,又要注重技能型培训和专业型培训,采取农民能看得见、摸得着、能交流的培训方式,注重培训效果和实用性。

3. 大力发展都市型现代农业

都市型现代农业无疑是今后适宜北京发展的环境友好型产业。近年来,北京都市型现代农业拉动了农民增收,增强了城乡互动,促进了城乡融合。但受城市建设占地等因素影响,设施农业、观光园和种业发展受到制

---

① 目前北京农地流转面积占确权总面积的50%左右。

② 见2009年张峭、王克《北京市农业培训的需求分析》一文。

约，生产规模不断收缩。此外，民俗旅游也出现了从业人员经营管理水平偏低，同质化发展突出，效益长期维持在较低水平等问题。

表 3　2005 年以来北京都市型现代农业实现收入情况

年　份	农业观光园	民俗旅游	种　业	设施农业
2005	7.9	3.1	5.9	18.6
2006	10.5	3.7	7.7	21.1
2007	13.1	5.0	9.9	28.1
2008	13.6	5.3	10.9	28.2
2009	15.2	6.1	12.8	33.9
2010	17.8	7.3	14.6	40.7
2011	21.7	8.7	18.1	45.6
2012	26.9	9.1	16.1	52.0
2013	27.4	10.2	14.0	57.3

从北京看，在资源有限、空间有限的条件下，北京都市型现代农业发展重在"提质增效"。一是创新经营模式，加快农业园区化、生产标准化、经营产业化步伐，鼓励支持示范、体验、会展、开心农场等都市农业新型业态。二是创新营销方式，拓展市场空间，通过开拓优质品牌农产品专卖市场、开办网上商城等营销模式拓宽农产品销售渠道。三是在注重都市型现代农业经济功能的同时，还要更加重视生态和社会功能。通过能源再利用和废弃物再循环等手段，合理利用农业自然资源和保护良好的生态环境，增强都市型现代农业发展后劲。

（二）促进农村居民非农收入的增加

非农产业的发展被认为是提高农民收入的重要途径，绝大多数农民最终都能在非农产业中获得稳定就业（林毅夫 2002，钟甫宁 2007，樊纲 2003）。提高农村居民非农收入的主要途径就是促使农村劳动力向二、三产业转移。农村劳动力向非农产业转移，一方面可以实现农业规模经营，提高农业劳动生产率以及从事农业人员的收入。另一方面，落后地区大量过剩劳动力得到充分利用，可以提高落后地区农村居民整体收入水平，缩小地区收入差距。

不同国家和地区在不同时期选择了不同的劳动力转移模式，成功的经验值得我们借鉴。以日本为例,日本地少人多、资源缺乏,但农业在较短的时间内实现了现代化,多项农业指标居世界第一,农民生活水平不断提高,特别是1975年以后日本农户的平均收入一直高于城市。数据显示,非农收入增长是日本农民收入快速提高的主要原因,1960～2000年,日本农村居民家庭户收入增长了13.8倍,其中农业收入增长3.8倍,非农收入增长25.9倍。日本政府在农村劳动力转移过程中进行了有效干预,如1961年,政府制定了《农业基本法》和《农业现代化资金筹措法》。规定在10年内要将农村中农户总数的60%转移到非农领域,同时由国家贴息向农户提供长期贷款,促使农业现代化,改变原有农业结构。这一措施收到了明显效果,农业人口占全国总人口的比重由1960年的37.1%下降到1970年的25.6%。此后,日本政府又利用"农协"组织,引导农业生产形式向"龙头企业+基地"、"农协(市场)+基地"转变,使农业逐步融入工业循环的大体系中。走出了一条跳跃式转移(即劳动力一开始就较多的流向第三产业部门)和农村非农化转移相结合的道路。在日本的农村劳动力转移过程中,教育培训为劳动力的顺利转移提供了人力资本保障。对离农再就业的农民进行免费的职业培训和发放转移过程中的生活补贴。

虽然近年来北京农民从第一产业获得的收入比重逐年下降,但收入的增长并非主要来自于非农收入的增加,而是较多地依靠转移性收入和财产性收入的快速增长,增收的可持续性较差。2013年非农收入[①]比重为68.7%,比重不仅低于日本2000年的82.1%,也低于自身2001年6.7个百分点。我们根据2003年以来工资性收入的基尼系数测算表明,农村居民的工资性收入对缩小收入差距发挥了积极作用。因此,北京应在提高农业劳动生产率和提升劳动者素质的基础上,大力推进农村剩余劳动力向二、三产业转移,包括开发更多的公益性就业岗位、建立健全城乡一体化的就业服务体系、积极搭建"技能培训+就业平台"、建立帮扶就业困难家庭制度、大力发展小城镇建设等。

(三)加大城市反哺农村的力度

欧美日等发达国家十分重视对农业的直接补贴。如美国除了在农业、科研、教育发展等方面进行大量投资外,在农产品加工、销售、国际贸易以及

---

① 非农收入等于工资性收入与非农家庭经营收入之和。

生产条件方面也给予了大量的补贴支持，以提高农民的收入，平衡市场供求，稳定价格，保持环境以及农业持续发展。目前，美国对农业的资助政策主要有直接补贴、投入物补贴、市场价格支持、营销支持、长期性补贴以及税收补贴六大类。在日本，政府对农产品实行价格补贴政策，70%以上农产品的价格受政府价格改革支持。此外，农业生产者的税收比非农生产者要低得多，大体上只有非农税率的一半。2002 年，日本在农业政策中第一次制定了《针对山区、半山区等的直接支持制度》，对农户进行直接补贴，支持农业发展，提高农民收入。而欧盟对农民直接补贴的主体是"蓝箱"政策补贴，其特点是按固定的面积和产量进行补贴，主要分为按种植面积补贴、按休耕补贴、环境保护补贴等三种方式。

近年来北京在财政支出中用于农业支出的比重总体呈上升趋势。2006 年以来，用于农业的财政支出基本维持在 6%上下，2013 年上升到 7.1%，2007～2013 年年均增长 18.9%。但从全社会固定资产投资看，农村投资比重近年来一直低位徘徊，2013 年为 9.7%。今后除对农业给予更多的补贴扶持外，还应建立全方位的资金保障体系。如大力推进金融创新，建立健全公共财政支持下的金融服务机制，对农业大户、龙头企业、农民专业合作社给予信贷支持等。

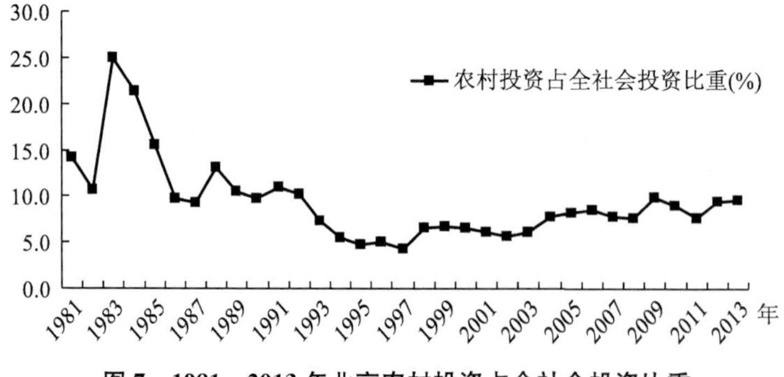

图 7　1981～2013 年北京农村投资占全社会投资比重

(四)保障农民各项财产权权益

与西方国家的土地私有制不同，我国现行的《中华人民共和国土地管理法》规定："城市市区的土地属于国家所有。农村和城市郊区的土地，除由法律规定属于国家所有的以外，属于农民集体所有；宅基地和自留地、自留山，属于农民集体所有。"推动城乡一体化建设、推进户籍制度改革的首要前提是保障农村居民土地、宅基地等财产的合法合理权益。目前,由于农村居民土地、宅基地等财产产权仍不明晰,合法权益未得到充分体现,农村居民转向城镇居民的意愿不强。2014 年 3 月,北京市统计局、国家统计局北京调查总队对京郊 13 个区县的从业情况和落户城镇意愿进行了抽样调查,结果显示,84.5%的被调查者表示不愿在城镇落户,从主要原因看,选择“满足于当前在农村地区的生活和工作状态”的占 42.2%;“担心失去宅基地、承包地等土地财产权”的占 26.5%。

目前农地的转让程序基本是政府根据发展需要,依法征用集体的土地,将土地性质转化为国有形式后出让。支付给农民的补贴标准由政府制定。这一过程并没有把土地收益的成倍增长和农民收入挂钩。同时,我国现行的土地承包经营制度要求承包人不得随意采取转包、抵押、出租、入股、互换等形式调整土地,从而导致土地流转受到了限制。农村土地流转制度不健全严重制约了土地规模经营和集约化经营。

促进农民增收,核心之一就是推动土地要素的市场化改革,并建立城乡统一的土地产权制度。充分发挥土地保值增值的基础性作用,赋予农民物权性质的土地产权,实现农地产权的商品化和货币化,从而促进土地流转。在土地产权基础上,再结合不同地区实际,大力发展推广土地股份合作制。同时,还要提高农民在土地交易过程中的谈判地位和发言权。

完 成 单 位:北京市统计局　国家统计局北京调查总队
课题组成员:庞江倩　仲长远　杜明翠　李晓敏
执　笔　人:李晓敏

第十八章　农民收入增长问题研究(十一)：以江西为例

摘要:近年来,粮食生产和农民增收一直是各级党政领导十分重视的战略性问题。江西是农业大省,农业人口有3306.9万人,粮食生产的主体仍然是农民。为确保粮食生产,需要保护和稳定农民种粮积极性,但粮食产业的弱质性与江西粮食生产分散经营的现状,使促进粮食生产与农民增收两个目标同时实现,面临诸多困难。本文通过对改革开放以来江西粮食生产和农民增收不同阶段历史关系回顾,运用协整检验分析二者之间的长期均衡关系,从粮食生产效率、农村生产要素、粮食政策等方面,分析这些因素对粮食生产与农民收入"双目标"协同的影响,并提出政策建议。本文的研究结论认为,应从提高粮食生产效率、引导农村生产要素顺畅流动、完善粮食政策体系及消除城镇化发展的制度障碍,为粮食生产与农民收入增长协同创造良好宏观环境等四个方面,促进江西粮食安全与农民增收协同发展。

一、江西粮食生产与农民增收的关系:一个历史回顾

改革开放前30年,尽管江西粮食生产水平不断发展,但与改革开放后的30多年相比,发展不快、质量不优的问题较为显著。改革开放后,江西粮食综合生产能力不断提升,粮食总产量先后跨越了300亿斤、400亿斤大关。2013年江西粮食总产达423亿斤,是1978年粮食总产的1.78倍。粮食增产也曾一度成为农民增收的主要动力,但纵观改革开放以来江西粮食生产发展的历史,其对农民增收的影响呈现出显著的阶段性特征。

(一)粮食生产与农民增收高度一致期(1979～1984年)

随着家庭联产承包责任制等一系列农村改革措施的推行,江西农业农村发展活力显著增强,农业生产积极性和粮食生产潜力得到释放。江西粮

食亩产由 1978 年的 196.5 公斤,提高到 1984 年的 278.0 公斤;总产由 225.2 亿斤增加到 309.8 亿斤,增长 38%,年均增长 6.3%。与此同时,农民人均纯收入也实现了快速增长,从 1978 年的 140.7 元增加到 1984 年的 334.1 元,扣除物价因素后实际年均增长 15.3%。伴随着粮食增产和国家提高粮食收购价格,这一时期的粮食增产与农民增收相互促进,以粮食生产为主的家庭经营收入成为江西农民增收的主要来源。1978～1984 年,家庭经营收入占江西农民收入的比重也由 25.2%增加到 86.5%。

(二)粮食生产与农民增收一致性减弱期(1985～1999 年)

受政策体制、价格调控和农业投入等多方面因素影响,这一时期的江西粮食生产在波动与徘徊中发展,农民粮食生产积极性受到挫伤,粮食生产滑坡与"卖粮难"现象交替出现,粮食价格出现了较大波动,"增产不增收"现象出现,农民粮食生产的预期不稳,农业种植结构不断调整,加上乡镇企业与农村第三产业的发展,农民非农就业途径增多,粮食生产对农民收入的影响开始减弱。1985～1999 年,尽管江西粮食总产量由 306.7 亿斤增加到 346.5 亿斤;但期间也经历 1985 年减产,1986～1988 年徘徊,1989～1990 年生产迅速恢复,1991～1994 年再次徘徊,1995～1999 年粮食生产快速增产等几个阶段。

从农民收入情况看,1985～1998 年江西农民收入在波动中增长,农民人均纯收入从 377.3 元增加到 2048 元,年均增长 13.9%,但江西农民收入也先后经历了 1985～1988 年缓速增长期、1989～1991 年增长徘徊期、1992～1996 年恢复增长期与 1997～1998 年增长停滞期,且不同时期粮食生产对农民增收的影响既有正向的也有负向的,导致这一时期粮食生产与农民增收的一致性减弱。从不同阶段看,农民收入增长与粮食产量变动之间相关性逐步减弱,相关系数逐步下降,从 1985～1990 年的 0.858 下降到 1991～1999 的 0.634。粮食增产与农民增收之间的相关性减弱,反映出粮食增产对农业增收局限性以及对农民增收的贡献率下降。从农民收入构成来看,家庭经营收入占比重明显下降,从 87.2%下降到 70.1%。

(三)粮食生产与农民增收背离期(1999～2003 年)

受粮食供求关系变化、农业结构调整、粮食价格波动等因素影响,农民粮食生产积极性下滑,粮食播种面积下降,江西粮食生产连续出现负增长,从 1999 年 346.5 亿斤下降到 2003 年 290.1 亿斤，回到了 1983 年的水平。在粮食生产滑坡的同时，家庭经营收入占江西农民收入的比重持续下降，尽管农民收入增速下滑，但仍保持了增长，粮食产量与农民收入“一减一增”，导致两者关系呈负相关。农民人均纯收入从 1999 年的 2129.5 元增加到 2003 年的 2457.5 元，年均增长率为 3.6%。

(四)粮食生产对农民增收贡献下滑期(2004～2013 年)

随着农业基础地位的重提和加强，各项促进粮食生产的惠农政策陆续实施，农民粮食生产积极性被重新调动起来，江西粮食综合生产能力不断恢复提高，粮食总产实现“九连丰”。2013 年江西粮食总产达到 423 亿斤，九年年均增长 1.8%。

在粮食生产稳定增长的同时，江西农民收入持续快速增长，九年间农民收入增幅基本在 10%以上。这一变化带来了农民收入结构的持续变化，农民收入的来源更加多样；尽管家庭经营收入仍是江西农民收入的重要来源，但重要性不断下降，工资性收入成为农民收入增长最快的来源，转移性收入与财产性收入增幅业较大。2004～2013 年，江西农民人均家庭经营纯收入从 1707.6 元增加到 3684 元，年均增长率为 8.9%，但占农民人均纯收入比重由 57.8%降到 42.0%；人均工资性收入由 1141.7 元增加到 4422.0 元，年均增长率 18%，占农民人均纯收入比重由 38.7%上升到 50.4%。与从事非农产业相比，粮食生产比较效益低，依靠粮食生产促进农民增收的潜力不大，种粮收入出现“天花板”现象，尽管粮食“三项补贴”持续提高，但粮食生产对农民增收贡献率下降已是不争的事实。

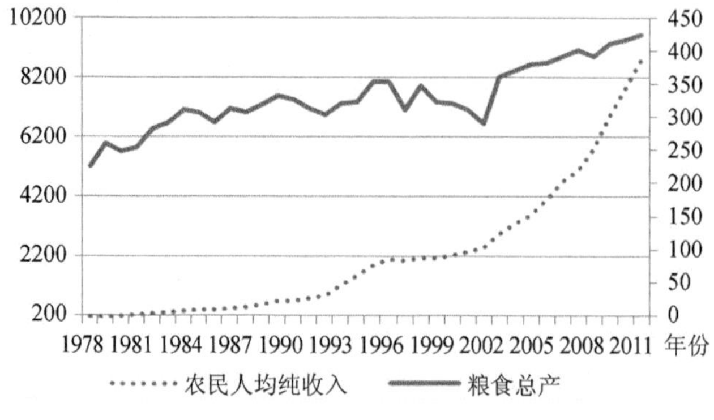

图 1　1978～2013 年江西省农民收入和粮食产量图

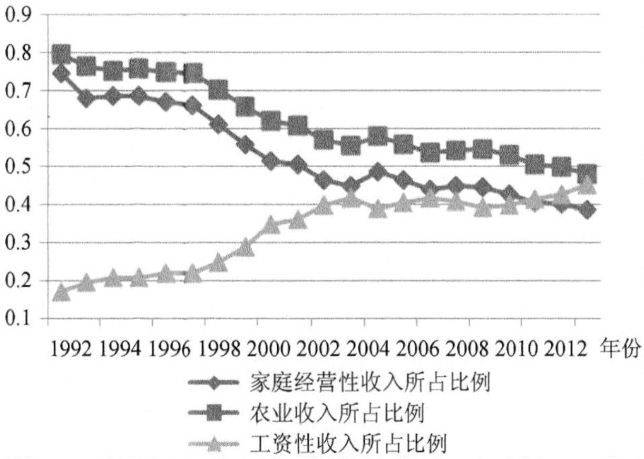

图 2　1992～2012 年江西省农民收入结构变化图

表 1　江西省粮食生产"三项"补贴情况

单位:元/亩

年份	粮食直补	水稻良种补贴	农资综合补贴
2004	10.0	早 10 中 15 晚 7	
2005	10.0	早 10 中 15 晚 7	
2006	11.8	早 10 中 15 晚 7	9.2
2007	11.8	早 10 中 15 晚 7	19.2
2008	11.8	早 10、中、晚各 15	46.2
2009	11.8	早 10、中、晚各 15	46.2
2010	11.8	早 10、中、晚各 15	46.2
2011	11.8	早、中、晚各 15	53.2
2012	11.8	早、中、晚各 15	67.2
2013	11.8	早、中、晚各 15	67.2

从江西粮食产量与农民收入变动的历史过程可以看出,尽管江西粮食生产的基础仍较为薄弱,但是只要粮食生产经营体制与粮食政策能为农民生产提供有效的激励,粮食产量就能够持续增长。但随着农民收入来源渠道的变化,工资性收入对农民增收的影响程度增强,农业经营收入特别是粮食生产收入对农民增收的贡献越来越小。

二、粮食产量与江西农民收入的协整关系检验

为揭示粮食生产与农民收入的内在逻辑关系，本文对粮食产量和农民增收两个时间序列进行协整检验，分析粮食产量与农民收入之间是否存在长期的均衡关系。如果粮食产量与农民收入之间存在着协整关系，说明二者之间存在着长期因果关系，就意味着粮食产量增长，农民收入能够实现持续性的增长。相反，如果粮食产量与农民收入之间不存在协整关系，说明二者之间不存在长期的因果关系，粮食产量的增长，可能促进也可能不促进农民收入的持续增长。

(一)模型与数据选取

协整关系表明两个或者多个线性增长量的稳定的动态均衡关系，反映出两个或多个线性增长的经济变量互相影响及自身演化的动态均衡关系。如果两个或多个非平稳的时间序列的线性组合是平稳的，则这种组合可以反映出变量之间存在着长期稳定的比例关系，称为协整关系。

如果时间序列 Y_{1t}，Y_{2t}，$\cdots Y_{nt}$ 都是 d 阶单整，即 $Y_{nt}\sim I(d)$，存在一个非零向量 $a=(a_1,a_2,\cdots a_n)$ 使得 $a'Y_t\sim I(d-b)$，则称序列 Y_{1t}，Y_{2t}，$\cdots Y_{nt}$ 是(d,b)阶协整，记为 $Y_t\sim CI(d,b)$。其中，$0\leqslant b\leqslant d$，a 为协整向量，$Y_t=(Y_{1t},Y_{2t},\cdots Y_{nt})$。

检验两个变量间的协整关系的常用方法，有 EG 两步法与 JJ 的多变量极大似然法。本文利用 EG 两步法对两个变量的协整关系进行检验。

第一步，检验 Y_t、X_t 时间序列的平稳性。对每个变量的平稳性进行 ADF 单位根检验，得出每个变量均为 I(d)，而后建立协整回归方程：

$Y_t=\alpha+\beta X_t+\mu_t$，用 OLS 法对回归方程进行估计，得到残差序列：$e_t=Y_t-(\alpha+\beta X_t)$。

第二步，检验 e_t 的平稳性，对 e_t 进行 ADF 检验，若 e_t 是平稳的，则 X_t 与 Y_t 是协整的，反之，则不是协整的。因为若 X_t 与 Y_t 不是协整的，则他们的任一线性组合都是非平稳的，因此残差序列 e_t 将是非平稳的。

选取 1978～2013 年农民人均纯收入、农民人均家庭经营收入与粮食产量的统计数据(见表 2)。

表 2　1978～2013 年江西农民人均纯收入、人均家庭经营收入与粮食产量

年份	粮食总产量	农民人均纯收入	家庭经营性收入	时间	粮食总产量	农民人均纯收入	家庭经营性收入
1978	225	140.7	35.4	1996	353	1869.63	1395.7
1979	259	156.5	44.5	1997	354	2107.28	1570.4
1980	248	181.24	62.42	1998	311	2048	1436.08
1981	254	226.87	94.59	1999	347	2129.45	1396.65
1982	282	269.71	120.84	2000	323	2135.3	1319.94
1983	292	301.76	260.56	2001	320	2231.6	1353.2
1984	310	334.11	289.12	2002	310	2334.2	1328.87
1985	307	377.31	328.95	2003	290	2457.53	1357.37
1986	291	395.63	342.22	2004	361	2952.56	1707.59
1987	313	429.29	382.96	2005	371	3265.53	1821.7
1988	307	488.16	436.08	2006	379	3584.72	1922.24
1989	318	558.64	501.26	2007	381	4097.82	2216.32
1990	332	669.9	606.85	2008	392	4697.19	2552.59
1991	325	702.53	634.53	2009	401	5075.01	2685.31
1992	313	768.41	694.43	2010	391	5789	2919.42
1993	303	869.81	662.65	2011	411	6891.63	3421.4
1994	321	1218.19	915.94	2012	415	7828	3743
1995	321	1537.36	1161.46	2013	423	8781.47	3684

(二)协整分析模型构建

首先,对 1978～2013 年粮食产量、农民人均纯收入、家庭经营收入变量的单位根进行 ADF 检验。然后,运用两步法检验粮食产量与农民人均纯收入(NS)、粮食产量(CL)与农民人均家庭经营收入(JY)变量间协整关系,验证变量是否存在长期均衡关系,以观察粮食产量增长对农民增收影响程度。利用 Eviews 软件,根据 AIC 准则确定最佳滞后阶数,对时间序列的水平值、一阶差分、二阶差分的单位根进行 ADF 检验,结果见表 3。

表 3　江西省粮食产量与农民收入变量的 ADF 检验结果

变量	检验类型	ADF 检验	临界值(1%)	临界值(5%)	临界值(10%)	检验结果
JY	(CT1)	−1.41803	−4.252879	−3.54849	−3.207094	非平稳
NS	(0,0,1)	3.366489	−2.634731	−1.951	−1.610907	非平稳
cl	(C,T,0)	−3.15713	−4.243644	−3.544284	−3.204699	非平稳
△JY	(C,T,0)	−3.7715	−4.252879	−3.54849	−3.207094	在 1%下非稳
△NS	(C,T,0)	−2.06655	−4.252879	−3.54849	−3.207094	非平稳
△CL	(0,0,0)	−7.24869	−2.634731	−1.951	−1.610907	平稳
$\triangle^2$JY	(C,T,1)	−5.74341	−4.273277	−3.557759	−3.212361	平稳
$\triangle^2$NS	(C,T,0)	−6.14473	−4.273277	−3.557759	−3.212361	平稳
$\triangle^2$CL	(C,T,3)	−5.9614	−4.296729	−3.568379	−3.218382	平稳

模型检验结果表明，二阶差分的两个序列即农民人均家庭经营收入和农民人均纯收入 ADF 的检验统计量均小于显著性水平下的临界值，可以认为这两个时间序列经过二阶差分后都不存在单位根，是平稳序列。

以农民人均纯收入为被解释变量，粮食产量为解释变量，建立协整回归模型：$NS_t = \alpha + \beta CL_t + \varepsilon_t$，利用 OLS 法估计协整回归方程，

$$NS_t = -11288 + 41CL_t + \varepsilon_t$$
$$t = (-8.6)(10.4)$$
$$R^2 = 0.76, \overline{R^2} = 0.75, F = 108.3, DW = 0.5$$

得到残差序列 ε_t，检验其平稳性，发现 ε_t 单位根的 ADF 的统计值为−2.586506，大于显著性 10%水平下的临界值，可以认为残差 ε_t 为非平稳序列。表明农民人均纯收入和粮食产量不存在协整关系。

以农民家庭经营收入为被解释变量，粮食产量为解释变量，建立协整回归模型：$JY_t = \alpha + \beta CL_t + \varepsilon_t$，利用 OLS 法估计协整回归方程，

$$JY_t = -5298 + 19.9CL_t + \varepsilon_t$$
$$t = (-10.5)(13.1)$$
$$R^2 = 0.83, \overline{R^2} = 0.83, F = 171.9, DW = 0.7$$

得到残差序列 ε_t，检验其平稳性，发现 ε_t 单位根的 ADF 的统计值为−3.75，大于显著性 10%水平下的临界值，可以认为残差 ε_t 为非平稳序列。表明农民家庭经营收入和粮食产量不存在协整关系。模型结果显示，粮食生产与农民增收并不存在显著因果关系。这一结论与改革开放以来，江西

粮食产量与农民收入之间或同步或背离的关系是吻合的。

三、影响粮食生产与农民增收目标协同的不利因素

客观来说,当前农民收入结构已经出现了根本性转变,农民收入的主要源泉已经从农业转向非农业,单纯依靠粮食生产已无法实现农民增收的目标。从农户角度看,粮食生产仍是农民收入的来源之一,稳定粮食生产仍是农民增收的一个基础支撑;从政府角度来看,粮食生产与农民增收也不是一对矛盾的政策目标,确保粮食安全与促进农民增收对区域发展均具有战略意义。但粮食生产决策是由分散的农户作出的,其生产选择行为与宏观目标并不完全一致。因此,从宏观政策来看,推动粮食增产与农民增收“双目标”的协同,仍是十分必要的,但推进“双目标”的协同,仍面临诸多影响因素。

(一)粮食生产比较效益偏低,生产效率不高

目前,江西粮食生产的基础仍较为薄弱。受土地投入边际报酬递减和土壤肥力下降的影响,单位面积土地的粮食产出率达到较高水平后,持续增产的难度越来越大。

一是土地资源总量和质量约束加剧。从耕地资源总量看,江西人均耕地资源和后备耕地资源不足,近年来还在不断减少。从耕地质量看,中低产田比例偏高,农业生态环境较为脆弱,耕地不同程度受到水土流失危害。同时,对土地资源的掠夺式利用,滥施化肥农药,有机肥大幅减少引起土壤肥力下降,抗灾能力减弱,受灾面积增加,也直接影响到粮食单产的提高。

二是劳动力素质结构制约粮食生产效率。粮农对科技的接受和使用情况,对提高粮食生产劳动效率至关重要。农民整体素质偏低,文化素质、科技素质和职业技能水平相对较低。目前,江西省农村劳动力中,高中文化程度以下人数占近90%。农民接受新科技和新管理方法的能力或意愿不强。大多数农民凭着祖辈流传下来的栽培、播种、施肥等技术进行生产,受过职业训练的很少。据于都县调查队调查,当前该县农业技术推广人员与农业人口之比约为1∶1000,而发达国家的农业推广人员与农业人口之比为1∶100。

三是土地经营效益偏低。从粮食产业竞争力角度来看,粮食生产亟需

转向市场化、专业化、规模化经营。但家庭式农业生产造成的规模偏小、细碎化经营，难以适应这个客观要求。与土地流转基础上组建的适度规模经营的家庭农场、农民专业合作社相比，小农户家庭生产经营效率不高，农民无法获得更高的劳动效率与潜在利益。总体来看，以分散经营为主要特征的江西粮食生产的比较效益偏低。

（二）要素市场体系不健全，配置效率偏低

粮食增产与农民增收的同步是基于新技术利用和资源要素的合理组合而形成的经济效率的改善。农村生产要素市场的不健全，农村缺乏一个富有弹性的耕地流转市场、资金市场、技术和劳动力市场。

一是土地流转的交易成本偏高。耕地资源是粮食生产中最缺乏弹性的要素，在城镇化进程加快过程中，城市建设和农业生产对耕地需求压力很大，地租呈现上升趋势，增加了粮食生产成本。利用土地流转可以增加土地供给弹性，但是土地使用权的流转对象、程序、范围、用途、价格、政府监管和支持政策不明确，急于扩大生产经营规模的农民只能自发地零星地进行土地流转。

二是农村劳动力成本上涨较快。劳动力加速转移，使得农村劳动力剩余数量明显减少。2013 年，江西省外出从业农村劳动力达 789.5 万人，比上年增加 33.2 万人，增长 4.4%。农村劳动力转移不仅带动了农村劳动力就业结构变化，更深刻影响着农业生产经营方式，大量素质较高的农村劳动力由从事农业生产向城镇二、三产业转移，不仅会影响农业生产的产出水平，增加粮食供给的压力，还使大量转移后的农村劳动力转变粮食消费者，增加粮食供给压力。农村劳动力大范围转移，还会因为农民工工资上涨而提高农业劳动力用工价格，增加粮食成本。据了解，现在雇佣一个劳动力要支付不少于 100 元/天的工资。

三是农村生产要素流失严重。城乡要素市场分割，耕地、劳动力与资金价格的不一致，使农村生产要素不断流向城市，农村这些要素处于弱势地位，影响农业生产资源要素的配置效率和农业生产经营方式的转变。

（三）城乡二元体制影响深远，阻碍农村转型发展

城乡有别的户籍管理、公共服务和社会管理等依然阻碍农民进入城市，已经进城的农民工难以获得同等的公民待遇。由于高昂的城市生产成本阻

碍了农民转为市民,阻碍了农民分工、分业的发展。受城市化发展滞后与土地流转市场发育程度低的影响,农村劳动力转移就业后仍兼营农业,农业专业化、规模化生产受到抑制。绝大部分农户家庭仍承担着从物质投入、播种、田间管理、收割、销售各环节的劳动,分工极其有限。耕地承包经营权流转市场发育程度低,专业农户的规模生产占全部农户的比重低,农民难以获得专业化与规模递增的收益。这是造成粮食生产与农民收入增长"双目标"难以协同发展的障碍之一。

四、推动江西粮食生产与农民增收协同发展的建议

(一)夯实农业生产基础,提升粮食生产效率

一是要改造中低产田。提高耕地资源的经济供给,科学合理利益土地,实现土地使用方式由粗放向集约转变。加大农田水利设施投入力度,完善排灌系统、增施有机肥、平整土地等改造提高土地单产水平。

二是培育新型农民。目前,农业劳动者女性化和老龄化倾向明显。要大力开展农村职业技术免费教育,开展多渠道生产技能培训,加强对农户和务农妇女的培训教育投入,鼓励农民学习和掌握新技术。

三是促进粮食生产技术创新与推广应用。目前,江西粮食单产水平仍不高。要重点支持水稻的高产技术研发,加快对灌溉技术和节水技术的研发,提高土地、水资源利用效率,开发出能够增强种子抗病虫害能力的技术。

四是完善粮食产业化经营的组织形式和运行机制。粮食产业化经营组织形式多样,有龙头企业+生产基地+农户、粮食企业+农民专业合作社+农户等,这些模式的重点在于发展龙头企业和培育农民专业合作社,对于信誉好、带动力强的企业,政府要给予优惠和信贷资金支持,建立加工和流通领域专业合作社,成为粮食产业化经营的最重要的组织形式。完善粮食产业化经营机制的关键,通过合同、产权联结、股份合作等方式,促进粮食收购、加工企业、龙头企业与农户之间成为利益共同体。

(二)加强农村市场体系建设,优化要素合理配置

一是促进农业劳动力流动。要拓宽劳动力就业转移空间,一方面促进农业产业化经营,在农业产业内部吸收一部分劳动力,大力发展现代农业服务业,发展生产性农业服务业、消费性农业服务业,提高二三产业吸纳农业

劳动力能力。另一方面增加农业劳动力就业培训，提高就业能力。通过正规教育和成人培训两种途径，加强农民职业教育。

二是完善土地产权制度，促进土地合理流转。目前土地产权在法律上界定比较模糊，产权主体不明晰。因此，应做好农村土地承包经营权登记工作，边确权，边稳步推进土地流转。

三是促进资金回流。健全农村金融组织体系，重点发挥农村信用社的支农主力军作用，强化基层农村信用社服务"三农"的能力。强化政策性金融机构支持农村发展的功能，扩大其支农范围。将农村基础设施建设、农业科技推广等纳入政策性金融机构服务范围。发挥新型农村金融机构的支农作用，放宽农村金融市场的准入条件，允许社会资本参与农村金融市场开发，允许有条件的农民专业合作社开展信用合作业务。

(三)健全农业支持保护政策，理顺粮食政策体系

一是理顺粮食价格。形成合理的粮食价格，必须完善粮食价格形成机制，重点是完善粮食市场体系和加强政府宏观调控。完善粮食市场体系可以从加强粮食批发市场建设，培育多元化粮食流通主体入手，重点建设粮食批发市场，加快现有粮食批发市场升级改造。强化粮食市场流通中的竞争机制，深化国有粮食企业改革，培育私营粮商等流通主体，促进多形式所有制粮食流通企业与国有粮食企业竞争。完善由粮食供求关系形成粮食价格的机制，使粮价真实反映粮食稀缺程度，政府调控粮食市场应考虑农民利益，要根据粮食供求关系变化合理确定最低收购价格水平。

二是加大财政支持力度。加大对农业基础设施的投入力度，加强对农村基础设施建设与社会事业发展的财政投入力度。

三是完善粮食补贴政策。在不少基层干部看来，扶持政策可选择的政策种类很多，施展空间较大，要畅通惠农政策"最后一公里"，一方面使目前在基层实施效果较差、引发矛盾较多的政策逐步退出，或缩小扶持规模；另一方面加大针对性强、落地效果好的政策举措的实施力度，最终形成政策互相"补台"的局面。以对种粮大户的扶持为例，可通过大宗粮食政策性保险补贴、土地流转补贴等方式直接帮扶。

(四)破除城乡二元体制机制，加快推进城镇化进程

城镇化是减少农业劳动力和农民的关键，只有从根本上减少农业劳动

力和农民,才能为粮食生产与农民增收协同创造良好的宏观环境。目前江西已进入城镇化快速发展阶段,2000～2013 年,江西城镇化率年均增长 4.4%,2013 年达 48.9%。

一是消除阻碍劳动力在城乡间流动的障碍。促进劳动力在城乡之间自由转移,统筹城乡劳动力就业,破除长期以来的城乡二元就业制度,加快建立城乡统一的人才资源市场,取消针对农民工进城就业的各种准入限制。要加大对农民工就业服务,确保劳动力市场健康发展,组织劳务输出,促进城乡平等竞争、规范有序的劳动力市场。

二是积极稳妥地推进户籍制度改革,消除农民进城的身份障碍。建立以居住地登记户口为基本形式,以合法固定住所和稳定职业为户口准入条件的城乡统一的户籍登记管理制度,取消依附在户籍上的教育、医疗、住房等方面的福利待遇差异。现状有很多地方进行了以统一呈现户口登记的改革,建议应逐步放开大城市农民落户政策。

三是努力解决农民工子女教育、就业等公共服务问题。据了解,江西省农村留守儿童占全省儿童的近 20%,而进城农民工子女只能进入农民工子弟学校接受教育,其义务教育经费没有列入财政预算。据调查显示,农民工缴纳养老保险、工伤保险、医疗保险、失业保险的比率非常低。要将农民工的居住、教育、医疗等公共服务,纳入城镇总体规划,列入各级政府年度财政预算,将农民工子女纳入当地教育发展规划,加大对农民工主要流入地的教育投入,解决农民工子女教育问题。逐步实行城乡统一的社会保障政策,使进城务工人员能享有同等的社会保险权益。健全农民工医疗保险制度,鼓励常年在外稳定就业的农民工参加城镇基本医疗保险。

完 成 单 位:国家统计局江西调查总队
课题组组长:邓祖龙
课题组成员:邓祖龙　吴兴华　周丽琴
执　笔　人:周丽琴

第十九章　农民收入增长问题研究(十二)：以甘肃为例

摘要：农民收入的持续增长是国民经济协调发展的必然要求，是社会主义新农村建设的出发点和最终落脚点，是实现甘肃与全国同步进入小康社会的根本途径，是实现中华民族伟大复兴的“中国梦”的重大课题。近些年，甘肃省委省政府出台了一系列强有力的政策来支持农村的发展，但要实现农民收入持续快速增长，仍然任重而道远。甘肃作为西部偏远省份，农民收入虽然有较大提高，但低于全国平均水平、远远低于东部发达省份，近年与西部省份差距也在拉大。本文紧扣当前社会热点，从甘肃实际出发，深入探讨农民增收问题。从数据分析可以看出，甘肃农民工资性收入有较大增长，家庭经营收入、转移性和财产性收入都有不同程度增长，但由于甘肃自然条件差、农村留守问题、老人农业问题等诸多问题给农民生产、生活带来一定影响。文章运用资料分析和实地调查相结合、规范分析和实证分析相结合等方法，对甘肃农民收入的现状及变化、成因进行了全面剖析，同时结合实际，思考促进甘肃农民增收的对策，提出了促进甘肃农民收入增长的措施建议。

农村、农业、农民问题是当今社会普遍关注的焦点问题，关系到我国经济发展、社会稳定，“三农”问题的核心是农民问题，而农民问题的核心在于农民收入。农民收入的持续增长是国民经济协调发展的必然要求，是社会主义新农村建设的出发点和落脚点，是实现甘肃与全国同步进入小康社会的根本途径，是保持社会稳定的物质基础，是巩固党的执政地位的可靠保证，是实现中华民族伟大复兴的“中国梦”的重大课题。近些年，甘肃省委省政府出台了一系列强有力的政策来支持农村的发展，农村经济得到长足发展，农村居民收入纵向看，变化较为显著。但要实现农民收入持续快速增长，缩小横向差距，仍然任重而道远。

一、甘肃农民收入的现状及变化

(一)收入总量增加

近年来,甘肃农民人均纯收入的总量持续增加。在过去的五年,甘肃农民的人均纯收入总量从 2008 年的 2723.8 元,增加到 2013 年的 5107.8 元,增加 2384.0 元,年均增长 13.4%。其中:工资性收入 20.5%,家庭经营收入 7.7%,财产性收入 46.8%,转移性收入 13.0%。

表 1　2008、2013 年甘肃农民人均纯收入及增长速度

单位:元、%

指　　标	2008 年	2013 年	年均增长(%)
农民人均纯收入	2723.8	5107.8	13.4
一、工资性收入	868.0	2203.4	20.5
二、家庭经营收入	1543.2	2231.0	7.7
三、财产性收入	19.5	132.9	46.8
四、转移性收入	293.1	540.5	13.0

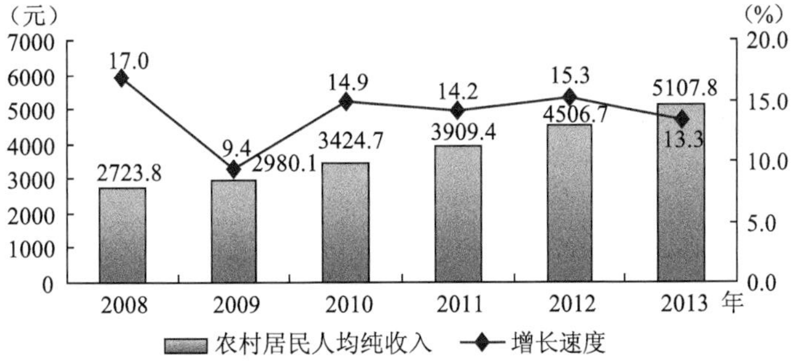

图 1　2008～2013 年甘肃省农村居民人均纯收入及增长速度

(二)收入来源多元化

2013 年,甘肃农民人均纯收入 5107.8 元,工资性收入 2203.4 元,占 43.1%,比 2008 年提高 11.2 个百分点;家庭经营收入 2231.0 元,占 43.7%,比 2008 年降低 12.9 个百分点;财产性收入 132.9 元,比 2008 年提高 1.9 个百分点;转移性收入 540.5 元,比 2008 年降低 0.2 个百分点。

表 2　2008、2013 年甘肃农民收入构成比较

指　　标	2008 年		2013 年	
	绝对值(元)	比重(%)	绝对值(元)	比重(%)
农民人均纯收入	2723.8	100.0	5107.8	100.0
一、工资性收入	868.0	31.9	2203.4	43.1
二、家庭经营收入	1543.2	56.6	2231.0	43.7
三、财产性收入	19.5	0.7	132.9	2.6
四、转移性收入	293.1	10.8	540.5	10.6

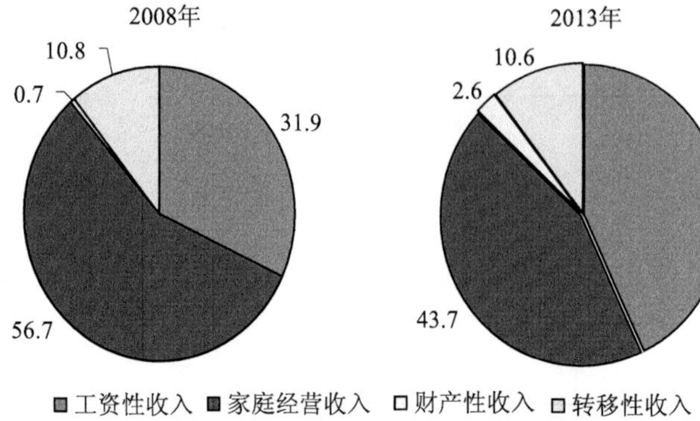

图 2　2008、2013 年甘肃农民收入构成

从农民收入增长情况来看，近年来，甘肃农村居民收入的增长主要由过去主要依靠家庭经营收入，转变为以家庭经营收入和工资性收入的稳定增长为支撑。五年来，工资性收入快速增加，其年均增速 20.5%，超过家庭经营收入 12.5 个百分点。

(三)收入结构变化大

1. 工资性收入贡献大。五年来，甘肃工资性收入呈现较快增长，已经成为农民增收的主要贡献因素，工资性收入不仅是农村居民收入的主要来源，更是收入增长的主要推动力。农村居民人均工资性收入由 2008 年的 868.0 元，增加到 2013 年的 2203.4 元，年均增长 20.5%，高于收入增速 7.1 个百分点，工资性收入对纯收入的增长贡献率已经达到 43.1%，比 2008 年提高 11.2 个百分点。

工资性收入增加的主要原因：**一是外出从业人数增加。**据调查，农村实行退耕还林还草、调整产业结构等政策，促使剩余劳动力增多，外出务工人数增加,从而“推动”了工资性收入的增长。**二是外出从业时间延长。**调查资料显示,2013 年所调查的整半劳动力人均外出从业时间达 8—9 个月,比上年延长了半个月。**三是无论临工还是短工都为有偿。**很多农民打桩盖房,过去邻里互相帮忙,现在都从无偿变为有偿。另外,市场经济的发展,短工也非常普遍,如陇西县文峰、首阳两镇的中药材市场,需要大量短工,挖药、洗药、捆药、切药、装药等季节性打工都很普遍。**四是打工渠道也在逐步增多。**制造业、建筑业、批发、零售贸易餐饮业成为农民外出打工的主要行业。**五是建设项目多。**近几年,甘肃大批房地产开发项目,引洮工程一期、石羊河流域重点治理等重大水利工程,雷家角到西峰、成县至武都等高速公路项目,以及国家和省上加大了兰渝、天平、西平和兰新铁路第二双线等重大铁路项目建设的投资力度,一大批在建项目、新建项目正顺利实施,这些项目为农民打工提供了机会。**六是工资标准提高。**政府连续多次提高最低工资标准,解决拖欠农民工工资问题,这些保护弱势群体利益的措施,一定程度拉动了工资增长。

2. 家庭经营性收入稳定增长。农村居民家庭经营收入由 2008 年的 1543.2 元,增加到 2013 年的 2231.0 元,年均增长 7.7%,低于收入增速 5.7 个百分点,家庭经营性收入对纯收入的增长贡献率 43.7%,比 2008 年降低 12.9 个百分点。

表 3　2008、2013 年甘肃农民家庭经营纯收入情况

单位:元、%

指　　标	2008 年	比重	2013 年	比重
家庭经营纯收入	1543.2	100.0	2231.0	100.0
一、第一产业纯收入	1321.8	85.7	1907.4	85.5
1、农业收入	1089.1	82.4	1523.8	79.9
2、林业收入	55.1	4.2	19.0	0.9
3、牧业收入	176.8	13.4	367.1	19.2
二、非农产业纯收入	221.4	14.3	323.6	14.5
1、第二产业纯收入	52.0	23.5	39.0	12.1
2、第三产业纯收入	169.4	76.5	284.6	87.9
①交通、运输、邮电业收入	74.7	44.1	106.2	37.3
②批发和零售贸易、餐饮业收入	57.9	34.2	127.2	44.7

在家庭经营收入中：第一产业收入 1907.4 元，所占比重 85.5%，比 2008 年降低 0.2 个百分点。其中：农业 1523.8 元，占 79.9%，比 2008 年降低 2.5 个百分点；林业 19.0 元，占 0.9%，比 2008 年降低 3.3 个百分点；牧业 367.1 元，占 19.2%，比 2008 年上升 5.8 个百分点。非农产业收入为 323.6 元，所占比重 14.5%，比 2008 年上升 0.2 个百分点。其中：第二产业收入 39.0 元，比 2008 年减少 13 元，第三产业收入为 284.6 元，较 2008 年增加 115.2 元。

3. 财产性收入快速增长。由于甘肃农民还比较穷，拥有的资金少、固定资产不多、土地流转才起步，这三方面收益有限。农民财产收入虽然由 2008 年的 19.5 元，增加到 2013 年的 132.9 元，年均增长高达 46.8%，高于收入增速 33.4 个百分点，但财产收入基数低对纯收入的增长贡献率仅为 2.6%，比 2008 年提高 1.9 个百分点。财产收入中，主要是转让土地承包经营权收入、租金(包括农业机械)收入和土地征用补偿，分别是 35.2 元、71.6 元和 76.6 元。

4. 转移性收入较快增长。五年来，随着支农扶农的政策不断出台，全省上下高度重视失地农民、低保户、五保户等弱势群体，将养老金、救济金、抚恤金标准陆续提高，带动了农村居民的转移性收入大幅度增长。甘肃农村居民人均转移性收入由 2008 年的 293.1 元，增加到 2013 年的 540.5 元，年均增长 13.0%，低于收入增速 0.4 个百分点，转移性收入对纯收入的增长贡献率 10.6%，比 2008 年降低 0.2 个百分点。

二、甘肃农民收入与全国及地区间差距分析

(一)与全国平均水平差距拉大

改革开放以来，甘肃农民收入虽有较大幅度增长，但人均绝对量多年来始终居全国后位。2013 年，全国农民人均纯收入 8895.9 元。工资性收入占 45.3%，家庭经营收入占 42.6%，财产性收入占 3.3%，转移性收入占 8.8%。

从绝对数看，甘肃比全国差 3788.1 元。其中：工资性收入差 1822.0 元，家庭经营收入差 1562.2 元，财产性收入差 160.1 元，转移性收入差 243.8 元。

表 4 2013 年甘肃与全国农民收入构成比较

单位:元

指 标	甘肃	全国	甘肃—全国
农民人均纯收入	5107.8	8895.9	−3788.1
一、工资性收入	2203.4	4025.4	−1822.0
二、家庭经营收入	2231.0	3793.2	−1562.2
三、财产性收入	132.9	293.0	−160.1
四、转移性收入	540.5	784.3	−243.8

表 5 2013 年甘肃与全国农民收入构成比较表

单位:元、%

指 标	甘肃		全国		甘肃—全国
	绝对值(元)	比重(%)	绝对值(元)	比重(%)	
农民人均纯收入	5107.8	100.0	8895.9	100.0	———
一、工资性收入	2203.4	43.1	4025.4	45.3	−2.2
二、家庭经营收入	2231.0	43.7	3793.2	42.6	1.1
三、财产性收入	132.9	2.6	293.0	3.3	−0.7
四、转移性收入	540.5	10.6	784.3	8.8	1.8

从相对数看,甘肃比全国工资性收入低 2.2 个百分点,家庭经营收入高 1.1 个百分点,财产性收入低 0.7 个百分点,转移性收入高 1.8 个百分点。

(二)与东部发达地区差距拉大

2013 年,甘肃农民人均纯收入 5107.8 元,较上年增长 13.3%。与绝对值位次第一的上海相差 14487 元,与位次第二的北京相差 13229 元,与位次

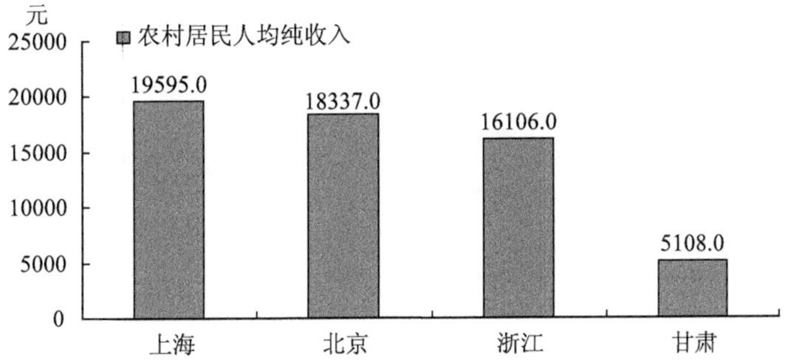

图 3 2013 年甘肃农民人均纯收入与东部地区比较

第三的浙江相差 10998 元，排名倒数第一。

（三）与西部省份差距也在拉大

2013 年，甘肃农民人均纯收入与内蒙古相差 3488 元，与重庆相差 3224 元，与贵州相差 326 元。与增速第一的青海相差 2.2 个百分点，与增速第二的西藏相差 1.7 个百分点，与增速第三的贵州相差 1.0 个百分点。

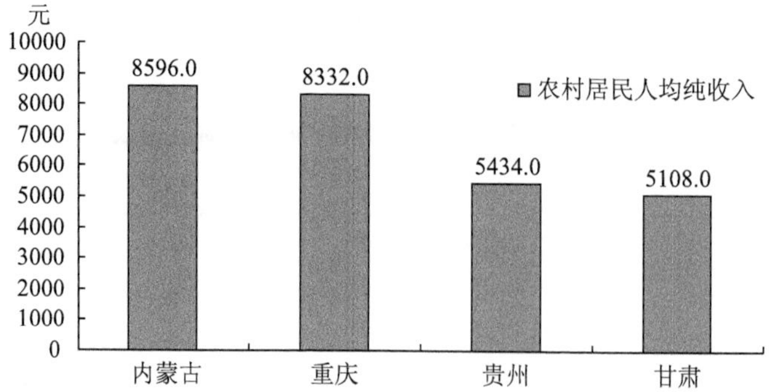

图 4　2013 年甘肃农民人均纯收入与西部地区比较

（四）与城镇居民收入差距拉大

2013 年，甘肃城镇居民可支配收入 18964.8 元，农民人均纯收入 5107.8 元，城乡收入比为 3.7∶1。全国城镇居民可支配收入 26955 元，农民人均纯收入 8896 元，城乡收入比为 3.0∶1。城乡二元结构明显，与全国相差 0.7 个百分点。

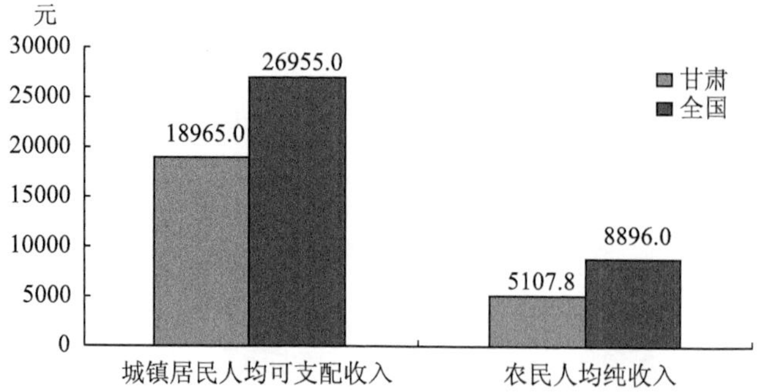

图 5　2013 年甘肃城乡收入与全国比较

(五)省内地区间收入差距拉大

2013 年,甘肃收入最高的嘉峪关市 12351.9 元,与收入最低的陇南市 3535.8 元,相差 8816.1 元;2012 年,两地收入相差 7911 元,仅一年差距又增加近千元,地区间收入的不平衡,制约着经济和社会和谐稳步发展。

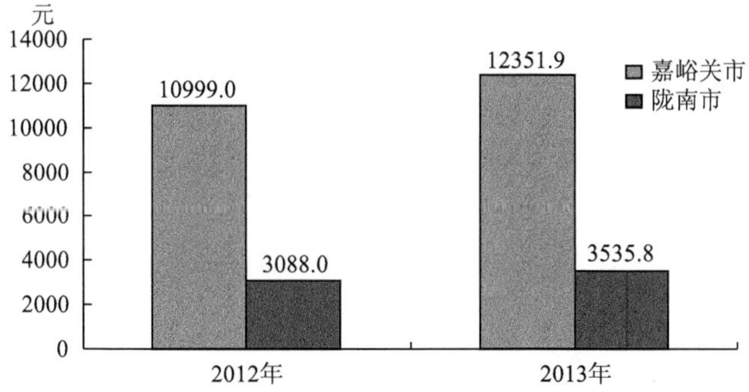

图 6　2012、2013 年嘉峪关、陇南农民人均纯收入比较

(六)高低收入差距进一步拉大

2011 年,甘肃农村低收入户收入 1465.6 元,高收入户收入 9059.5 元,两者相差 7593.9 元,到 2013 年两者收入差距达到 12692.6 元,贫富差距进一步扩大。城区与深山区差距也在拉大,如:2013 年,陇南市农民人均纯收入最高的徽县城关镇 5612 元,最低的文县口头坝乡 1353 元,相差 4259 元。

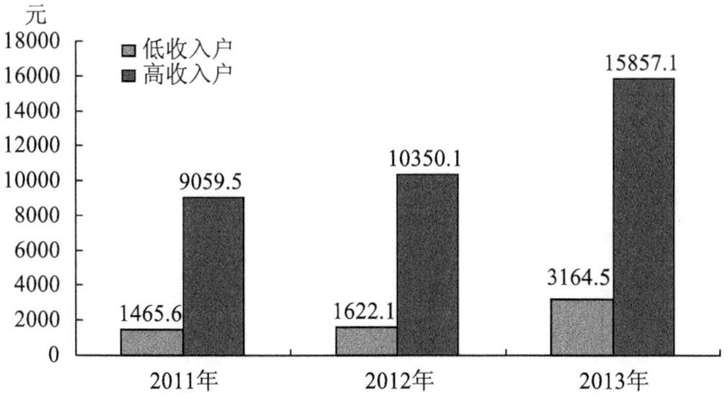

图 7　2011～2013 年甘肃农民高低收入比较

(七)GDP 差距拉大

一是经济发展水平的差距。 近年来,甘肃的经济发展水平不断提高,生产总值由 2000 年的 1053 亿元,增加到 2013 年的 6268 亿元,年均增长率为 14.7%。但与兄弟省份的差距拉大,2013 年,甘肃生产总值 6268 亿元,与绝对值位次第一的广东相差近 10 倍,与增速第一的贵州相差 5.4 个百分点。**二是与 GDP 年均增速的差距。** 改革开放以来,甘肃农村经济得到发展,农民也得到了实惠,农民人均纯收入由 2000 年的 1428.7 元,增加到 2013 年的 5107.8 元,年均增长率为 10.3%。同期,甘肃生产总值快速增长,人均生产总值由 2000 年的 3838.0 元,增加到 2013 年的 24297.0 元,年均增长率为 15.3%。年均增速人均纯收入低于人均生产总值 5 个百分点。

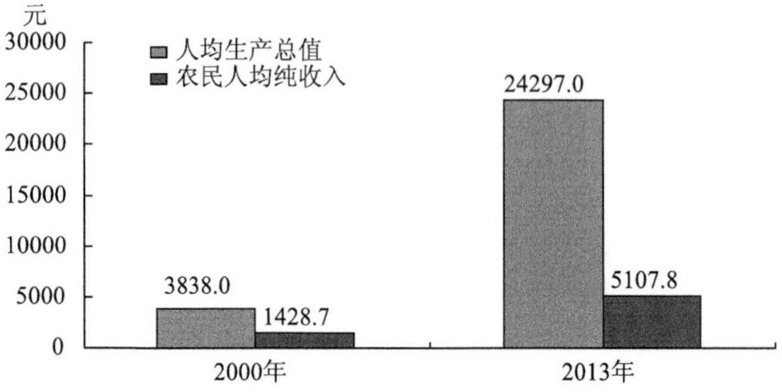

图 8　2000、2013 年甘肃人均生产总值与农民人均纯收入比较

三、甘肃农民收入增长影响因素分析

(一)自然条件差,自然灾害频发

甘肃自然环境恶劣,十年九旱,生存条件十分艰苦。主要表现在:**一是良田少。** 全省 42.6 万平方公里的土地中山地、荒漠、戈壁占三分之二,仅有耕地面积 6989.0 万亩,是典型的山地型高原地区。耕地中低于 150 公斤/亩的低产田占 68.8%,150～300 公斤/亩的中产田占 21.6%,300 公斤/亩以上的高产田仅占 9.5%。**二是降雨少。** 全省年均降水量只有 480.7 毫米,且时空和区域分布不均,大多集中在五到七月,从东南到西北递减,最多的康县 968.6 毫米,最少的敦煌仅仅为 46.3 毫米。**三是生态环境脆弱。** 森林覆盖率仅为 11.3%,低于 21.6%的全国平均水平,水土流失面积占全省总面积的

78.0%,受盐碱危害的耕地约 39.0 万公顷,受风蚀沙化影响的耕地约 287.0 万公顷,占全省耕地面积一半以上。**四是自然灾害频发。**甘肃大部分地区属于高寒区和干旱区,干燥的气候导致了干旱、大风沙尘暴、干热风以及暴雨、冰雹、霜冻等气象灾害频繁发生。河西以风沙、干热风为主,陇中以干旱、霜冻和水土流失为主,陇南多以暴雨、泥石流灾害为主,甘南以低温、霜冻为主。**五是农作物病虫害常发。**甘肃东部和中部地区发生小麦条诱病常发,陇南、天水、庆阳等地区马铃薯晚疫病等病虫害常发,设施瓜菜和部分露地蔬菜不同程度受病虫害影响,导致农作物减产、农民减收。

(二)产业结构层次低与农业产业化水平低并存

甘肃产业结构层次低、农业产业化水平不高制约着农民收入提高。**一是产业结构层次低。**由于甘肃工业基础薄弱,商贸不发达,小城镇规模有限,产业结构层次较低。2013 年,全省农户家庭经营性收入中,二三产业纯收入 323.6 元,仅占家庭经营纯收入的 14.5%,较上年增长 0.4%,增长缓慢。另外,财产性收入与转移性收入合计 673.4 元,仅占农民人均纯收入的 13.2%。财产性收入与转移性收入比重偏低,使全省农民收入增长慢,对农民增收的拉动能力有限。**二是农业产业化水平低。**全省农业产业化水平低,降低了农业和农民参与市场竞争的能力,制约了农业产业链条的延伸。主要表现在:**第一加工不足。**目前全省农业产业化经营处在初级发展阶段,大部分地区在农作物种植和畜产品养殖过程中,更多地追求数量的增长,没有注重质量的提高。农产品不能通过加工和流通增值,仅能以原材料的形式输出,大量中间利润因增值环节缺位而流失,农民难以分享到加工和销售环节的利润。**第二引导不力。**由于农村单家独户式的小规模经营,对市场信息的掌握和分析能力弱,更不具备研究和开发新产品的能力,缺乏产业化组织的引导,农民在结构调整上存在很大的盲目性,容易造成增产不增收,使农业产业结构调整的风险加大。**第三龙头企业少。**全省龙头企业数量少、规模小,缺乏知名度高、产品市场占有率高和带动能力强的"重量级"龙头企业,转化增值和开拓市场的能力非常有限。**第四优势品种不突出。**农产品缺少能叫响的优质品牌,特别是全国知名品牌少,占领高端市场能力不足,经济效益不明显。

(三)整体素质低、年龄偏大

一是劳动力文化素质低。2013 年,全省 1124.0 万农村劳动力人口中,初中以下程度占 82.8%，文盲率 8.3%。另外，九年义务教育和扫除青壮年文盲运行中存在一些问题，制约农村人口文化素质提高。**二是劳动力专业素质不高。**随着城市经济的发展，许多工作岗位对员工职业技能的要求越来越高，而甘肃受过专业培训的人数仅占农村就业劳动力总数的 12%，没有经过技能培训的劳动力难以胜任技术含量较高的工作。甘肃农村劳动力转移数量上供大于求，而质量上却供不应求。大多农民工从事的是技术含量低，所谓“苦、累、脏、差”的工作，工资待遇低。**三是外出劳动者思想单一。**我们在天水市秦安县做了专门问卷调查，对问卷中“外出目的”回答中，9 份回答“为了赚钱”，只有 1 份回答“为了实践自身价值”，没有回答“积累资金回乡创业”。从问卷调查可以看出，外出从业者从业目标单一，单纯为了赚钱的占到了 90%，很少有人想到积累资金技术创业。**四是劳动力年龄偏大。**近些年，甘肃农村青壮劳力绝大多数外出务工，农业生产基本上就交给了 55 岁左右的留守老人，这种“老人农业”现象，给农业生产、生活以及整个农村社会经济带来种种隐患。**第一粗放经营。**传统的精耕细作逐渐被粗放经营取代，撂荒现象日趋严重，有机肥、农家肥等缺少，土壤板结、土质变差，农作物产量及品质受到影响。**第二新技术难推广。**农业经营者年龄偏大，知识水平有限，农业生产技术、新型农机具等难以推广和使用，生产效率低。**第三是老人得不到帮助。**在较偏僻的村庄，由于农户居住很分散，亲朋好友又很远，老人小病忍、大病扛，生老病死，不能及时得到帮助。一旦遇到病老送终，甚至凑不齐几个办丧事的人。**第四是留守问题不容忽视。**留守儿童缺少父母关爱，心理渴望亲情。平时上下学无人接送，给老人难中添难。**第五是老人难享天伦之乐。**六旬以上的老人应该享受天伦之乐，得到子女的爱护和孝敬，安度晚年。而现今农村老人，不仅要管护孙辈、料理家务，更重要的是还要干农活，使这些农村老人劳累伤体，未老先衰。**第六是村社公益项目及义务工完成困难。**近年来，随着新农村建设的不断推进，村里修桥补路、开渠引水等集体公益建设经常进行，这些工程实施，在农村经常按户头或人口摊派，许多重体力活又落在老人身上，给他们增添了又一重困难。

（四）财政支农投入有待加强、农业科技服务经费不足

甘肃属于西部欠发达地区，财力有限，投入不足。**一是财政投入不足。**2013 年，财政支农投入 3465804 万元，仅占财政总支出的 15.0%，2010～2013 期间财政支农支出占财政总支出的比重平均为 14.0%，最高也仅为

15.0%。农业投入不足,农村基础设施的建设步伐慢,成为农业和农村经济发展的瓶颈。调查显示,全省现有的水利基础设施年久失修,设备老化,导致水资源浪费,许多河道淤积,防洪排涝能力减弱,保障能力下降。特别是农村灌溉沟渠的堵塞、污染问题较为突出,影响了农田灌溉用水,难以实现农业的集约化生产和可持续发展。**二是农业科技服务经费不足。**2013 年甘肃财政支出对农业科技投入所占比重仅 0.9%,农业科研人员科研经费比重明显低于非农业。2013 年农林牧渔业 R&D 人员占全省 R&D 人员的 0.7%,而同期的 R&D 经费内部支出仅占全省 R&D 经费内部支出的 0.2%,农业科研人员的人均 R&D 经费明显低于非农科研人员。农户和农业企业作为农业科技成果的最终使用方,农民受限于土地经营规模分散、农村劳动力老龄化等因素,应用农业新技术成果的条件不足;农业企业抗风险能力弱,不愿意从事高风险的科技成果转化活动,致使农业科技成果不能及时转化为现实生产力。

(五)农业生产、生活成本加大

近年来,甘肃农资价格一直持续上涨,农业生产成本提高,抵消了国家补贴政策给农民带来的实惠,另一方面,农民生活支出也居高不下。**一是生产成本增加。**调查显示,2013 年,甘肃省农业生产资料价格同比上涨 2.1%;农民购买农药及农药器械价格同比上涨 3.5%,产品畜同比上涨 8.0%。全年人均农村居民家庭经营费用支出 1702.1 元,农业生产支出 1006.6 元,占

表 6　2012、2013 年农村居民生活消费支出比较

单位:元、%

指　　标	2012 年	2013 年	增速
生活消费支出	4146.2	4849.6	17.0
一、食品	1648.6	1798.5	9.1
二、衣着	303.2	352.7	16.3
三、居住	682.3	794.0	16.4
四、家庭设备、用品及服务	250.4	302.7	20.9
五、交通和通讯	436.0	598.4	37.2
六、文化教育、娱乐用品及服务	327.3	366.5	12.0
七、医疗保健	398.0	513.3	29.0
八、其他商品和服务	100.4	123.5	23.0

家庭生产费用支出的59.1%。**二是生活支出增多。**2013年,人均农村居民生活消费支出4849.6元,增速17.0%。生活消费支出全面增长,其中:交通和通讯支出436.0,增长最快,较上年增长37.2%;医疗保健支出398.0元,增长29.0%,位居其后。

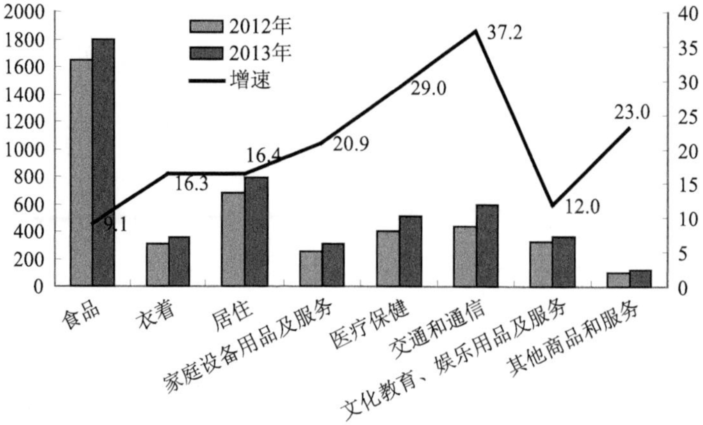

图9　2012、2013年农村居民生活消费支出比较

(六)农村贫困人口多,财政支持有待加大

甘肃是全国贫困人口最多的省区之一,按照国家最新贫困县标准,甘肃有58个片区县,贫困监测人口达到552.0万人,贫困发生率26.6%,居全国第二,仅次于西藏。甘肃贫困问题有别于其它省区:**一是贫困人口多、分布广、程度深。**2013年,全省14个市州都有贫困人口,最多的是天水市,贫困人口达到92.08万人,贫困发生率29.92%;其次是陇南市,贫困人口83.94万人,贫困发生率34.06%;第三是定西市,贫困人口83.92万人,贫困发生率31.65%;贫困人口最少的是金昌市,为1.26万人,贫困发生率5.31%;其次是张掖市,贫困人口5.30万人,贫困发生率5.30%。**二是贫困类型多样、情况复杂。**甘肃是全国贫困人口最多的省区,又是少数民族的主要聚居区之一。贫困人口主要集中分布于秦巴山区的陇南,高寒阴湿地区的甘南、临夏,革命老区庆阳、平凉,中部干旱区及河西移民分布区。这些地区部分群众长期处于贫困状态下,受到严酷的自然环境的影响,生产力水平低下。**三是思想观念落后、竞争意识不强。**偏远落后的农村,长期以来养成了等待政府发救济,盼望国家给补助的“等靠要”思想,自我脱贫的竞争意识不强,缺乏必要的自强自立的意志和信念,主动性未能充分发挥出来。没有像发达

地区的农民那样,想方设法寻找致富途径,千方百计提高自身素质,学习一技之长。**四是扶贫虽取得巨大成就,但贫困远未消除。**多年来,甘肃贫困地区群众在国家的扶持下,改土兴水,兴修梯田,发展小水利;改善道路条件,提高通行能力;发展集雨节灌,大搞庭院经济;发展特色经济,提高发展质量和效益,取得了一定的成效。但与全国经济的发展速度和水平相比,其发展仍然是落后的,部分贫困县几十年来进步有限。

四、促进甘肃农民增收的对策建议

甘肃自然条件差,经济基础薄弱,经济总量小,经济发展相对滞后,要使农民真切的感受到经济发展带来的实惠,完善机制,缩小差距,实现与全国同步进入小康社会目标,需采取切合实际的措施。

(一)在农业产业化上有所推进

按照省、市、县三级总体规划、分层次推进、重点扶持的原则,选择全省资源型企业转产和招商引资企业,作为省级梯队重点培育,重点打造制种玉米、牛羊肉、果品、蔬菜、薯类、中药材产业链。推进陇东地区苹果、桃子、核桃,陇南地区花椒、油橄榄、茶叶,河西地区制种、葡萄等优势产业带建设,扶持设施蔬菜的加快发展,扩大高原夏菜种植规模,充分挖掘本地特色产业的优势。

(二)在薄弱环节上有所突破

甘肃农民收入的薄弱环节是财产性收入、二三产业收入两个方面,在进一步抓好第一产业发展的同时,在薄弱环节上有所突破。**一是在增加财产性收入上有所突破。**在目前条件下,大部分农民最大的财产就是土地、山林和草原,因此增加农民财产性收入的现实途径,是如何实行土地、山林、草原的流转,让农民以土地、山林或草原入股的形式,办成土地、山林、草原银行,让农民从中取得合理合法的收入。**二是发展农村二三产业上有所突破。**在继续加强第一产业的同时,把抓好二三产业作为工作重点,形成一个稳固的农村产业链,切实提高农村二三产业的比重,使农村一二三产业齐头并进,共同助力农民增收。**三是在建立农产品期货市场上有所突破。**农产品期货在引导生产、规避风险方面有着积极作用。通过农产品期货市场,向农民特别是重点龙头产业化企业提供准确的、丰富的市场信息，引导农产品生产，为农民增收提供坚实的市场保证。

(三)倡导农民就近就地转移就业

一是解决"留守"问题。农民就近就地转移就业，上可管老、下可管小，安全系数高，就业成本低，就业一人、致富一家，有立竿见影的效果。同时，可以彻底解决农村留守儿童、留守妇女、留守老人问题，加强农村社会治理具有很强的现实意义。**二是提高农民素质。**抓好农村劳动力就业技能培训，做到"培训一人、转移一人、就业一人、脱贫一户"。全面落实返乡农民工创业扶持政策，着力培养农村特色产业示范带头人、科技种植养殖能手、农民经纪人，让更多农民就近就地转移就业和创业，为农民就业奠定坚实的基础。**三是统筹公共服务。**重视农民工的就业、创业、教育、医疗等社保体系为主要内容的公共服务体系，推进基本公共服务均等化，为农民就业营造良好的环境，对于稳定农民就近就地转移就业至关重要。**四是引导鼓励能人回乡创业。**现代农业，必须要靠大量有文化有技能的劳动者，让农民在进城和留乡上都能各得其所。专家认为，在推进城镇化的同时，要从根本上解决好今后农村发展中"谁来种地"、"怎么种地"问题，必须城镇化和新农村建设"双轮驱动"，真正实现农民就近就地转移。

(四)加快农村土地流转

近年来，甘肃农村土地流转主要表现为流转总体规模较小；流转方式多样化，以出租、转包、互换为主；目前农地流转中存在的根本性问题在于：农业生产的利益驱动性不强，致使各类经济组织（特别是涉农企业）参与农业规模化经营的积极性不高，从而对流转农地需求不足；落后的社会保障体系，特别是落后的非农业产业发展，使得甘肃省农民对土地具有过分的依赖性，加之思想认识上的局限，使农地供给积极性不高；而农地流转市场化程度低又进一步限制了农地流转供需主体交易的发生。一是承包经营权向专业大户、家庭农场、农民合作社、农业企业流转，培育新型农业经营主体，大力发展规模经营和现代农业，提高农业盈利能力和市场竞争力。二是土地流转中要确保农民家庭经营的主体地位，应努力保障农民在现代农业发展中的主体地位和长远利益。具体而言，在财政性资金补贴对象上，特别要注意防止财政性资金、项目直接安排给流转土地后的业主项目，其产生的新增效益由业主独享而流转出土地的农户不能分享,同时,还要防止用财政性资金扶持对农民没有带动作用的业主,进而与邻近同产业的农民竞争,明确"该怎么补"、"补给谁"的财政政策导向。

(五)推进"1236"扶贫攻坚行动

认真贯彻中央扶贫开发工作会议精神,落实全省扶贫开发政策措施,坚持开发式扶贫方针,精准扶贫。加强农业基础设施建设,努力改善贫困地区的生产生活条件,实行扶贫到村到户,帮助贫困村、贫困户发展种养项目。进一步完善水、电、路、房、渠等基础设施建设,继续抓好道路交通设施建设,抓好安全饮水和农村电网改造工程,搞好农田水利建设,做好危房改造及扶贫搬迁工作,改善扶贫户生产生活条件。加强主动联系,拓展同国家机关定点帮扶单位和天津、厦门东西扶贫协作的广度和深度。建立扶贫和双联信息共享平台,确保各类政府投入、社会捐助、善款能直接用到贫困村和贫困人口身上。全面落实省内外各类企业到贫困地区投资兴业的税收减免、贷款支持等优惠政策。

完 成 单 位:国家统计局甘肃调查总队
课题负责人:李　焱
课题组成员:张文芳　张　涛　杨　涛　堵绍彤
执　笔　人:张文芳

第三部分　家庭农场和土地规模经营

第二十章　家庭农场基本特征及存在问题(一):以河南为例

摘要:家庭农场是以农户家庭为基本生产经营单位、以家庭成员为主要劳动力,从事农业规模化、集约化、商品化生产经营并以此作为家庭主要收入来源的农业生产经营主体。国家统计局河南调查总队利用10个县(市)的50户家庭农场详实有效问卷调查数据,从数量上观察了家庭农场发展的基本状况,研究了家庭农场的生产规模与经营效益,分析当前家庭农场成长中面临的问题及需求。结果表明,处于起步阶段的家庭农场,更倾向于选择以粮食为主、兼营其他的经营模式以降低风险、稳定收益;纯粮食作物家庭农场经营规模在200亩左右时效益最优。当前我国家庭农场正处于发展的起步阶段,家庭农场的发展仍面临政策支持力度尚显不足、融资需求大与融资难并存、土地流转金与劳动力成本上涨较快、社会化服务体系亟需完善、农场主素质有待提高等问题。要借鉴美、英、日等发达国家家庭农场历史发展经验,立足我国基本国情,从增强政策支持针对性,完善土地流转长效机制,引导发展适度规模经营,加快培育新型职业农民,健全农业社会化服务体系等方面,尽快出台系统的政策支持体系,以推动家庭农场加快发展。

2013年中央一号文件提出,鼓励和支持承包土地向专业大户、家庭农场、农民合作社流转,这是"家庭农场"这一提法首次出现在中央一号文件中。本文对家庭农场的界定,是指以农户家庭为基本生产经营单位、以家庭成员为主要劳动力,从事农业规模化、集约化、商品化生产经营,并以此作为家庭主要收入来源的农业生产经营主体。作为新型农业经营主体的重要形式,家庭农场是对以家庭承包为基础、统分结合的农业生产经营体制的完善和发展;是在不改变农村土地集体所有制性质、不改变农村土地家庭承包制度的前提下,实现农业规模经营的有效途径。家庭农场克服了传统农业小而散的生产方式,有利于推广和应用现代农业生产技术,有利于实现农业机械化和信息化,有利于保持农业家庭生产经营的特性,有利于培养和造就现代职业农民。因此，培育发展家庭农场，对促进粮食增产、农业增效、农民增收，实现国家粮食安全具有重要意义。

按照农业部对家庭农场的标准统计口径，截至 2013 年 12 月底，河南省符合统计条件的家庭农场有 15538 家。其中，从事种植业 9887 个，养殖业 4306 个，种养结合 1083 个。经营面积在 50～100 亩的小型家庭农场有 5013 家，1000 亩以上大型家庭农场有 431 家，耕种总面积达到 287 万亩。截至 2014 年上半年，在工商部门登记注册家庭农场共 11670 户，其中个体工商户 6577 户，企业类型 5093 家，总体户均经营规模约 200 亩。从家庭农场种植、养殖结构大致分布来看，黄淮海平原地区以种植粮食为主体，兼有一些养殖和经济类作物；丘陵山区等旱坡岗地，种植林果、药材、花卉等经济类作物的比例稍高。

一、河南家庭农场基本特征分析

（一）数据来源

为掌握河南家庭农场成长情况，国家统计局河南调查总队于 2014 年 7 月在家庭农场发展较快、基础较好的开封市尉氏县、洛阳市孟津县、安阳市安阳县、新乡市卫辉市、许昌市襄城县、漯河市舞阳县、南阳市唐河县、商丘市虞城县、周口市项城市、信阳市光山县等 10 个县（市）组织开展了对家庭农场的调查。每个县（市）按目录等距抽样调查 5 个家庭农场，共计 50 个家庭农场作为有效分析研究样本。

（二）家庭农场基本特征分析

1. 家庭农场注册类型以个体户为主，以种植粮食作物为主。注册为个体户的 42 户，占 84%；注册为企业的 8 户，占 16%。种植纯粮食的 30 户，占 60%；以粮食为主，兼营蔬菜、林果、药材、水产等的 14 户，占 28%；其余 6 户为完全经营蔬菜、花卉、畜禽、药材，或林果及畜禽综合经营（见表 1）。

2. 家庭农场主文化程度整体偏低，从业经历类型多样。从农场主个人特征看（表 2），文化程度以初中及以下学历为主，比重达 52%；大专及以上的比重最小，仅 10%。从业经历中，一直从事农业生产的比重较大，占 30%；其次为经商返乡，占 20%；还有 8%的返乡原机关事业单位人员。

表1 家庭农场的属性及种养类型分布情况

	单位属性		种养类型		
	个体	公司	纯粮食	粮食为主、兼营其他	经济作物或养殖
户数(户)	42	8	30	14	6
比重(%)	84	16	60	28	12

表2 家庭农场主文化程度及从业经历分布情况

	文化程度			从业经历				
	初中及以下	高中或中专	大专及以上	农业	经商返乡	村干部	务工返乡	机关人员
比重(%)	52	38	10	30	20	18	16	8

3. 家庭农场雇工情况存在差异。家庭农场户均劳动力为3.26人。户均短期雇工20.2人,较上年提高21.5%;50户农场中最少的无雇工,最多的雇工达86人。

4. 转包、出租是家庭农场经营土地的主要来源。从家庭农场土地经营规模看,截至2014年6月底,调查家庭农场户均经营395.04亩,较上年提高9.5%;其中户均流转面积378.78亩,较上年提高10.0%,占全部经营面积的95.9%。50户家庭农场中,最少的经营50亩,最多的达1800亩。其中,经营面积在50~300亩的有29户,达58%;300~1000亩的17户,占34%;1000亩以上的4户,占8%。

表3 家庭农场土地经营规模情况

	单位	2014年6月底	2013年6月底	同比增长%
户均经营规模	亩	395.04	360.82	9.5
户均流转面积	亩	378.78	344.22	10.0
亩均流转土地租金	元	645.92	587.96	9.9

从土地租金看,亩均租金为645.92元,较上年提高9.9%;土地流转方式中58%为转包,36%为出租,其余6%为转包加入股或互换形式。

从家庭农场主文化程度与经营规模看,初中及以下的农场主户均经营规模为203.39亩,高中或中专户均规模为478.29亩,大专及以上户均规模为674.75亩。说明农场主的文化程度越高,越倾向于从事更大规模经营。

(三)不同类型家庭农场生产经营情况分析

从本年度30户纯经营粮食,14户以粮食为主、兼营其他,以及6户经营经济作物或畜牧养殖的三种类型农场①生产经营情况(表4)看:

表4　三种类型家庭农场生产经营情况

类型 指标	单位	纯粮食	同比增长 %	粮食为主 兼营其他	同比增长 %	经济作物 或养殖	同比增长 %
经营面积	亩/户	290.87	6.7	595.93	11.2	447.17	18.2
家庭劳动力	人/户	3.50	−0.5	3.00	2.4	2.50	0.0
短期雇工人数	人/户	16.08	3.5	24.07	7.7	46.17	105.2
雇工日均工资	元/日	64.58	7.6	58.81	7.9	58.33	8.2
物质投入费用	元/亩	465.17	1.4	883.50	9.2	3016.67	3.4
生产服务费用	元/亩	234.43	3.5	325.43	2.1	770.00	6.7
亩均土地租金	元/亩	585.33	8.6	655.43	3.0	926.67	3.9
年纯收益	元/亩	515.33	18.9	775.36	25.4	2508.33	6.7

1. 纯粮食和以粮食为主的农场经营规模相对稳定。从经营规模情况看,A类农场面积最小、增幅最低,户均290.87亩,较上年度增长6.7%;B类农场面积最大、增速居中,户均达595.93亩,增长11.2%;C类农场面积居中、增速最快,户均447.17亩,增长18.2%。

2. A、B、C三类农场用工量呈递增趋势,且雇工工资上涨较快。从短期雇工人数看,C类型农场雇工人数最多且增长最快,户均达46.17人,较上年度增长1.05倍,雇工人数分别为A、B类型农场的2.9倍、1.9倍。从雇工日均工资看,三种类型农场增幅均在7.5%以上,其中C类农场增幅达到8.2%。

3. 经营收益与生产投入呈正相关关系,纯粮食与粮食为主的农场经营成本收益率低但增长较快。A、B、C三类农场的生产投入费用②与纯收益均呈递增趋势,且类型之间的差别较大。如C类农场的亩均生产投入费用、纯

---

① 为便于行文,本文部分内容中将纯经营粮食家庭农场记为A类农场;以粮食为主、兼营其他农场记为B类农场;经营经济作物或畜牧养殖农场记为C类农场。

② 生产投入费用=物质投入费用+生产服务费用+土地租金。其中物质投入费用包括种子、农药、化肥等费用;生产服务费用包括机收、机种、排灌等费用。

收益分别达 4713.33 元、2508.33 元,分别为 A 类农场的 3.7 倍、4.9 倍。从成本收益率[①]看,A、B、C 三类农场分别为 40.1%、41.2%和 53.2%,分别较上年度提高 4.7、7.4 和 1.3 个百分点。

从以上数据看出,C 类农场收益最高,A 类最低,B 类居中。从追求效益最大化角度看,经营 C 类农场为最优选择。但在调查中发现,多数农场主倾向于经营 B 类农场,A 类次之,C 类最少。其原因在于,一方面,尽管种植经济作物或畜牧养殖类型农场的经济收益最高,但由于其资金投入多、人力技术要求高、管理难度大等因素,限制了不少农场主"非粮化"的选择;另一方面,尽管种粮效益较低,但由于种粮补贴政策的保障、粮价不断上涨、资金投入相对较小,同时随着机械化程度的普及,种粮省时省力,市场风险较小,因此多数处于起步阶段的农场主愿意种植粮食作物,而有一定资金实力的家庭农场主更愿意在种植粮食作物"保底"的基础上,开展蔬菜、养殖等多元化经营,以提高综合经济效益。

(四)不同规模纯粮食家庭农场生产经营情况分析

从 30 户纯粮食农场经营规模看,至 2014 年 6 月底,户均经营 290.87 亩,较上年度提高 6.7%。最少的经营 50 亩,最多的 896 亩。按经营规模分组进行研究(表 5)。

表 5　不同规模纯粮食家庭农场生产经营情况

规模＼指标	单位	50～100 亩	100～200 亩	200～300 亩	300～500 亩	500 亩以上
户数	户	6	10	4	5	5
经营面积	亩/户	63.00	135.70	257.50	443.40	748.80
家庭劳动力	人/户	2.50	4.20	2.80	3.80	3.60
短期雇工人数	人/户	6.17	7.60	15.00	19.40	33.80
雇工工资	元/日	58.89	87.33	94.44	51.33	44.00
物质投入费用	元/亩	392.67	533.00	488.50	453.00	410.00
生产服务费用	元/亩	195.50	254.00	192.50	264.00	246.00
土地租金	元/亩	498.67	556.00	602.00	574.00	746.00
年纯收益	元/亩	443.33	616.00	525.00	433.00	475.00

① 成本收益率＝亩均纯收益/亩均生产投入费用。

1. 经营规模在100～200亩的比重最大。经营规模在100～200亩的有10户，比重最大，达33.3%；其次为50～100亩，有6户，占20%；300～500亩、500亩以上的各5户，均占16.7%；比重最小的为200～300亩，有4户，占13.3%。

2. 经营规模在100～200亩的成本收益率最高。五种规模的家庭农场生产投入费用与纯收益并非简单的正相关关系。从生产投入费用看，500亩以上的最大，亩均达1402.00元；其次是100～200亩，为1343元；最低的是50～100亩，为1086.84元。从纯收益看，100～200亩的最高，为616.00元；其次是200～300亩，为525.00元；而投入最大的500亩以上的农场，纯收益为475元，位居第三；投入最小的50～100亩，纯收益反而略高于300～500亩。

从成本收益率看，五种规模的家庭农场按经营面积大小依次为40.8%、45.9%、40.9%、33.5%和33.8%，平均成本收益率为40.1%。可看出，50～300亩之间的农场成本收益率较高，其中100～200亩的最高，200～300亩的次之；300亩以上的最低，尚低于平均水平6个多百分点。

在调查中发现，500亩以上的部分家庭农场，由于管理难度大、经济效益低等因素，规模有缩减的现象。本年度500亩以上农场的户均748.80亩，较上年的962.0亩减少22.2%。如：虞城县有一个家庭农场由上年度的1300亩，大幅度减至870亩；安阳县有一个家庭农场由上年度的996亩，减至896亩。

结合实际可得出，家庭农场需要一定规模才能实现规模效益，但不是越大越好。规模越大，其管理难度、用工成本等越大，若超出自身经营能力，资源利用率、土地产出率和经济效益可能下降。从调查样本可以看出，经营面积在100～200亩的亩均收益最高，200～300亩的次之。综合考虑亩均效益与规模效益，当前，种植纯粮食作物的家庭农场，经营规模在200亩左右较为合适。

二、家庭农场成长中存在的问题

据对50个家庭农场主问卷调查结果显示：农场综合经营状况一般的占多数，达27户；经营良好的有16户；经营不佳的有7户（图1）。农场经营处于创业阶段的有26户，处于发展阶段的有24户，尚无一户进入成熟阶段。

调查数据也印证了家庭农场在当前还属于新生事物,正处于起步发展阶段。

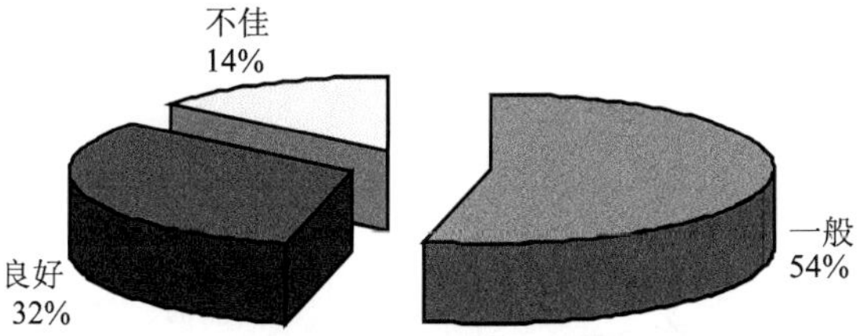

图1 家庭农场综合经营状况

(一)政策导向明确,但缺乏系统的配套政策

从当前河南各地的实践来看,家庭农场均不同程度的享受相应扶持政策。如在基础设施建设、土地流转及农机购买中获一定比例的补贴优惠,80%的调查农场接受有农业技术培训或指导,但在全省层面尚未出台系统的专门扶持家庭农场发展的政策。目前的政策扶持力度,与农场主的期望与实际需求相比尚显不足。50户农场主均希望制定和落实专门的财政、税收、用地、金融、保险等政策重点支持家庭农场,并整合各部门涉农项目资金向家庭农场倾斜,把国家政策用足、用活、用好。

(二)劳动力、土地等要素成本上涨较快,经营压力大

随着我国工业化、城镇化进程的加快,劳动力和土地等要素成本上涨具有较强的刚性特征。从被调查的50户农场看,82%的农场主反映生产成本上涨较快。其中反映雇工成本上升的比重最大,达到72%;其次为农资、生产服务价格上涨,分别为42%、38%;再次为土地租金上涨,为22%。

调研中了解到,由于大量年轻劳动力外出务工,留守农村的大多是缺乏一定技能的传统体力劳动者。若要提高劳动生产效率,只能通过提高工资的方式四方招揽技能工;同时,受传统观念、物价和高收益农业项目等影响,土地流转较为困难,流转价格逐年上涨,并且当前土地流转过程中,部分存在程序不规范、操作随意性大、手续不全、违约成本不对称等问题,容易带来农地纠纷,影响农场主的正常生产秩序和生产积极性。

(三)八成农场有融资诉求,但融资难问题较为突出

在被调查的农场中,高达82%的农场具有融资需求。但从农场资金实际获取来源(图2)看,仅58%的农场存在民间借款或银行贷款行为,且民间

借款的比重远高于银行贷款。其原因主要在于融资困难。具有融资需求的农场主中,认为融资困难和一般的比重分别为64%和34%,仅有2%的认为融资容易。

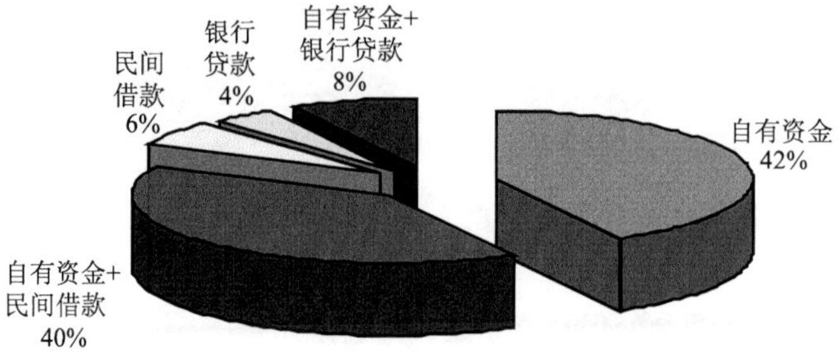

图2　家庭农场资金获取来源

从农场融资面临的主要问题(表6)看,认为担保手续复杂的比重最高,达到60%;其次为贷款额度太小,为48%;另外还有利率太高、贷款期限太短及没有人情关系等因素。从对政府相关部门的期望看,有62%的农场主希望创新融资产品,拓宽融资渠道。

表6　家庭农场融资面临的主要问题

	担保手续复杂	贷款额度太小	利率太高	贷款期限太短	没有人情关系
户数	30	24	17	16	14
比重(%)	60	48	32	34	28

(四)社会化服务体系尚显薄弱,亟需完善

家庭农场虽然拥有一定的经营规模,但其生产管理的各种社会化服务并不完善。因此,家庭农场更急需市场提供各种社会服务。从调研中了解到,在农资购买渠道上,多数家庭农场从农资公司购买,一些由专业合作社购买,一些从供销社购买,渠道多样。在产品销售渠道上,商家上门收购的占40%,自己送货的占34%,商家收货及自己送货两种方式结合的占20%,通过农业合作社、网上销售的分别仅4%、2%。另有22%的农场主反映产品销售渠道不畅。52%的农场主希望强化政府引导作用,在农场优先推广新特产品,加强农产品生产与市场的对接;50%的农场主希望加大气象、病虫测报、产品供销信息等公共服务力度。调查数据表明,当前家庭农场在社会化服务体系上较为薄弱,难以满足其生产经营活动需要。

(五)家庭农场主素质有待进一步提高

从现代农业发展要求看,农场主需要具有懂农技、善经营、会管理等综合技能。但从调查情况看,大部分家庭农场主多年从事农业生产,多由种粮养殖大户转身,是典型土生土长的农民,对传统农业生产方式根深蒂固,实践经验丰富。但掌握的新知识和应用新技术不多,缺乏现代经营管理理念。其对人才引进、品牌意识认识不足,抗风险意识不强,生产观念有待更新,短期内若要有效承担现代农业发展重任,需进一步提高自身综合经营素质。

(六)农场水利等基础设施条件需要继续改善

当前,相当一部分农场起步阶段都得到了当地政府,如发改、水利等部门在水利排灌设施方面的大力支持,对改善农场生产条件起到了积极作用。但由于部分家庭农场流转的区域,是一些地形地貌生产条件差、交通不便、缺水肥薄的土地,若要进行规模化农业生产,必须有较大的资金投入才行。不少农场主希望政府进一步加大支持家庭农场完善水利配套设施,以及晾晒、存储等其他生产性辅助设施的力度,降低用水、用电成本,增强抵御自然灾害的能力。

三、发达国家家庭农场发展经验与启示

家庭农场是我国农业发展中的新生事物,尚处于起步阶段。而在国外,家庭农场经营模式存在已久,在美、英、日等发达国家更是广为流行,其发展经验有许多值得借鉴之处。

(一)美国发展经验

美国的家庭农场是其农业经济的主体和基本支撑力量,具有起步较早、经营规模大、专业化程度高、社会化服务体系完善等特点。美国于1820年已建立起家庭农场的农业经济发展制度。1862年,通过《宅地法》,使家庭农场制度得到广泛确立和巩固。随着机械化程度的普及,美国家庭农场数量有所减少,而规模却在不断扩大。有关资料显示,2010年美国家庭农场约有220万个,占地面积为3.72亿公顷,平均每个农场面积为169.16公顷。在生产经营上,美国把全国分为10个农业生产区域,家庭农场生产和经营专业

化程度高，基本上每个家庭农场只生产农业区内最常见的 1 至 2 种农产品。政府补贴是美国支持家庭农场的最主要政策工具，主要包括休耕计划、粮食储备计划、农业信贷、风险保障、农产品价格补贴等措施。同时，农业产前、产中、产后服务体系完善，家庭农场主要集中于土地的产出或养殖业的直接经营管理。

(二)英国发展经验

英国是世界上最早兴办家庭农场的国家之一。早在 16 世纪英国农民就以土地租赁的方式办起了大量的家庭农场，在数量上超过了自营家庭农场。20 世纪后，英国土地私有产权从少数大土地所有者手中转换到大多数农民的手中，自营家庭农场的数量大大增加。同时，英国政府对家庭农场十分重视，在政策和财政上予以扶持，如经济补贴、价格支持、农产品进出口优惠等。随着英国农业机械化程度和服务社会化程度的提高，家庭在雇工减少的情况下就能经营较大规模的农场，基本实现了自营化。有关资料显示，20 世纪 80 年代中期英国已大约有 75%的农场没有雇工。

(三)日本发展经验

由于日本人口多、面积小、农耕地有限等因素，其家庭农场模式以小型、兼业农户为主。随着日本工业化的发展，农业人口的不断减少。日本政府连续出台有关农地改革与调整的法律法规，鼓励农田的租赁和作业委托等形式的协作生产，鼓励农地所有权和使用权的分离，避免土地集中的困难和分散的土地占有给农业发展带来的障碍。日本以“有机农业”、“绿色农业”等现代高新技术农业模式来缓解人地矛盾，是推动小规模家庭农场长期生存发展的重要因素。同时，日本的农民合作组织作用加大，业务涵盖了农产品销售、生产资料采购、金融服务、保险服务以及农业管理等，并且指导农户进行专业化集约经营和生产。

从美、英、日等发达国家家庭农场的发展经验看，普遍具有较大的政策支持力度，健全的土地法律制度，完善的社会化服务体系，并根据当地自然、经济社会条件确定了适度经营规模等共性，这些经验对我国发展家庭农场具有较大的启示意义。

四、促进家庭农场发展的政策建议

基于上述对河南家庭农场的调查分析,借鉴美、英、日三国家庭农场发展的经验,立足我国实际国情,建议如下:

(一)增强政策支持针对性,营造良好发展环境

各级党委、政府要高度重视发展家庭农场的重要性,出台系统的专门支持家庭农场发展的政策措施。一是加大直接补贴力度,将新增农业补贴、财政奖补资金、农业保险保费补贴向家庭农场倾斜。落实农业用电支持政策,考虑阶梯电价对农场规模扩大灌溉时的影响因素,让家庭农场直接受益;二是加大农业投入力度,支持家庭农场通过承担涉农建设项目来提升装备水平、优化装备结构,改善农业生产条件;三是创新农村金融产品,简化信贷手续,解决家庭农场融资难、融资贵的问题。同时扩大政策性农业保险覆盖范围,降低农业生产风险。

(二)完善土地流转长效机制,保障长期稳定发展

在坚持家庭联产承包责任制基础上,鼓励农民以土地流转方式兴办家庭农场,实现土地的规模经营。在实际操作中,应进一步深化农村土地制度改革,完善土地承包经营权流转政策,搭建土地承包经营权市场交易平台,强化农村党组织和基层政权建设,充分发挥农村基层政权在土地流转中的服务组织协调作用,保障土地出租或受转双方的合法权利,建立土地流转长效机制,避免承包期限过短、减少土地纠纷等问题。

(三)发展适度规模经营,实现生产效率最大化

对于我国处于起步阶段的家庭农场来讲,把握好适度规模经营的“度”尤为重要。没有规模就没有效率,但规模过大,效率可能反而下降。从调查结果分析来看,当前河南种植粮食的家庭农场规模在 200 亩左右时效率最高。我国幅员辽阔、区域差别较大,各地应因地制宜,依据自然经济条件、农村劳动力转移、农业机械化水平等因素,科学引导家庭农场采取适度规模经营。

(四)加快培育新型职业农民,打造人力资源优势

一方面要加大对家庭农场主的培养。制定对农场主的培育优惠政策,建立健全培训中介机构,依托职业教育、高等教育平台和资源,提高农场主的生产技能、市场意识和经营管理水平;另一方面要提高农村劳动力整体素质。在巩固和提高农村九年义务教育基础上,整合各类教育资源,努力发展高中阶段教育,积极开展农村职业教育、农业专项技术培训、农业职业技能培训,造就一大批适应现代农业发展要求的职业农民。

(五)健全农业社会化服务体系,降低成本提质增效

要深化农技推广体制改革,强化新型农业社会化公共服务体系建设,加快新产品、新技术的引进和推广,指导家庭农场应用先进适用新技术、引进优质高产新品种、种养新模式,开展标准化生产;充分发挥龙头企业和农民专业合作社的引领作用,帮助解决单个家庭农场干不了、干不好或干了不合算的事情,提高农业组织化程度,实现家庭农场与大市场的无缝对接。

完 成 单 位:国家统计局河南调查总队
课题主持人:刘召勇
课题组成员:张广宇　彭　敏　陆　军　李德洗　王亚珂
执　笔　人:陆　军　王亚珂

第二十一章　家庭农场基本特征及存在问题(二):以吉林为例

摘要:促进家庭农场发展,对坚持家庭经营在农业中的基础性地位,加快构建新型农业经营体系,具有重要意义。本文以吉林省家庭农场为研究对象,对吉林省20个县(市、区)110户具有典型代表意义的家庭农场开展问卷调查和入户访谈,利用丰富而详实的调查数据,总结吉林家庭农场发展特征,分析吉林家庭农场发展面临的制约因素,研究吉林家庭农场发展趋势,并得出促进家庭农场健康发展的几点启示。本文研究结果表明,吉林家庭农场多为个人创办,规模效益初步显现,生产的商品化、市场化、集约化程度较高,发展已初具规模。但作为新生的农业经营主体,目前仍面临着诸多制约其发展的困难和问题。主要表现在土地流转制度尚不健全,高素质劳动力较为短缺,社会化服务体系不完善,政策环境有待改善等诸多问题。从发展趋势看,吉林家庭农场发展前景向好,合作融合、多种经营、效益提升的特征明显。尽管吉林省家庭农场成长性较好,加快发展的条件也已具备,但促进家庭农场健康有序发展,仍应尊重规律,循序渐进,不断创新体制机制,营造家庭农场成长的有利环境。

当前,改革开放以来推行多年的家庭联产承包责任制的制度张力已逐渐减弱。在坚持家庭经营的基础上,创新农业经营体制机制,是新阶段推动农业农村跨越式发展的必然要求。作为一种重要的现代农业微观组织,家庭农场对构建新型农业经营体系具有重要意义。为掌握家庭农场发展特征,分析其发展中面临的制约因素,国家统计局吉林调查总队对吉林省20个县(市、区)110户具有典型代表意义的家庭农场,开展问卷调查和入户访谈。调查结果表明,吉林省家庭农场发展目前已初具规模,但作为新生的农业经营主体,目前仍面临着诸多制约其发展的困难和问题。

一、吉林家庭农场发展特征

吉林省地处世界闻名的黄金玉米带，耕地资源丰富，土壤条件得天独厚，是全国农业大省，国家重要的商品粮生产基地。2013 年全省粮食产量 710.2 亿斤，粮食商品率、人均粮食占有率均稳居全国第一位。近些年来，随着吉林省经济的快速发展，吉林农业的发展进入转型升级的快车道，在中央政策的鼓励下，吉林省积极创新体制机制，探索适应现代农业发展的新型农业经营体制，促进了家庭农场的迅速发展。截至 2013 年底，吉林省共创办家庭农场 21058 个，其中从事种植业家庭农场 17369 个，经营耕地面积 343 万亩，农业机械化耕种率达到 90%以上。吉林家庭农场的快速发展，对逐步改变吉林省小而散的农业经营格局，增强农业农村发展活力，提高劳动生产率、土地产出率及就地解决农村剩余劳动力起到了积极作用。

(一)家庭农场的组织特征

110 户被调查的家庭农场中，农民个人创办的家庭农场占 59.1%，农民合伙创办的占 24.6%，合作社转型或领办的占 8.2%，非农创办的占 8.2%。这表明农民个人创办的家庭农场是吉林省家庭农场的主要组织形式，其次是农民合伙形式创办的家庭农场。而非农人士创办的家庭农场所占比重很少。

(二)家庭农场的规模特征

110 户被调查的家庭农场平均每户经营土地面积为 40.4 公顷，其中每户平均租赁土地面积 33.18 公顷，平均每户租赁面积占经营土地总面积的 82.1%。这表明，吉林家庭农场主要通过土地流转获得土地经营权，推动了土地所有权、经营权和使用权的分离，使各种权能各得其所，顺畅运转。在经营规模的确立上，家庭农场大多能够在综合考虑土地自然状况、家庭成员劳动能力、农业机械化水平、经营作物品种等因素的情况下，理性地形成较为合理的经营规模，使其既能够提高务农效益和家庭收入水平，又能够实现土地产出率与劳动生产率的优化配置。

从家庭农场经济规模看，经营 15 公顷以下土地的家庭农场占 41.8%，15～40 公顷土地的占 29.1%，经营 40～100 公顷土地的占 19.1%，经营 100

公顷以上土地的家庭农场占10%。这表明吉林省的家庭农场已经初步实现了适度规模化经营,集约化优势逐步显现。

(三)家庭农场的产业特征

以农为主业,以提供商品性农产品为目的开展专业化生产,是吉林省家庭农场区别于自给自足、小而全的农户和从事非农产业为主的兼业农户的鲜明特征。调查显示,在农业专业化上,70.5%的家庭农场从事专门的种植业,21.8%的家庭农场实行专业的种养殖结合,其专业化生产程度高于一般农户。家庭农场通过生产、销售一体化,能够掌握较为完整的供应链信息,克服农产品契约的不完全性,获取更高的产品收益;从收入来源上,84.5%的家庭农场的收入全部来自于农产品经营;从产品的商品性看,家庭农场种植粮食的商品化率高达98%,农产品商品化率也远高于一般农户。家庭农场以农业为主的经营模式,有利于资金和科技要素向农业的持续导入,推动农业集约化生产,也有利于培养一批懂生产、会经营的优秀职业农民。

(四)家庭农场的经营特征

调查显示,吉林省家庭农场以家庭成员为主要劳动力,以家庭为基本核算单位经营特征表现的比较明显。从经营主体看,被调查的110户家庭农场的经营主体全部是家庭。这些家庭农场主既是农场的所有者、又是经营者、劳动者。他们均以家庭为基本单位,统筹规划要素投入、生产作业、产品销售、成本核算、收益分配各个生产环节,使家庭农场的在生产经营上产权清晰、目标一致、决策迅速、劳动监督成本低;从劳动力构成上看,家庭农场的劳动要素同时来源于自有劳动力与雇佣劳动力,但是大部分是以自有劳动力为主。在被调查的110户中,超过70%家庭农场是以家庭成员为主要劳动力。这里所指的家庭成员既包括家庭核心成员,也包括有血缘或姻缘关系的家族成员。农忙时节,这些家庭农场也雇佣部分短期农工。规模较大的家庭农场的田间作业,像生长中期田间管理、成熟季节采收等环节主要依靠雇工完成。调查了解到,经营规模40公顷以上的家庭农场,除自身家庭成员参加劳动外,一般需要长期雇佣1～3人,雇工大多以农机操作工为主。农忙时需临时雇佣农工15人以上。

(五)家庭农场的生产特征

集约式经营是吉林家庭农场的显著生产特征。从资金投入能力看,

2013年，被调查的110户家庭农场平均每户投入资金达62万元。其中，投入10万元以下的家庭农场占总户数的8.2%，投入10～30万元的占40.1%，投入30～80万元的占35.5%，投入80万元以上的占16.27%。表明吉林家庭农场有较强的资金投入能力。从农业机械化水平看，除个别从事特种经营的农场外，95.5%的被调查的家庭农场全部采用机械化装备，基本实现了全年耕、种、收的全部机械化、标准化生产。从经营能力看，超过50%的家庭农场的经营活动都有比较完整的财务收支记录。一些家庭农场还配备了电脑等信息工具。对于各项采购和投入、各项销售收入和产出等明细都入账记载，进行经济核算。这种集约化生产和经营水平的提升，使得吉林家庭农场能够取得较高的土地产出率、资源利用率和劳动生产率，对其他农户开展农业生产也起到良好的示范带动作用。

（六）家庭农场的市场化特征

家庭农场以利润最大化为目标，依赖于市场而存在，具有进入市场的强烈动机。调查发现，吉林家庭农场对市场信息较为敏感，行为决策市场化程度高。在产品市场上，绝大多数家庭农场会根据市场价格与需求状况，结合自身比较优势，选择具有竞争优势的农产品开展生产，把自身优势转化为产品优势，获得市场效益。54.6%的家庭农场以订单农业生产为主，且与加工企业、合作组织、农村经纪人建立了稳固的产销关系。在生产要素市场上，家庭农场并不局限于本家庭拥有的各类要素，还通过要素市场获得资金、技术等，来满足生产经营的需要。在被调查的家庭农场中，有43.6%的家庭农场2013年获得过银行贷款支持，平均贷款额达26万元。调查还显示，家庭农场作为市场中的非匿名交易者，为了维护市场信誉，获取持续的市场交易机会，更加注重长期经营收益，更加注重经营过程中的生产控制，更加注重农产品质量安全。

二、吉林家庭农场发展的制约因素

（一）土地流转因素

土地制度是所有农业制度安排的基础和核心。家庭农场的发展与土地适度集聚分不开，而土地适度集聚又必须与二三产业发展和农村劳动力转移相适应，不能人为超越。只有农村劳动力大量转移、一家一户的小规模农户流转出承包土地成为可能,才具备家庭农场集聚土地的条件。吉林省工业化、城镇化的发展是一个长期过程,各地经济社会发展水平不平衡,这决定了吉林省家庭农场发展的长期性、艰巨性。

从土地流转的需求上看,吉林各地有一大批具有经营头脑和专业特长的农户生产热情被调动起来,他们对兴办家庭农场有着强烈的渴望,对租赁流转土地有着旺盛的需求。调查数据显示,家庭农场经营者扩大土地经营面积的意愿较为强烈,97.3%的家庭农场主期流转入更多土地,其中,80%的农场主期望未来能增加10公顷以上土地。

从土地流转供给上看,一是吉林流转土地的供给偏少,超过90%的农场主反映农场周边可流转的土地资源紧缺;二是一些家庭农场虽然具有一定的土地规模,但地块比较分散,难以集中连片,导致生产经营成本增加和经营管理困难;三是近年来土地流转价格不断上涨,给家庭农场经营带来较大的成本压力;四是农业设施用地政策难以落实,对家庭农场的生产经营造成直接影响。

从土地流转的规范性看,86.4%的家庭农场在进行土地流转时采取流转双方私下协商的方式进行,不少土地流转采用的是口头协议;吉林省大多数农户倾向于短期流转,以1～3年居多,有的甚至一年一租。有64.6%家庭农场的土地流转期限1～2年,20%的为3～5年;70%家庭农场反映当地对土地流转有人为限制,规定不得流转给外村(地)人。土地流转不规范,直接影响家庭农场的经济效益,也将影响家庭农场的持续发展。调查中还发现,有的家庭农场土地流转时间过长,当初签订的合同与市场实际不符,容易产生较大矛盾,有的家庭农场合同签订时间过短,或者只有口头约定,在运营过程中变数较大,影响家庭农场的正常生产经营。

调查表明,受地域特点,经济发展程度和产业环境、思维理念等因素影响,吉林省各地土地流转意愿存在着明显差异,家庭农场的发展不平衡。在吉林粮食主产区,如长春、四平等地区,由于农业比较收益高,受恋地情结、升值预期和规避风险等因素的影响,农民普遍惜租,导致当地土地流转资源稀缺,土地流转价格相对较高,每公顷土地租赁价格在8000～12000元之间。当地家庭农场数量远少于其他地区、且其土地经营规模也普遍偏小,一般仅在5～15公顷左右。而在延边地区,由于当地有大量农村劳动力赴韩国打工,农民的承包地大量向外流转,使当地家庭农场扩张土地经营规模较为容易。从全省看,延边地区家庭农场创办最早、发展也最为迅速,数量最多,规模也较大。

家庭农场作为一种新型经营主体,明晰而稳定的土地产权是重要基础,需要相对稳定的农业土地政策。针对问卷中提出的“您是否满意国家现行的土地流转政策”问题,有 77.3%的家庭农场主表示“满意或比较满意”,16.4%的农场主表示“不太满意”,6.4%的农场主表示“不满意”或“不清楚”。在回答“您认为当前土地流转过程中存在着哪些问题”多选题时,有62.7%的农场主认为存在“周边可流转的土地太少”;57.3%的农场主反映当前的“土地权属不稳定”,42.7%的农场主认为“土地流转限制过多”;31.8%的农场主认为当前“流转信息不畅”、“流转中介服务少”;13.6%的农场主认为“法律权益难以保障”。

调研发现,要引导家庭农场健康发展,一方面要保证土地承包经营权稳定并长久不变,依法完成确权、颁证制度,赋予农民稳定的土地收益权;另一方面,需创新土地流转机制,充分发挥市场的资源配置作用,保证土地经营权的合法有序流转,以实现土地适度规模集中。同时,必须从吉林省当前所处的发展阶段和各地实际出发,科学把握条件,因地制宜、分类指导,防止拔苗助长、一哄而上。应充分认识到,在相当长时期内普通农户仍是农业生产经营的基础,在发展家庭农场的同时,绝不能忽视普通农户的地位和作用。

(二)劳动力因素

从劳动力的转移看,目前吉林省的工业化、城镇化的进程正在加速,2013 年全省城镇化率达到 54.2%,居全国第 13 位。这为农村劳动力提供就业空间,也为家庭农场的产生创造了条件。但是与经济发达的省份相比,吉林省城镇化水平还不高,农村劳动力大规模非农就业的比重不大,农村劳动力过剩的局面还远未扭转。2014 年三季度,吉林省农村劳动力整体从业比例 91.3%,处于不充分就业状态。农民外出务工比例仅为 20.9%,有七成劳动力仍主要依靠农业生产经营。同时,吉林省农村劳动力市场建设滞后,进城农民在就业、教育、生活等方面还无法享受市民待遇,进城农民住房、医疗和养老问题还未解决,农民进城定居受到多方限制,这些在一定程度上限制了全省土地流转的进程,从而限制了吉林省家庭农场的发展。

从劳动者的素质看,家庭成员素质,特别是家庭农场主的素质在很大程度上影响着家庭农场的创建水平。从目前吉林省家庭农场发展的现状看,在被调查的 110 个家庭农场中,农场主小学文化程度 15 人,初中文化程度

69 人,高中文化程度 17 人,大学文化程度 9 人。尽管大部分农场主从事农业生产多年,实践经验丰富,但毕竟受学历、理念等因素影响,难以有效承担现代农业发展的重任。在激烈的市场竞争中,提高农场主的经营管理素质和能力是改造传统农业、壮大家庭农场的关键环节。

在家庭农场雇工方面,家庭农场的正常营运不仅需要雄厚的资金、适度的土地规模和优秀的经营人才,还需要大量的劳动力。一般情况下,具有一定规模的家庭农场都需要雇用一定量的常年农工和大量的短期农工。调查表明,家庭农场在用工方面存在三个方面的问题:一是招工来源不稳定。随着大量农村劳动力转移到城镇和企业,农业劳动力短缺问题越来越严重,导致家庭农场招工越来越困难、务工人员流动频繁,产生雇工的不稳定性,无形中增加了家庭农场的监管成本和交易成本。二是劳动力成本大幅度上涨。近年来,由于受物价上涨等因素的影响,家庭农场雇佣工人的工资不断攀升。据调查,吉林省家庭农场雇用的短期女性老年劳动力的日工资在 80 元左右,短期男性劳动力的日工资在 100～150 元之间,长期雇用工月工资在 2500 元左右。劳动力成本的大幅度提升,压缩了家庭农场的利润空间,经营效益不佳的家庭农场生存困难。三是雇工的素质较低。目前农村留守劳动力大多为中老年人,家庭农场在用工上可供选择余地很小,只能雇用年迈体弱的老年劳动力。这些雇工大多受教育程度较低,接受农业新技术和新技能的能力比较薄弱,不利于家庭农场的发展。

家庭农场的发展需要年轻人,这也是家庭农场可持续发展的要求。调查中,71.8%家庭农场主表示自己的事业后继无人。在回答“您愿意不愿意让自己的子女传承您的农场事业”问题时,34.5%的农场主明确地表示“不愿意”,52.7%的农场主回答“由子女自己决定”。大部分农场主表示,现在的年轻人大多追求“体面的收入、尊严的生活”,真正热爱农业,发自内心的热爱田园生活,心甘情愿地去农业院校学习,主动地从事农业的年轻人非常少。农村劳动力转移存量大,农业劳动力素质较差,将长期影响吉林省家庭农场的发展进程。

(三)政策环境

地方政府的行政介入及其政策导向对促进家庭农场的建设发展起到了十分重要的作用。调查中发现,一方面,家庭农场作为新生事物,在发展初期十分需要政府的宣传和动员,需要政府的指导与支持,以加深对家庭农场内涵的理解和重要性的认识。另一方面，从某种程度上说，家庭农场是在当地政府的制度框架下创建与发展的，它需要政府的扶持，需要政府制定出台相应的激励政策。目前吉林省尚未制定出统一的对家庭农场实施的优惠和扶持措施。在土地流转规范性和保障程度等方面缺乏相应制度支持，在保险、防范自然风险方面以及农业技术、市场信息服务等方面优惠扶持政策还较少。有的地方种植养殖大户因没有看到切实的优惠扶持政策，对转为家庭农场经营积极性不高，有的地方工商、农业等部门对家庭农场的认定还不够明确。调查中了解到，有 73.0％的家庭农场主关注农村土地确权登记政策，70.9％关注农地经营权抵押贷款政策，90％的农场主希望能获得国家财政资金、税收政策、粮食最低收购价政策支持。

调查反映，资金短缺是家庭农场快速发展的核心制约因素。吉林省多数家庭农场仍处于初创发展阶段，农户资金有限，缺乏大规模租赁土地和扩张经营的能力。在土地租赁流转过程中，多是采取年度议价、当年兑现的形式给付土地流转租金，流转期过短，不利于家庭农场的稳定发展。从 110 户农场调查来看，目前各农场收益的再投资率已经达到 120％(另有 20％的借贷资金和外部注入)，有 95.5％的农场在负债经营。同时，流转土地的经营权并不能计入农场资本，家庭农场可抵押资产少，融资能力不强。目前，只有在延边地区专业农场可以用土地经营权来向金融部门贷款，其他地区没有相关政策，农场主只能通过有限的自有耕地和房屋抵押贷款，或进行高成本的民间借贷。调查显示，60％的农场主认为当前阶段是家庭农场快速发展的最好机遇期，而缺少资金是没有流转更多土地而进一步扩大经营规模的主要原因。

(四)社会化服务体系

家庭农场实现规模经营以后，经营规模和集约经营水平不断提升，对农资信息、农机维修保养、新技术新产品等社会化服务的需求也越发迫切。具体表现在现有家庭农场在农地流转、农业科技、农业信息、农业投入和信贷、农资、农产品销售等方面，现有的农业社会化服务体系还不够健全，难以为其农业生产提供优质的服务，农村经济合作组织优势也没有得到充分发挥，农技推广、农机作业、产品营销、信息咨询等服务还没有到位，政府部门亟需加大扶持力度，健全社会化服务体系，进一步连接农场与市场，加大农场品商品化程度，为家庭农场的产业化发展提供强有力的服务支撑调查。调查显示:74.5%的家庭农场主希望政府加强技术推广服务体系、农地流转服务体系、资金投入服务体系等服务体系建设,81.8%的农场主支持建立农产品产前、产中与产后服务体系,83.6%的农场主希望社会能提供技术、信息、政策和法律咨询等方面的服务。

三、吉林家庭农场的发展趋势

通过大量的实地调查,吉林家庭农场的发展已经呈现出三个明显趋势。

一是向更具规模化和集团化的专业合作社发展。吉林省大多数家庭农场规模仍然较小,相对于已经经过几年发展的专业合作社而言,家庭农场在农机、技术、生产资料方面有着明显的比较劣势,依托合作社开展生产经营,可以最有效的利用集团优势,依托更大的平台,更优配置生产要素,有效降低生产成本,提高风险抵御能力。调查发现,部分家庭农场主对组建或参加专业合作社有浓厚的兴趣。家庭农场依托、加入或者自主组建专业合作社是未来农业生产经营模式发展的重要趋势。

二是向更具专业化和产业化的多种经营发展。调查发现,吉林省部分家庭农场已发展到一定规模,积累了相当的资本和足够的技术资源,他们在追求规模扩张时,许多农场主选择了多元化经营。这种模式可以有效规避自然灾害或者经营中出现的风险,也可以降低生产中各环节之间产生的成本,提高经济效益。专业化和产业化是一些家庭农场,特别是在流转土地资源相对短缺的地区家庭农场发展的主要方向。

三是向更具品牌化和精细化的高附加值生产发展。家庭农场使农业生产经营更有组织性和战略性,也客观上提高了农业生产的技术含量和商品化程度,使农产品精细化加工和品牌化发展能力增强。部分家庭农场已经开始将生产的商品直接销往超市,直接面向消费者,减少了中间环节,提升了产品附加值,打响了绿色品牌知名度,同时也大幅度增加了农场收益。向企业化经营靠拢,向高附加值生产发展,是家庭农场完成了原始资本和技术积累后,进一步挖掘资源优势潜力的必由之路。

四、几点启示

家庭农场是以家庭经营为基础,融合科技、信息、农业机械、金融等现代生产因素和现代经营理念,实行专业化生产、社会化协作和规模化经营的一种新型农业经营主体。家庭农场的发展是对我国农业家庭经营制度的继承和完善,既有利于促进农业经济发展,也有利于维护农村稳定。通过调研和分析,得出如下启示。

(一)家庭农场的产生和发展是客观必然

在制度环境、政策支持和农业理论等制度供给推动下,技术进步和稀缺资源相对价格的变化,导致农户劳动生产效率的提高和专业化分工扩大,产生组织演进与制度变迁的内生性需求。同时,农村劳动力向外转移、农村土地流转,以及农业技术与农业机械普及等构成制度变迁的外生性推动力量。在内外力量的相互作用下,家庭农场产生的微观条件日渐成熟,制度环境逐步形成。

(二)家庭农场的发展需要制度环境的支撑

如果将家庭农场看作一种制度安排,那么其产生和发展必然受制于特定的制度环境,需要满足一定的基本条件。吉林家庭农场的发展实践表明,家庭农场的形成与壮大,需要的制度条件至少应该包括:以专业化分工为基础的劳动力市场制度,具有稳定明晰的产权且可规模化集中的土地制度;以农业机械化、金融服务、市场信息与科技信息服务为主的社会化服务制度等。

(三)吉林省家庭农场成长发展的条件已经初步具备

改革开放以来,吉林社会经济快速发展,城乡互动日益频繁,工农结合更加紧密,第三产业持续繁荣,为农村劳动力转移提供了更多选择,为解决农村人地矛盾创造了条件,为农业规模化生产经营,家庭农场的发展提供了可能。

(四)家庭农场是具备较好成长性的新型农业经营主体

家庭农场不仅拥有家庭成员特有的生产积极性,还可以发挥企业的市场经营性,是一种融合家庭经营与企业经营双重优势的新型生产经营形态。家庭农场可以充分发挥家庭成员的利他性动机,减少组织运转费用和生产监督成本。家庭作为最紧密的利益共同体,不会从纯经济的角度计较个人的劳动付出和收益,不需要外界监督和管理。由于继承了家庭的利他主义原则,家庭农场在维系劳动力稳定方面,可以利用血缘关系、感情和道德习俗等力量,将生产过程中的组织成本和交易费用压缩到最小。因此,家庭农场特别适合劳动和资本双密集化的新农业,具有一定的经济效率。

(五)发展家庭农场必须循序渐进

家庭农场是现行家庭经营的一种补充而不是替代形式,必须根据当地城镇化水平、非农就业机会与农民退出意愿渐进发展,防止大拨儿轰、急于求成等倾向,更不能出现垒大户式的"强制人造家庭农场"。家庭农场跟城市化密切联系在一起,只有城市化工业化很发达的地区才能发展得很快。

(六)促进家庭农场发展应创新体制机制

家庭农场可持续发展更需要构建一套系统、完整的机制,包括准入认定机制、扶持管理机制、合作与激励机制、社会化服务机制、职业农民培育机制等,共同推动吉林农业规模化发展。

完 成 单 位:国家统计局吉林调查总队
课题组负责人:杜克成
课题组成员:房 卫 郎利锋 韩 冰 王 强

第二十二章　江苏家庭农场特点及模式

摘要:江苏是全国非农产业起步早发展较快的省份,截至2013年底,全省符合家庭农场条件的农户数量达到3.38万个。本文通过对江苏家庭农场发展的主要特点、土地及资金来源情况、典型经营模式、主要制约因素进行分析,探讨家庭农场健康发展路径,指出了土地流转困难、融资困难、社会服务不足等是制约家庭农场发展的主要因素,提出了合理引导、推动土地有序流转、加大政策扶持和金融服务力度、强化社会化服务四点建议,以供参考。

江苏是全国非农产业起步早发展较快的省份,绝大部分农民较早脱离了对土地的单纯依赖,加之市场经济较为发达,城市密集、人口众多、市场需求大,各类工商资本进入农业的热情较高,均为江苏加快推进农业适度规模经营创造了良好条件。2013年中央一号文件首倡家庭农场后,江苏及时印发了《关于积极稳妥发展家庭农场的通知》,省工商局及时出台了全国省级工商部门第一个《关于充分发挥工商注册登记职能,做好家庭农场登记工作的意见》,从而为江苏家庭农场应运而生顺势启航创造了前所未有的发展空间。据江苏省农委统计,截至2013年底,全省符合家庭农场条件的农户数量达到3.38万个。这些家庭农场中,已在各级工商部门注册的6458个,其中注册为个体工商户有4038个;已经过各级农业主管部门认定的12395个,其中被县级以上农业部门认定为示范性家庭农场的有1150个。

一、江苏家庭农场发展的主要特点

(一)从事产业以种植业为主

2013年,全省33833个符合条件的家庭农场中,从事种植业的有28066个,占83.0%,其中粮食产业16839个,占种植业的60.0%;畜牧业2281个,占6.7%;渔业1996个,占5.9%;种养结合的928个,占2.7%;其他562个,占1.7%。据江苏调查总队对宜兴、常熟、东台、赣榆、泗洪等五县(市)133个家庭农场的随机问卷调查，从事种植业的占 66.5%，养殖业占 20.1%，园艺业的占 10.8%，水产品等占 2.6%。

表 1　江苏家庭农场行业分布情况

	数量(个)	比重(%)
2013 年末全省家庭农场总数	33833	—
一、种植业	28066	83.0
其中：粮食产业	16839	60.0
1、经营土地面积 50～200 亩	14961	88.8
2、经营土地面积 200～500 亩	1378	8.2
3、经营土地面积 500～1000 亩	355	2.1
4、经营土地面积 1000 亩以上	145	0.9
二、畜牧业	2281	6.7
其中：生猪产业	773	33.9
三、渔业	1996	5.9
四、种养结合	928	2.7
五、其他	562	1.7

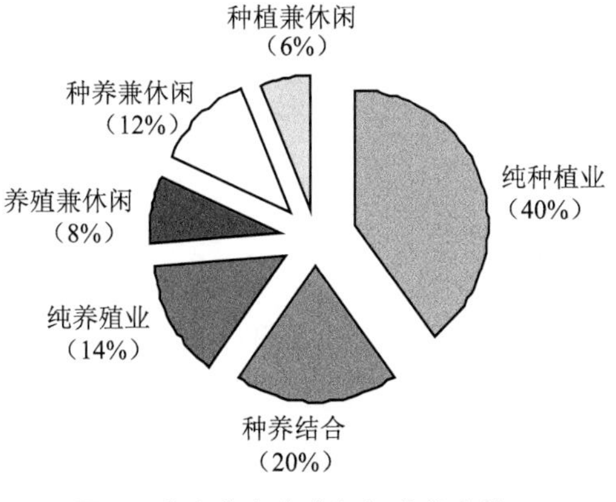

图 1　南京市家庭农场行业分布情况

(二)土地经营面积以中小规模居多

江苏人口众多，人均土地资源稀少，家庭农场总体规模不大。以土地需求相对较大的粮食产业为例，全省 16839 个以粮食产业为主体的家庭农场中，经营土地面积 50～200 亩的占 88.8%；200～500 亩的占 8.2%；500～

1000 亩的占 2.1％；1000 亩以上的占 0.9％。

(三)日常用工以家庭成员为主

2013 年末，全省 33833 个家庭农场共有劳动力 176763 人，平均每个农场 5.22 人。其中家庭成员劳动力 136907 人，占 77.5％；常年雇工劳动力 39856 人，占 22.5％。

(四)销售规模和收益总体还不高

据省农委统计，全省 33833 个家庭农场 2013 年销售农产品总值 108.47 亿元，平均每个农场 32.06 万元。其中，10 万元以下的 21377 个，占 63.2％；10～50 万元的 7646 个，占 22.6％；50～100 万元的 2968 个，占 8.8％；100 万元以上的 1842 个，占 5.4％。据对五县(市)133 个家庭农场的随机问卷调查，户均效益在 10 万元以下的占 41％，10～20 万元的占 28.0％，20～50 万元的占 18％，50 万元以上的占 13.0％。

二、江苏家庭农场土地及资金来源情况分析

(一)土地：来源以流转为主，期限以中短期居多，用途以种植业为主

1. 耕地来源以流转为主。2013 年，全省 33833 个家庭农场共经营土地面积 298.93 万亩，其中耕地 270.02 万亩，占 90.3％；草地 1.38 万亩，占 0.5％；水面 22.10 万亩，占 7.4％；其他 5.43 万亩，占 1.8％。耕地面积中，属于家庭承包经营的 63.34 万亩，占 23.5％；经过土地流转的 206.68 万亩，占 76.5％。据江苏调查总队对宜兴、常熟、东台、赣榆、泗洪等五县(市)10 个村(每个县市随机选一个乡镇，每个乡镇随机选一个村)开展的土地流转方式的调查，10 个村共有耕地面积 50216 亩，截至 2013 年已流转的有 37595.6 亩，占 82.6％。从流转方式看，转包的占 22.6％；转让的占 3.2％；互换的占 1.6％；租赁的占 70.2％；其他的占 2.4％。

2. 期限以中短期居多。调查的 10 个村中，土地流转的经营期限，2～5 年的占 27.1％，5～10 年的占 35.7％，10～15 年的占 27.1％，15 年以上的占 10.1％。

3. 用途以种植业为主。10 个调查村流转的耕地中，用于种植粮食的占 52.8％，种植蔬菜的占 23.5％，种植花卉、园艺的占 12.4％，水产养殖的占

4.6%，其他用途占 6.7%。

（二）资金：基本靠自筹，银行贷款难度大，财政扶持受益面总体有限

1. 基本靠自筹。 调查的 133 个家庭农场中，85.3%的反映投资资金基本靠自己多年的原始积累，部分靠民间借贷；9.6%的反映主要由地方企业出资入股；4.4%表示得到了政府拨款；0.7%的反映得到了村级集体资金的帮扶。

2. 银行贷款难度大。 据省农委统计，全省 3.38 万个家庭农场中，获得过银行贷款支持的家庭农场有 1296 个，比例仅为 3.8%，平均获得贷款 6.96 万元。其中 79.5%的家庭农场获得的贷款在 20 万元以下；16.8%的获得的贷款在 20～50 万元；3.7%获得的贷款在 50 万元以上。

3. 财政扶持受益面有限。 据省农委统计，全省 3.38 万个家庭农场中，仅 203 个获得过财政扶持资金，资金总额 2124.99 万元，其中省级 600.11 万元，市级 550.05 万元，县级及以下 807.87 万元。

三、几种典型的家庭农场经营模式

（一）纯生产型模式

连云港市东海县白塔埠镇的"先锋家庭农场"，2013 年工商注册，流转经营耕地 200 亩，先后投入 60 多万元，用于对灌溉水井、道路绿化、临时住房、农具车辆等配套设施的购置和建设，专业种植各类蔬菜，平时以家庭成员为主，收获季节忙不过来会临时雇十几个短工。农场生产全部属订单式，事先与当地的"绿地来蔬菜专业合作社"签订种植合同，定好收购价格，农场只管种植。镇江句容市天王镇浮山村沈爱军经营着一家养殖业性质的家庭农场，拥有奶牛 150 头，年产鲜奶 800 吨左右，订单供应周边光明、长江等乳企。据从省农委了解，在一些专业合作社和农民经纪人发展较为充分的地区，家庭农场很多属纯生产型，经营规模普遍不大，其产品销售主要是订单式或上门收购型。

（二）生产及观光休闲一体型模式

此类家庭农场，多位于城市近郊，规模普遍不大，主要以果蔬种植和家禽、水产养殖为主，兼营休闲观光与体验，以农家乐的形式提升经营效益。

苏州市首批被认定为省级示范的9个家庭农场和无锡市滨湖区目前登记的12个家庭农场，基本属于此类型。苏州市吴中区东湖家庭农场，拥有流转土地面积100亩，以种养为主，4位家庭成员均从事农场的生产经营活动，2013年家庭农场纯收入达20万元。农场主反映，由于离苏州市区不远，又临近太湖景区，一般周末这里都人气聚集，农家乐给家庭农场带来了可观的收益。无锡市滨湖区12个家庭农场，平均规模为51.79亩，规模最大的“双虹勤园家庭农场”76.16亩，最小的“星仪家庭农场”32亩，12家均为种植类家庭农场，主业是林果生产，以茶叶、枇杷、杨梅、醉李、芋头、灵芝、葡萄、梨等为主，果实遍布一年四季，每到周末都吸引了很多城市家庭前来采摘体验，既直接销售了农产品，又在餐饮等上增加了收入。

(三)“公司＋农场＋专业合作社”模式

苏州市“常熟田娘农场”是依托“常熟田娘科技公司”的资金、科技力量和在地方的影响力创办起来的一家向现代农业发展的一个新载体。目前经营面积达6800亩，其中直接经营从古里镇坞坵村562户农户处流转的土地2050亩，另与周边37户种粮大户合作近4800亩。农场整体进行规模化、标准化运营，统一供种、机械化育秧、病虫害防治、技术应用、标准化生产，统一使用“田娘”品牌销售。农场现有2000亩土地通过了绿色认证，其中500亩通过了有机认证。

四、江苏家庭农场发展的主要制约因素分析

(一)土地流转存在的困难及土地政策的制约

一是土地集中成片难。南通市一家庭农场共向200多户农户承包了600多亩耕地，但由于耕地分散在10多平方公里范围内，导致经营不便。二是土地流转价格逐年攀升，也给农场经营带来较大的成本压力。南京江宁区一些地区，经村级集体组织协调流转的土地价格由2010年平均每亩690元涨到2013年的900元，流转成本上升了三成多。三是土地流转年限短，租期不稳定。盐城一家庭农场从周围农户手中流转90亩土地，期限从2年到5年不等，因土地租期不稳定，农场主不敢贸然加大投入。四是受现行土地使用政策的限制，部分家庭农场的经营项目难以全面实施。比如有的农场需要建冷库和仓储设施，而国土管理部门规定不允许其擅自改变土地用途。

(二)融资困难

一是贷款手续较复杂。由于超过农户小额信用贷款的额度,银行一般要经过实地调查、抵押品评估和上报审批等信贷程序,部分农场主因不愿等候银行的层层手续或因用款时间紧迫而转向民间借贷。二是贷款期限偏短。目前农村生产经营贷款的期限多在一年以内,而部分农业项目前期基础建设投入大,后期收益见效周期较长,金融服务供需之间存在较大差距。三是目前实体经济融资成本普遍偏高,尤其是对中小企业,特别是对中小型农业项目而言难以承受。四是农村融资抵押担保存在法律限制。流转到本地集体经济组织以外的单位或者个人须履行相关审批手续,导致农地、农房在融资贷款方面的价值担保功能受到严格限制,金融机构参与的积极性受挫。

(三)社会化服务不足

五县(市)133 个家庭农场的随机问卷调查显示(多选),54.7%的家庭农场反映缺乏市场信息服务,28.9%的反映农机农艺社会化服务不配套,32.0%的反映希望得到土地、劳资、分红等纠纷的法律援助服务。镇江市一家庭农场主反映,该农场员工平均文化水平仅为初中,迫切需要种植养殖技术、市场销售方面的服务;泰州市一粮食种植家庭农场主反映,目前农场用电设施不足、机耕道路不通畅,迫切需要有关部门帮助解决。

(四)政策支持力度不够

目前,政府对农业经营主体的支持政策主要集中在农民专业合作社,比如在泰兴,农机补助大多以农民专业合作社的名义申领,家庭农场以个人名义购买农机时,申请补助存在一定难度。在盐城,目前除农业部门的农业生产基本补贴政策初步落实外,信贷、税收、财政等扶持政策的落实力度还不够。

(五)农业保险保障力度不够

虽然江苏农业保险工作取得了积极成效,但除了小麦、水稻、奶牛和能繁母猪等保险品种覆盖情况较好外,其他农产品,或缺乏相应保险产品,或保险产品设计不能吸引农户。

五、促进家庭农场健康发展的建议

(一)合理引导,循序渐进,引导家庭农场健康发展

各地需树立正确的政绩观,力求从实际出发,尊重农民的选择,杜绝形式主义,防止片面追求数量和规模一哄而上,尽量避免谷贱伤农局面重演。同时,各地应根据家庭农场的本质特征,结合地方实际,研究制定示范家庭农场标准,组织开展示范家庭农场创建活动。应制定好科学合理的创建活动方案,调动家庭农场参与积极性,强化对创建单位的跟踪监测,总结典型经验并开展多种形式的示范推广。

(二)进一步推动土地有序流转

进一步完善土地流转机制,成立土地流转服务机构,协调家庭农场主和土地业主的关系,帮助解决土地流转集中成片难、土地流转年限短、租期不稳定等困难。

(三)加大政策扶持和金融服务力度

政府部门加大扶持力度,把家庭农场列为财政支农项目申报和实施主体,在立项上给予倾斜,支持家庭农场改善生产经营条件;新增农业补贴应向家庭农场倾斜;加大贷款贴息和税收优惠等支持。银行应针对家庭农场的融资需求,创新金融产品,简化贷款手续;保险公司应加大农业保险推广实施力度,提高农业保险覆盖面。

(四)强化社会化服务,提供专业服务支撑

把家庭农场作为农业技术推广和社会化服务的主要对象,为家庭农场提供科技服务、质量检测、加工营销等方面的服务,提高家庭农场的集约化、专业化生产水平。

完 成 单 位:国家统计局江苏调查总队
课题组成员:仲 柯 吴熙云 周荣荣 赵 巍
执 笔 人:吴熙云

第二十三章　天津家庭农场成长条件与政策支持

摘要：本文分析了天津家庭农场的发展现状，对家庭农场的适度规模进行了理论分析和测算，根据测算结果，在现有劳动生产率水平下，天津家庭农场的适度规模平均应在100亩以上。在此基础上，分析了家庭农场的成长条件，提出了促进天津家庭农场发展的对策建议：一是要推进土地制度改革，为土地流转提供制度保障；二是要加大对家庭农场的政策扶持力度，完善金融服务体系；三是要加快社会化服务体系建设，提升对家庭农场的服务水平；四是要加快推进城乡一体化进程，为家庭农场发展提供社会基础。

2013年中央一号文件明确提出，家庭农场是新型农业经营主体的重要形式，要通过新增农业补贴、鼓励和支持土地流入、加大奖励和培训力度等措施，扶持家庭农场发展。因此，调查研究家庭农场成长所需的条件和政策支持，对于探索我国家庭农场发展的基本规律，促进家庭农场健康快速发展，具有重要作用。

一、天津家庭农场发展状况

"家庭农场"的概念首次出现在2013年中央一号文件。家庭农场是指以家庭成员为主要劳动力，从事农业规模化、集约化、商品化生产经营，并以农业收入为家庭主要收入来源的新型农业经营主体。当前，天津家庭农场规模普遍较小，但呈迅速发展态势。

（一）天津家庭农场规模普遍偏小

按经营耕地面积分，50亩以下的占家庭农场总数的64.5%；50～100亩的占18.4%；100亩以上的占17.1%。2013年天津家庭农场经营的耕地面积占全市常用耕地面积的比重只有1.8%。特别是达到天津市家庭农场登记办法所要求标准(其中经营耕地面积超过100亩)的家庭农场为数还不多,天津家庭农场仍处于发展孕育期。

(二)天津家庭农场呈迅速发展新态势

党的十八大以来,天津市加大了对家庭农场发展的政策支持力度,尤其是2013年底,天津市工商局出台了《天津市家庭农场登记办法》,明确了家庭农场的各项申办条件,规定,凡符合条件的自然人均可以自愿进行家庭农场注册登记,基本注册类型为个人独资企业或个人独资企业,也可选择注册为合伙企业或有限责任公司。具体项目可依申请核定谷物、蔬菜、水果、园艺作物或其他农作物种植,也可依申请参照国民经济行业分类用语核定为具体项目。办法的出台为进一步规范家庭农场的生产经营、促进家庭农场健康发展奠定了基础。2013年底,天津种植业家庭农场总数达到451户,比上年新增242户,增长1.2倍;经营耕地面积10万亩左右,比上年增长了3倍;平均每个家庭农场经营耕地面积为61.8亩,达全市农业生产经营户户均经营耕地面积的10倍以上。

(三)家庭农场雇工情况较为普遍

目前,天津家庭农场的经营模式仍以传统的家庭成员管理和经营为主,农忙时主要通过雇工方式解决用工问题,家庭农场雇工情况较为普遍。调查结果显示,76%的家庭农场在农忙时雇用劳动力,其中24%的家庭农场每年雇用的劳动力在10人以上,平均每个家庭农场常年雇工人数为1.56人,临时性雇工人数为7.67人。

(四)家庭农场更加注重新产品新技术应用和标准化生产

根据调查,天津家庭农场在生产经营中更加重视新产品新技术的应用,采取标准化生产作业。超过四分之一的家庭农场种植了传统作物之外的新品种,如紫甘蓝、花卉、以色列草莓等。63.2%的家庭农场在生产中应用了新技术,其中33.3%的家庭农场反映使用效果较好。38%的家庭农场采取了标准化生产方式,已经通过无公害产品认证、绿色产品认证和有机产品认证的家庭农场比例分别为22.4%、9.2%和1.3%。此外,有10.5%的家庭农场通过订单、电话、网络等信息化手段购进农业生产资料并送货上门,取代传统的直接购买方式。

(五)家庭农场的盈利功能显著提升

由于生产规模的扩大和技术水平的提升,家庭农场的盈利能力普遍提升较大。从产出水平看,56.6%的家庭农场扩大生产规模后,耕地增产幅度达到5%以上,其中11.8%的家庭农场增产幅度达到15%以上。从收益水平看,一半的家庭农场耕地经营收益显著高于一般农户,其中20%的家庭农场平均每亩耕地综合收入比一般农户高出500元以上,9.2%的家庭农场平均每亩耕地综合收入比一般农户高出1000元以上。从带动作用看,2013年家庭农场平均支付每个雇工(含常年雇工和临时雇工)工资7710元,促进了当地农民的增收。

二、天津家庭农场适度规模的测算

家庭农场的规模主要是指土地经营规模的大小。发展家庭农场既需要一定的规模经营面积来保证规模经济,同时又要考虑到管理人员及技术水平的适应性,因此需要把握好家庭农场的适度规模。

(一)家庭农场适度规模理论依据

家庭农场适度规模经营理论可依据西方规模经济理论。所谓规模经济,就是指在技术水平不变的条件下,企业生产规模的变动引起生产单位产量或收益的变动情况。生产规模较小时,扩大生产规模会导致规模报酬递增;生产规模达到适度规模,扩大生产规模会导致规模报酬不变;超过适度规模,扩大生产规模会导致规模报酬递减。适度规模也叫最优规模,是指在一定适合的环境和适合的社会经济条件下,各生产要素(土地、劳动力、资金、设备、经营管理、信息等)的最优组合和有效运行,获得最佳的经济效益。家庭农场适度规模经营,就是要根据各种农产品生产的技术经济特点和市场价格水平,按照规模经济理论,选择最佳规模效益点,充分利用生产条件和要素合理组合,充分发挥各种生产要素的利用潜力,达到生产平均成本最低、经济收益最大的目的。

在我国农业现代物质技术水平较低的条件下,土地是农业主要的固定投入,也是农业中最稀缺的生产要素,为获取最佳效益,必须首先考虑充分发挥土地这一生产要素的潜能。因此,国内外研究一般都把土地面积作为度量农业生产规模的基本尺度和标准,重点研究土地规模与经济效益的关系。

目前,常用的农业土地适度经营规模的评价与测算方法主要有直观评估法、分组比较法、综合评价法及生产函数分析法。直观评估法就是通过提高农民收入,缩小城乡差距来评价与确定土地适度规模。直观评估法与我国发展家庭农场的目标是一致的,本文将采用该方法从外部可能规模和内部可能规模两方面来测算家庭农场的适度规模。

(二)外部可能规模测算

外部可能规模即考虑本地区的农村劳动力转移程度,根据耕地面积和农业劳动力数量来确定适度经营规模。其计算公式为:$S_t=C/(1-r)$。其中,S_t为劳均适度经营规模,C 为劳均耕地资源占有量,r 为劳动力转移率。2013 年天津市有耕地 39.25 万公顷,乡村农业从业人员为 71.10 万人,劳均耕地面积为 0.55 公顷,乡村非农业从业人员比重达到 63.8%。据此,劳均适度规模为 1.52 公顷,即 22.8 亩。

(三)内部可能规模测算

内部可能规模即考虑农业经营项目和农业机械化水平,根据农忙季节劳均所能负担的耕地最大面积来确定适度经营规模,即以参加农业经营的劳动力本身可能负担耕地面积的能力作为判断准则。其计算公式为:$S_1=L_1/L_2$。其中,L_1为有效农忙期间平均每个劳动力可提供的劳动量,L_2为农忙季节单位面积耕地所需劳动量,这里劳动量一般用劳动时间来表示。一般地,在一个地区一定时期内,L_1是大致不变的,根据相关专家估算,"双抢"有效农忙期一般为 18 天左右,但调查中家庭农场主普遍反映因耕种土地规模较其他农户大,一般农忙期会多 1 到 2 天,因此,L_1取 20 天。而 L_1主要由机械化水平、农业生产类型和耕作方式决定,假设其他条件不变,则短期内主要受耕种作物类型影响,一般经济作物所需劳动量要大于粮食作物。种植经济作物农忙时每公顷耕地所需劳动量平均为 15 天,种植粮食作物农忙时每公顷需要劳动量为 12 天。据此,经济作物的劳均适度规模为 20/15=1.33 公顷,即 20 亩;粮食作物的劳均适度规模为 20/12=1.67 公顷,即 25 亩。

据外部和内部可能规模测算结果，在现有劳动生产率水平下，天津平均每个劳动力的经营耕地的适度规模在20至25亩之间。按2013年天津家庭农场户均劳动力2.52人，加上常年雇工1.56人，天津家庭农场平均适度规模为适度规模为82～102亩。若再考虑临时雇工，家庭农场的适度规模平均应在100亩以上。因此，天津将家庭农场登记耕地面积确定在100亩以上，是比较合理的。

三、天津家庭农场成长条件分析

（一）家庭农场主：多为长期从事农业生产、具有初中以上文化程度的中年人

调查结果显示，天津家庭农场主以长期从事农业生产、具有初中以上文化程度的中年人为主体。从年龄看，39岁以下的占14.8%，40～49岁的占55.6%，50岁以上的占29.6%。从文化水平看，初中文化的占74.1%，高中文化的占25.9%。从从业经历看，长期从事农业生产的占77.8%，从事过个体商业和外出打过工的分别占22.2%和11.1%。

（二）家庭农场区位：多位于交通商业便利地区

调查结果显示，天津家庭农场坐落地交通比较便利、距离大型农贸批发市场较近。从交通情况看，家庭农场中距离最近高速公路出入口在20公里以内的占81.5%，其中在15公里以内的所占比例为59.3%。从距离大型农贸批发市场的距离看，在20公里以内的占63%，其中10公里以内的占29.6%，10～15公里的占18.5%，15～20公里的占14.8%。较好地理位置有利于生产管理和产品销售，更有利于降低生产成本，增强市场竞争力。

（三）家庭农场土地资源：多形成于土地资源较为丰富的村庄

天津农业是城郊型农业，土地资源不丰富。据统计，2013年末，天津拥有耕地面积567.38万亩，按乡村常住人口计算，人均仅1.39亩。据调查，已产生家庭农场的村中，多数村的人均耕地面积均处于较高水平。这表明，土地资源少，家庭农场获得更多土地的难度就相对较大，是导致天津家庭农场数量少、经营耕地规模小的重要因素。

(四)家庭农场经济条件:需要较发达的非农经济为基础

虽然人均耕地占有水平很低,但早在20世纪末期天津就已经出现了有一定规模的家庭农场,近年来更是呈现加快发展的势头。进入21世纪以来,天津加快推进工业化和新型城市化,2013年天津农业增加值占地区生产总值的比重已降至1.3%,共有55万农民迁入城镇新居,农业从业人员占乡村从业人员的比重降为36.2%。非农业经济的快速发展和农业人口向城镇社区的迅速转移,为天津家庭农场的加快发展奠定了基础。

(五)家庭农场土地制度:需要完善的土地制度保障

20世纪末期,天津家庭农场经营的土地主要是通过村委会反租倒包的方式获得的(即村委会把承包给农户的土地租回来,再统一倒包给家庭农场或其他农户)。那个时期,天津农户之间土地流转比率很低,而且多数属于是代耕地性质,并不是真正意义上的土地流转。近年来,天津积极推进土地流转工作,取得了一定成效,但土地制度改革仍处在研究探索阶段。土地流转制度不完善,土地流转不健全,加之土地价格的不断攀升和权利意识的提升,多数农户将土地视作一种非常重要的生存保障资源,对土地流转持持谨慎小心态度。目前天津土地流转比例仅为22%,低于26%的全国平均水平,土地流转方式仍以出租形式为主,租期普遍偏短,家庭农场主对土地经营的长期稳定性无法预期,不敢大规模投资,制约了家庭农场的发展壮大。

(六)家庭农场技术培训:需要有效的政策扶持

农业本身属于弱势产业,经营风险多、市场风险大,需要政策扶持和呵护。近年来,天津对家庭农场给予强有力的政策支持。据调查,2013年得到政府农业补贴的家庭农场比例达63.0%,三分之一的家庭农场得了到免费的技术培训;建立了家庭农场电子信用档案,为破解家庭农场的融资难题创造条件。调查中,仍有48.1%家庭农场主希望相关部门多加强专业技术指导与培训。

(七)家庭农场融资:需要有力的金融支持

调查结果显示,51.9%的被调查家庭农场存在资金不足的问题,55.6%的家庭农场主希望金融机构给予其贷款资质、提供小额贷款。但从实际贷款情况看，目前由于家庭农场规模较小，自身资质难以达到相关贷款标准，可抵押物少，融资能力较低，制约了家庭农场的发展。

（八）家庭农场对生产经营信息有一定需求

调查结果显示，多数家庭农场主要是通过互联网自行搜索农业生产经营信息，得到过政府相关部门提供的专门性生产经营信息的仅占 3.7%。有相当一部分家庭农场主表示其农业生产经营信息来源渠道很少，时常出现市场判断失误，农业相关服务存在缺位现象，严重影响了家庭农场的生产经营效益。

四、促进家庭农场发展的几点建议

（一）推进土地制度改革，为土地流转提供制度保障

目前，农地使用权的法律地位不明确，土地流转仍缺乏法律保障。新颁布的《土地管理法》也只是提到了农民的承包经营权受法律保护，但对土地地力的评估和定价、土地市场的建立和运作、土地使用权的交易规则和程序等方面都无具体规定。这造成农户间交易没有清晰和权威的法律作为保障，加之当前监督机制不健全，导致承包关系模糊不清，土地流转纠纷隐患较多。在土地流转市场方面，市场体系不健全，专业的土地投资机构、保险机构、土地资产评估机构、土地流转协会、土地流转委托代理机构、法律咨询机构、土地融资机构等大多尚未建立。市场机制也不完善，主要表现为价格、竞争、供求等市场机制的作用没有得到充分发挥，这使得土地在实现流转的过程中存在资金缺乏、信息受阻、地区分割严重、交易成本过高等问题，直接影响了土地流转的速度、规模和效益，给家庭农场的发展壮大带来了很大障碍。

应结合目前天津耕地流转工作的具体情况，抓紧制定完善农村耕地承包经营权流转的法律、法规和实施办法，明确土地承包经营权的具体内涵，弄清所有权与经营权的职能与界限，强化承包人在法律范围内自主处理所承包土地的权利，强化土地流转的物权化保护，确保耕地流转工作有章可循。制订和完善耕地流转规范合同文本，提高耕地流转的规范性。

（二）加大对家庭农场的政策扶持力度，完善金融服务体系

土地流转提供给家庭农场所需的土地，同时也使其生产成本上升，大量

的流转土地意味着大量的资金需求。因此，要制定资金补贴政策，采取适宜的直接补贴、间接补贴以及收入补贴等各种方式，为土地流转提供财政和金融支持。要完善政策保险、自然风险保险以及风险预警应急防范机制，提高家庭农场等生产主体抵御农业生产风险的能力，保证家庭农场生产经营利润的稳定性和盈利能力。要完善金融服务体系，引导金融机构开拓农村金融市场，通过特色化发展、差异化竞争、专业化服务找到自身发展与支农服务的结合点，鼓励设立农贷中心、小贷中心等专营部门，加大对家庭农场的支持力度。要拓宽有效担保抵押物范围，将家庭农场拥有的符合抵押品特征的动产和不动产，如大型农机具、土地附属设施、土地承包经营权等，纳入抵押或质押范围。鼓励金融机构开展金融产品创新，如直接补贴资金担保、土地流转收益保证贷款、规模经营主体营销贷款等。

（三）加快社会化服务体系建设，提升对家庭农场的服务水平

提升经营者的科技水平和管理素质是家庭农场获得长足发展的重要利器。继续加强农业技术培训，可通过与相关高校合作举办高级农业技术培训班，培养更高层次农业技术人才。要注重对年轻经营者的培养，为家庭农场的发展储备力量。要强化相关部门的信息服务与规划指导，建立信息服务长效机制，相关部门通过专门网站、官方微信或“信息速递”等方式，将掌握的市场信息及行业信息及时传递给家庭农场，便于家庭农场根据市场需求变化对生产经营计划与市场定位进行调整。加强农业公益性服务机构、经营性服务组织和专业化服务组织建设。加快建立农业技术推广、农产品质量监管、疫病防控等服务性机构，发挥农业保障功能和服务作用。研究制定支持农业经营性服务组织发展的措施，按照主体多元、形式多样、竞争充分的原则，采取多种方式引导服务组织发展。加大对专业服务组织的扶持力度，积极引导和支持专业化服务组织开展病虫害统防统治、农机作业、农资供应与农产品流通等服务。

（四）加快推进城乡一体化进程，为家庭农场发展提供社会基础

应该加快各层面的城乡一体化进程，一是加快社会保障一体化进程，为流转土地、吸引人才奠定基础。以“广覆盖、保基本、多层次、可持续”原则为指导，以社会保险、社会救助、社会福利为基础，以基本养老、基本医疗、基本生活保障为重点，以商业保险、慈善事业为补充，加快建立健全农村社会保

障体系。二是加快社会事业一体化进程，解决长期以来困扰农民生产生活的道路、用水、环境、医疗、教育等问题，为家庭农场成长创造良好环境。继续开展“四清一绿”工程，积极推进医疗卫生事业发展向农村延伸，大力繁荣乡村文化事业，深化农村改革、释放基层能量。

完 成 单 位：国家统计局天津调查总队
课题主持人：彭志龙
课题组成员：杜洪策　韩　健
执　笔　人：韩　健

第二十四章　重庆家庭农场发展的制约因素与政策建议

摘要:本文在对家庭农场概念进行界定的基础上,对家庭农场成长几个制约因素进行了分析,一是农户盈利能力弱,意愿不积极,二是现代农民较缺乏,经营风险大,三是土地流转不规范、管理不到位,四是信贷支持不到位,农户融资难。最后,根据上述研究结论提出了应加强农业保护和扶持、推进农民现代化、加强土地流转服务以及推进农村金融改革等政策建议。

发展家庭农场是推进农业规模化经营、提振农业效率、效益和综合生产能力的有效措施,也是推进农业现代化的重要依托,有助于促进“三农”问题的根本解决。但是,家庭农场的成长也面临一些制约因素。因此,研究家庭农场的制约因素与政策支持,具有重要现实意义。

一、家庭农场概念及现状

家庭农场是一个起源于欧美的舶来名词。针对我国农业农村实际,2013年,中央“一号文件”在政府层面首次提出了家庭农场概念。根据农业部的定义:家庭农场是指以家庭成员为主要劳动力,从事农业规模化、集约化、商品化生产经营,并以农业收入为家庭主要收入于来源的新型农业经营主体。

近年来,在国家扶持政策的大力推动下,种植大户和养殖规模户从未到有、迅速发展。其中,大量种养户经营的经济实体已经成功发展成为家庭农场。据市农委评定,2013年末,重庆的家庭农场达到9419个。其中,种植业家庭农场3001个,占31.9%;畜牧业家庭农场4719个,占50.1%;渔业家庭农场721个,占7.6%;种养业结合的家庭农场704个,占7.5%;农业与餐饮休闲娱乐结合的家庭农场274个,占2.9%。

二、家庭农场快速发展的制约因素

家庭农场的成长和发展，取决于家庭农场开办者的意愿和能力及其所处的环境。具体地，又可进一步区分为盈利能力、农民素质、土地因素、金融支持几个方面。针对上述四个方面，从重庆市的客观实际来看，发展家庭农场仍面临着诸多制约因素。

（一）农户盈利能力弱，意愿不积极

开展任何经营活动的动机和目标是盈利。因此，能够盈利是农户开办经营家庭农场的根本动力，也是生产经营能够延续和扩大再生产的基本条件。但是家庭农场面临着生产经营盈利能较较弱，农户开办家庭农场的意愿不强等问题。

2013 年重庆没有发生较重的天灾病害，是一个普通的农业生产年景，农业效率、效益仍低至仅能维持生计的水平。据 2000 个农户抽样调查数据的测算，2013 年，农户家庭平均一个农业从业人员创造的农业纯收入仅为 7882 元，相当于一个家庭劳动力从事非农产业纯收入 11846 元的三分之二。如果一个农业从业人员按劳动力负担系数承担老人赡养和子女抚养的开支，那么其可用于自己消费的纯收入仅为 5671 元，尚不能达到当年农民人均 5796 元的消费水平。农户对农业生产的积极性不够高。据 2013 年开展的 800 个农户的贷款需求抽样调查，调查的全部农户中，承包地全部耕种的农户占 56.3%，部分耕种、部分转包的农户占 24.4%，部分耕种、部分撂荒的农户占 13.6%，全部转包或撂荒的农户占 5.8%。另据全市畜禽监测调查，2012 年全市农户生猪养殖率降至 57.3%；其中，在经济发展较好的区县，农户生猪养殖率已降至五成以下。由于效率效益低下，多数农户不愿意扩大规模开办家庭农场。据 7 月对 50 个农户的典型调查，愿意开办家庭农场的农户仅有 8 户，不足两成。

（二）现代农民较缺乏，经营风险大

农户开办经营家庭农场首先需要劳动力来承担。要成功地开办经营家庭农场，农户还必须懂技术、会经营。近十年来，工业化、城镇化进程加快，农村人口和劳动力数量不可逆转地逐年减少。目前，农村体能较好、文化程

度较高、能够去城镇谋生的劳动力几乎转移殆尽，农户家庭劳动力普遍不充裕。据对 2000 个农户的抽样调查，2013 年，农村劳动力中，有 56.4%的劳动力外出或在本地务工经商，仅有 44.6%的劳动力仍在从事农业。平均一个农户有就业劳动力 2.50 人，其中整劳动力 1.38 人，半劳动力 1.12 人。从事农业的劳动力 1.11 人，其中大多是年龄较高的半劳动力。虽然农户现有的耕地不多，户均耕地面积 3.6 亩，但由于农村留守劳动力体能较弱，要承担家庭的种养业生产和各种家庭事务，多数农户的工作量基本饱和，只有少部分农户尚有余力开展规模经营。由于农业生产的季节性较强，农忙时段农村劳动力短缺现象相当突出。农忙时段农户外雇劳动力的日报酬已经上涨到 300 元，另外还有一日三餐及烟酒的开支。但多数农户都缺劳动力，外雇劳动力相当困难，延误农时的现象时有发生。还有少部分农民工不得不大老远回家帮助抢种抢收，产生较大的成本。扩大经营规模，意味着经营风险的扩大，也对生产经营能力提出了更高的要求。要成功地开办经营家庭农场，要求农户具有五个方面的能力：一是市场把握与经营决策能力。二是获取与运用先进生产技术的能力。三是获取与运用管理知识的能力。四是市场营销能力。五是处理公共关系能力。能与当地相关单位和各类人群友好相处，恰当处理各种矛盾，并能争取政府的补贴、贷款、技术服务、销售促进等扶持政策。但是，大多数留守劳动力具有年龄高龄化、学历低层化特点，且保留了不少落后的观念，思想保守、竞争意识不强、政治法律观念淡薄，学习与创新能力不足，家庭农场经营风险较大。

(三)土地流转不规范、管理不到位

土地是最基本的农业生产资料。农户拥有的承包地面积小，要扩大生产经营规模，需要通过土地流转方式获得更多土地的使用权。但流转土地的供给与需求存在较大的错位，不易获得便于经营管理的土地。土地流转率已达到一定水平，获得“好地”的难度加大。农业生产条件较好的区县，土地流转率达到了 40%以上；农业生产条件较差的区县，土地流转率也达到 20%左右。但是土地流转不规范、管理不到位，难以确保土地使用的长期稳定性。农户土地流转不规范，表现在四个方面：一是土地流转性质是农户自行流转，多数农户未报批备案和变更登记。二是土地流转方式以出租和转包为主，采用股份合作、转让、互换、借用等流转方式较少。如永川区流转的耕地占 51.5%、转包占 34.9%，潼南县流转的耕地中转包占 40.5%、出租占

26.1%，万州区流转的耕地中转包占55.5%、出租占40.9%。三是土地流转合同签订率不够高。如武隆县为70.9%、万州区为61.4%，大量土地流转仅靠口头协议约定。同时，相当一部分土地流转合同不规范，权利义务不明确、条款内容不完整、事项约定不严谨，很容易发生纠纷且难以解决。四是土地流转期限较短。如开县流转土地中流转期限不到1年的占33.1%、流转期限在1～5年的占38.3%、流转期限在5年以上的占28.6%。潼南县耕地流转以短期临时为主，转包、拣耕与代耕的期限一般是一年一议，甚至有种一季算一季的情况，或者是未明确期限。在土地流转管理方面，乡镇及基层组织存在管理不规范、不到位问题：一是认识有偏差，重视程度不够。有的认为土地流转是农户的私事，不必管；有的担心土地流转会引发新的矛盾，不愿管。二是管理机构虚置，管理制度不健全、管理办法不完善。大多乡镇没有专职管理机构，无固定场所和专人管理。三是管理不到位、工作有疏漏。基层土地流转服务人员严重不足、经费较少，造成宣传、监证、信息服务、档案管理等一些工作跟不上、不到位。四是土地流转纠纷调解仲裁机制不完善，对土地流转中产生的纠纷和矛盾，难以快速有效地解决。

(四)信贷支持不到位，农户融资难

农户开办家庭农场普遍需要贷款。长期以来，农户收入水平偏低，积累的资金少。从2013年看，全市农户户均纯收入仅2.9万元，扣除家庭消费支出后仅能结存8851元，长年积累也难有大笔存款。在数年时间内，农户难免要办理红白喜事、修建住房、购买耐用消费品等大笔开支，需要动用多年的积蓄，甚至向亲友借款。自有投资资金不足是农户开办家庭农场普遍存在的问题。在调查的8个愿意开办家庭农场的农户中，均表示需要贷款解决自有资金不足问题。

但贷款难是农户普遍的感受。据2013年开展的800个农户的贷款需求抽样调查，调查的全部农户中，有26.3%的农户向银行贷过款；其中，认为贷款“很难”的农户占26.2%、认为贷款“较难”的农户占44.3%、认为贷款“较容易”和“容易”的农户占29.5%。由于贷款难，不少农户对银行贷款望而却步，流失了诸多农业投资机会。贷款难的主要原因是农户普遍难以达到贷款条件的要求。另一方面信用社经营管理问题造成人为的贷款难。一是信用社经营定位有偏差，以效益为目标，未把支持“三农”作为工作重点，注重发放大额贷款和老客户贷款，不注重农户小额贷款。二是贷款手续繁琐复杂，农户去几次也办不完手续。三是个别信用社信贷人员工作效率低下，即使手续办好后，3～5 个月也拿不到贷款。这样拖拉下来，农户很容易丧失投资的时效。

三、家庭农场健康成长的几点建议

发展家庭农场是一项系统工程，也是一个渐进的过程，需要相应的经济社会条件。因此，应积极稳妥地推动家庭农场发展。要着力改善农业产业生态，大力推进农民现代化，积极促进土地流转，切实加大农业信贷支持，为家庭农场的成长发展创造良好条件。

（一）加强农业保护扶持，提高农业效益

1. 构建公正合理的农产品价格体系。根本措施是将基础农产品——粮食的最低保护价提高到合理水平，从而通过比价效应带动其他农产品依据供求关系自动定价。农产品价格上涨将对城镇低收入群体产生一定的影响，可通过提高“低保”水平的方式予以补贴。实行农资与粮食价格联动政策。实行农资与粮食价格联动政策，防止农资价格上涨幅度超过国家粮食收购价格的上涨幅度。

2. 提高农业补贴标准，改进补贴办法。要从巩固农业基础、保障粮食安全的战略高度扶持农业发展，逐年增加农业补贴。应逐步降低粮食流通环节的补贴比重，提高粮食生产环节的补贴比例。改变以承包地面积计算发放粮食直补的办法，而以国家收购的商品粮数量计算发放粮食直补。采取报账制发放农机具等类型的补贴，由农户货比三家选购自己满意的产品，由政府指定的单位向生产销售厂商核定购买价格、按规定比例发放补贴。

3. 加强农业农村基础设施建设。加大农业农村基础设施建设投入，促进农业现代化进程。持续改善农村公路、水利设施、电力供应等传统基础设施，进一步推进土地整治、田间地头的交通水利设施建设；大力加强农村互联网建设，促进农业农村信息化进程。建立农业财政投入专款拨付与监督机制，提高资金使用效果。进一步推进政务公开，项目的组织实施过程接受全体村民和上级主管部门的过程监督。

4. 加强农业信息和农业科技服务，鼓励发展新型农产品物流分销模式。尽快建立覆盖乡镇的公益性农业信息网络，从事农业信息的采集、整理、发

布、反馈工作，及时向农民提供客观权威的农业信息，借鉴电子商贸、网上开店、快递送货等新型销售方式，鼓励农产品物流分销模式创新，减少流通环节。鼓励单位和个人建立利润共享、风险分担的产销联盟，通过连锁经营方式建立分销网点。支持农户自产自销，允许农户在居民社区摆摊销售，农贸市场也应为农户短期经营、计时付费提供方便。

5. 扩大农业保险覆盖范围。一方面要加大对农业保险机构的扶持力度，鼓励开展农业保险业务，逐步扩大农业保险的区域范围和农产品品种数量。另一方面要投入财政专项资金来分担一定的农业保费，支持各类农业经营主体开展农业保险，降低灾害损失。

（二）抓好农村基础教育，提升农民素质

1. 切实抓好农村基础教育，确保农村新生代不断提高科学文化素养。推进基础教育改革，在普及初中小学免费义务教育的基础上，全面实行高中阶段的免费教育；改革高考招生办法，引导教学走上促进学生全面发展、增长学习创造能力的正确轨道；改革教育学年制，将中小学 12 年学制缩短到 9～10 年。增加教育投入，切实执行财政支出中教育支出达到 2%的规定；调整教育资源的分配格局，确保农村地区的教育投入更快增长。加强农村中小学基础设施建设，改善教育场地设施，加强对农村留守儿童的关怀和培养，并细致做好辍学儿童的教育工作。

2. 大力开展农民职业技术教育和培训，促进农民生产经营技能现代化。针对当地主要农产品品种，开办免费专业技术培训班，邀请农业专家和生产能手授课，解疑答惑；举办技术培训现场会，由专业技术人员和生产能手演示和讲解，并回答提问；将培训的过程制作成光盘，分发到各村社和有需求的农户，组织农民收看。加强对种养业规模户的技术服务，并建立由农技人员和生产能手组成的乡镇农业科技合作社。制定农技人员访户指导制度，针对每个有劳动力的农户进行现场指导。

3. 加强农村文化建设，促进农民思想观念和生活方式现代化。以新农村建设为契机，加强农村文化设施建设。完善乡镇有线电视网，建立宣传阵地和文化传播渠道；扩展互联网设施，畅通信息传播渠道；完善文化馆功能，发挥先进文化传播的作用。举办“文明家庭”、“勤劳致富带头人”、“科技致富模范”等评选活动，以典型引领社会风尚和行为方式的转变。

(三)加强政策宣传服务,规范土地流转

1. 加强土地流转政策宣传。采取农民喜闻乐见的宣传方式,大力宣传土地流转政策、目的、及操作办法,营造广大农户正确认识、并积极参与土地流转的良好社会氛围。

2. 加强土地流转信息服务。搭建市县两级土地流转信息网络服务平台,及时收集和发布土地流转供需信息,畅通信息渠道。乡镇要建立工作机构,落实场地和专职人员,明确工作职责,保障工作经费,为土地流转提供指导和服务。健全乡村两级服务网络,开辟土地流转供需信息发布专栏,方便农户及时发布和获取信息,促进土地转让。

3. 完善流转机制,规范流转管理。由相关部门牵头制定全市统一的农村土地流转合同格式,确保格式规范、项目完备、约定详尽。建立健全土地流转登记备案、合同管理和鉴证、纠纷调处、档案管理以及土地流转操作程序等规范化管理制度和运作机制,促进土地流转管理工作规范有序进行。

4. 研究制定深化土地改革的相关政策,稳步推进土地承包权市场化。土地流转是过渡性安排,应在完善社会保障制度,推进城镇化、农民市民化的基础上,稳步推进土地承包权市场化,从根本上保障土地使用的长期稳定性。

(四)推进农村金融改革,加大信贷支持

1. 组建专门服务于"三农"的金融机构。为了切实支持农业发展,解决商业银行追求利润最大化、农村资金外流、农业农村农民贷款难问题,借鉴西方发达国家大都设有不以盈利为目的、专门为农民提供贷款的金融机构的经验,建议专设农村金融机构,专门服务于"三农"。为了可考虑把目前的农村信用社改造成为不以盈利为目的、专门为"三农"提供贷款的金融机构,政府给予政策性补贴和扶持。

2. 积极探索金融创新,改良农户贷款抵押担保方式。完善相关法律法规,允许农村承包地、流转合同、房屋、宅基地、农业设施等作为质押进行贷款。适当提高农业贷款的风险容忍度,降低担保标准要求,接受农业协会组织担保、农户互保等担保形式贷款,根据额度适当与偿债能力匹配的原则予以贷款。加快农村征信体系建设,运用合理的方式来评估农户的信用等级,在授信额度内对农户实行简便快捷的贷款。

3. 加强农村金融机构的扶持与管理。针对农业贷款存在的高成本、低收益、高风险问题，通过减免税收、贴息贴费、风险补偿等方式，调动金融机构服务“三农”的积极性。要求农村金融机构以服务“三农”为目标，重视农户小额贷款；加强经营管理，优化贷款手续，提高职工工作效率。鼓励农户监督，促进农村金融机构规范化运作。建立农村金融机构考核机制，将其涉农贷款比例和农户意见纳入考核，作为享受扶持政策的依据。

（五）支持开办家庭农场，作好农户表率

对于家庭农场，要积极促进家庭农场成长，但要稳中求进。要广泛宣传开办经营家庭农场作用和效果、需要具备的资源条件、可能面临的困难和风险，以及鼓励扶持政策。要高度尊重农户的自发意愿与选择，不能劝说或诱导农户开办经营家庭农场。要告诫农户“经营有风险、投资须谨慎”、选项要立足于自己的技术特长和当地的资源优势、经营规模应随着经验积累逐步扩大。针对懂技术、会经营的农户，可从具体项目的盈利可能，规模大小与需要投入的人力、土地和资金，以及可能面临的风险等方面，提供客观的决策参考。

完 成 单 位：国家统计局重庆调查总队
课题组组长：赵　兵
课题组成员：李长春　邬利萍　林忠静
　　　　　　李建国　龙小珉
执　笔　人：李长春

第二十五章　上海土地规模化经营现状和发展路径研究

摘要:改革开放以来,上海在工业化、城市化水平快速提升的同时,积极发展土地规模化经营,探索农民专业合作社、家庭农场等经营模式,有些地区已经形成了成熟的做法和经验,在全国发挥了先行先试的示范效应,取得了一定成效。目前,上海土地流转率达到65.8%,居全国首位。随着土地流转制度逐步规范和土地流转率不断提高,上海土地进一步向规模化经营组织集中,土地规模化经营实现再升级。本文运用上海农村统计年鉴数据,结合具有上海典型特征的松江家庭农场、崇明农民专业合作社的专项调查结果,剖析上海推进土地规模经营的必要性及其背景;对农民专业合作社、家庭农场取得的经济效益、生态效益进行评估;对土地规模化经营不同模式进行适应性分析研究;最后对上海加快推进土地规模经营提出了相关建议。

土地规模化经营是加快构建新型农业经营体系,实现农业现代化的必然要求。随着上海工业化、城市化的不断推进,上海土地流转率已经达到65.8%,居全国首位,并仍在不断扩大。早在21世纪初,上海农民专业合作社、龙头企业等产业化组织开始萌芽,上海农业生产呈现发展适度规模经营、农业组织化程度不断提高,引领着上海农业发展新的方向。

2007年以来,上海开始探索家庭农场规模化经营组织形式,更多的农民从小块土地的束缚中不断解脱出来,家庭农场主的收入媲美白领,家庭农场主成为了一份体面的职业。在2013年中央一号文件的要求下,上海将进一步鼓励和支持承包土地向专业大户、家庭农场、农民专业合作社流转,上海土地规模化经营进入了再升级的新阶段。

一、土地规模经营是农业现代化的必由之路

(一)我国土地规模化经营迫在眉睫

1. 土地规模化经营的制度框架已基本形成。纵观国外农业规模化经营,我国充分具备开展土地规模化经营的条件。从土地产权制度看,我国于1978年实行家庭联产承包责任制,土地归集体所有,但由农户承包经营,农户具有经营权,成为农民比较稳定的生产资料。从政策上看,我国中共中央、国务院在1993年10月、1995年7月、1997年16号文件中都提出了农业生产的适度规模经营的方向。2013年中央一号文件进一步提出发展农业土地规模经营,鼓励和支持承包土地向专业大户、家庭农场、农民合作社流转。从土地流转看,目前我国《农村土地承包法》规定的农村土地承包经营权流转方式丰富多样,在各地实践中已被证明是非常有效的方式,主要包括转包、转让、出租、互换、入股、抵押、继承等七种,为农民在土地承包经营权流转时提供了多种选择。

2. 规模化经营是农业生产经营者增收的重要途径。我国耕地资源总量丰富,耕地面积占世界总量的8%左右,排世界第4,仅次于美国、印度和俄罗斯;但因我国人口众多,排世界第一,其中农业人口也排世界第一,占世界农业人口的30%多,造成了人均耕地面积和劳均耕地面积的贫瘠。2012年,我国人均粮田面积仅为1.35亩,不到美国的1/4;劳均耕地面积为6亩,不到美国的1/100(见表1)。目前我国已经有600多个市县的人均耕地在联合国确定的人均耕地0.8亩的警戒线以下。劳均耕地较少,直接造成农业生产经营者收入较低。从收入数据看,农村家庭收入中,从根本上提高农业生产经营者收入的重要途径。

3. 农业生产现代化水平提高的根本途径。机械化水平的提高可以减少人力成本的投入量,降低生产成本,提高农业综合生产能力,使更多的农村劳动力从土地中解放出来。我国粮食生产机械化水平较低,2012年每千亩粮田拖拉机使用量1.85台、联合收割机使用量0.39台。其中,拖拉机使用量仅相当于日本的0.06%;联合收割机使用量相当于日本的0.03%。我国农业生产组织化水平也较低,与发达国家农场经营、企业经营相比,仍旧以传统散户经营为主,人工耕作普遍。机械化水平低,组织化水平不高,根本原因是我国土地经营分散,户均面积小,制约了农业生产的现代化发展。

表1　2012年我国与世界主要大国土地经营规模分组比较

国　　家	人均粮田(亩)	劳均粮田(亩)
中国	1.35	6.00
发达国家	6.05	637.50
#美国	8.72	934.50
日本	0.45	37.50
中高收入国家	4.42	87.00
#巴西	4.74	72.00
中低收入国家	2.07	8.55
#印度	2.85	9.00

(二)上海加快推进土地规模化经营任务紧迫

上海在国家政策的指导下,立足本地经济、社会、制度等背景,通过土地规模经营,在加快发展现代农业、推动农村经济发展、提高农民生活水平等方面进行了积极探索,取得了明显成效。

1. 进一步提升经济发展质量的必然要求

据统计,2013年上海市生产总值21602亿元,其中农业生产总值129.28亿元,占比为0.6%。上海市农业生产虽然比重低,但面临在全国率先实现农业现代化等新课题、新任务。因此加快推进土地规模化经营显得尤为迫切。

土地流转率居全国首位。近年来上海土地流转速度明显加快,为土地规模经营的发展创造了成熟、优越的条件。2013年底,上海农村承包地流转面积118.8万亩,年均流转价格为907元/亩,流转率65.8%,比2012年提高5.7个百分点,位居全国首位,超过全国平均流转率26.0%近40个百分点。流转土地用于粮食、蔬菜种植为主。流入方以农民合作社、农户个人和农业企业为主,2013年,流入面积分别为34.8万亩、28.8万亩和13.5万亩,分别占流转总面积的33.0%、27.4%和12.8%。流入家庭农场的面积为12.5万亩,主要在松江、金山等区,占流转面积的11.9%。土地流转让抛荒的土地重新被有效利用,既保护了耕地,又保障了土地产出。

农业生产机械化水平亟需提高。上海机械化水平近年来不断提高。2013年,上海农业机械总动力为115.84万千瓦,比上年提高2.8%。但上海户均耕地较小,小块、零散的土地难以有效推进农业生产机械化,尤其是大型高效的农用机械难以进入小块耕地进行机械化操作。2012 年上海每公顷耕地占有农业机械总动力为 4.62 千瓦/公顷，仅为全国水平的一半左右，在华东地区位居后列(见表 2)，土地规模化经营是提高农业生产机械化的重要前提。

表 2 2012 年部分发达省市每公顷耕地占有机械总动力情况

省 市	农用机械总动力（万千瓦）	耕地面积（千公顷）	每公顷耕地占有农业机械总动力（千瓦/公顷）
全 国	102559.0	121715.9	8.4
上 海	112.7	244.0	4.6
北 京	241.1	231.7	10.4
天 津	568.1	441.1	12.9
浙 江	2489.4	1920.9	13.0
江 苏	4214.6	4763.8	8.9

农业品牌化发展趋势日益凸显。农业品牌化是现代农业的内在要求，也是驱动农业转型升级的重要力量。农产品是质量隐蔽性很强的商品，随着生活水平的提高，消费者对农产品质量安全日益关注，农产品品牌意识越来越强，越来越多地倾向于选择有质量保证的品牌农产品进行消费。2013 年底，上海共认证无公害农产品 4557 个，绿色食品 215 个，有机食品 25 个。农产品品牌建设的需要积极促进了农业规模化经营的发展。

2. 深化推进城乡发展一体化的必然要求

农村劳动力基本实现向二、三产业转移。20 世纪 80 年代以来的城市改革与开放，二、三产业的发展为农村剩余劳动力找到了出路。农村从业人员中从事农业的人数从 2000 年的 80 多万下降到 2013 年的 40 多万，占农村从业人员的比重也从 33.1%下降到 23.9%，远远低于全国的 51%水平。据第二次农业普查，2006 年末，上海以农业收入为主的户为 11.91 万户，仅占登记总户数的 8.9%。不仅远远低于全国平均水平的 51.7%，在江浙沪发达地区亦处于领先地位，上海农村家庭的非农现象明显(见表 3)。

工资性收入已成为农民家庭收入的主要构成。农业生产获得的收入占农民家庭收入的比重逐年降低，农村居民家庭收入更多地依赖于工资收入、转移性及财产性收入。1996 年家庭联产承包进行了延包，上海农村居民家庭人均纯收入为 5596 元。其中，家庭经营纯收入为 1278 元，占 22.8%。到 2013 年，上海农村居民家庭人均可支配收入 19208 元。其中，家庭经营纯收入 920 元，占 4.8%。工资性收入 12378 元，占家庭人均可支配收入的 64.4%。工资性收入让大量农村劳动力减少了对土地的依赖性，从土地中解放出来，减少了地多人少的矛盾，为土地流转提供可能，促进土地规模经营。

表 3　2006 年部分发达省市农业生产经营户情况

省　市	第二次农普登记户（万户）	农业生产经营户（万户）	以农业收入为主的户占农业生产经营户比重（%）	以农业收入为主的户占登记户比重（%）
全　国	22592	20016	58.4	51.7
上　海	134.17	64.04	18.6	8.9
北　京	154.09	61.91	35.7	14.3
天　津	118.21	81.4	41.4	28.5
浙　江	908.94	608.96	31.5	21.1
江　苏	1445.4	1237.83	36.0	30.8

身份农民积极向职业农民转变。随着经济的不断发展，原有二元化户籍管理制度的弊病日益显现。2000 年，上海推出户籍制度改革政策，取消了农业户口和非农业户口的二元户口性质划分，农村新生儿出生一律为非农户口，农业户口成为一个存量，身份农民逐渐萎缩。2013 年，上海农业户口已减少为 142.76 万人，比 2000 年减少了 192.71 万人，占上海户籍人口的 10%，比 2000 年下降了 15.4 个百分点。2014 年 7 月国务院出台"关于进一步推进户籍制度改革的意见"，明确"取消农业户口与非农业户口性质区分"。农民将不再是种身份，更是一种职业。如何让职业农民有体面的收入，过上体面的生活，都需要积极依赖土地规模化经营。

户均耕地规模远低于全国平均水平。上海全市土地面积 6340.5 平方公里，是一个国际型大都市，城市化率较高，耕地面积较少，不到全国总耕地面积的 0.2%。2013 年底，上海农村集体用地面积 272.2 万亩，家庭承包农户 64.5 万户，户均承包地面积 2.8 亩。其中，浦东新区户均承包面积最小，仅为 1.9 亩，户均耕地面积最大的崇明县也仅为 3.4 亩，远低于全国 2012 年户均耕地 7.6 亩的平均水平。

3. 土地规模化经营制度保障基本形成

社会保障制度日益完善。2011 年 1 月 11 日，上海发布《上海市新型农村社会养老保险实施意见》规定，在沪年满年满 16 周岁（不含在校学生）、未参加城镇职工基本养老保险或小城镇社会保险的农村居民，可以在户籍地自愿参加新农保。相较于过去的老农保主要由农民自己缴费，新农保最大的特点是采取个人缴费、集体补助和政府补贴三个筹资渠道，减轻了农民参与农村养老保险的负担，提高了农民参保率。另外，新农保在支付结构上分基础养老金和个人账户养老金两部分，基础养老金由国家财政全部保证支付，农民60岁以后都能享受到国家普惠式的养老金。同时，上海还将全面推进小城镇保险制度，完善农村合作医疗保障制度，逐步提高对大病、重病统筹基金的补贴标准。上海农民的社会保障程度较以前有较大提高，促进了农民流转土地的意愿，推进了土地规模经营进程。

城乡发展一体化稳步推进。上海中心城区扩张很快，到目前为止，中心城区面积比建国初期扩大了6倍。2000年，上海实行“三个集中”，即农业向规模集中经营集中，农民居住向城镇集中，工业向园区集中，推进了城镇化发展。“十二五”以来，上海着力推动城乡发展一体化，积极构建城乡发展一体化新格局，加强公益设施和基础设施建设，加强公共资源配置，有效推动农民集中居住。农民集中居住让大片的土地得到复耕，腾出了更多的耕地，土地征用也让联产承包到户的小块、零散土地重新合整为连片、规模土地。

土地流转政策不断规范。上海积极规范土地流转，2012年，市委农办、市农委连续出台了《关于切实加强土地流转管理工作的通知》(沪农委〔2012〕8号)等政策文件。2009年建立了土地流转市级平台，并在乡镇建立“农村土地流转服务中心”。2013年，上海9个郊区县共建成74家“农村土地流转服务中心”，实现了涉农乡镇承包地流转管理与服务的全覆盖。通过土地规范有序流转，流转出土地的农户得到一定的流转费用，经营有方的家庭农场、农民专业合作社等农业经营主体及时获得土地，推动了土地规模经营。

二、上海土地规模化经营发展历程和现状

多年来，上海发展了农业专业合作社、国有农场、集体农场、家庭农场、农业龙头企业、农业园区等多种形式的农业规模化经营组织模式，这些规模经营主体对发展上海都市现代农业起到了积极促进作用。截至2013年，上海粮食生产家庭农场1893户，水稻种植面积22.8万亩，占全市水稻经营面积的14.6%。农民专业合作社达3200家，实现销售额近95亿元。农业产

业化龙头企业达 380 家,实现销售额 800 亿元。

(一)农民专业合作社是土地规模经营的主要模式

1. 上海农民专业合作社的发展特点

起步早、发展快。2004 年,上海市出台了《关于加快发展农民专业合作社的若干意见》等系列政策文件,为合作社的发展提供了政策和法律依据。在政府的积极引导与扶持下,上海农民专业合作社从 2003 年底仅有的 23 家迅速发展到 2013 年底的 3200 家。其中,年销售额在 1000 万元以上的合作社有 170 家左右。

覆盖面较广。上海农民专业合作社覆盖了粮食、蔬菜、瓜果、花卉苗木、畜类、禽类、水产、农机、农业旅游等产业。2013 年,种植业合作社个数占合作社总量的 67.4%,农作物总面积 8.27 万公顷;渔业占 12.5%,水产养殖总面积达 1.79 万公顷;畜牧业占 8.1%,畜禽产品产量 26.78 万吨;服务业占 6%;林业占 3.1%,林产品总量为 31.84 万吨。

类型多样化。上海农民专业合作社包括多种类型,"能人+农户模式"是以能人为核心,联络若干专业农户入股,组建合作社,农户依靠合作社接受技术培训,产品信息服务以及解决农产品的销售。"龙头企业+农户模式"是农业龙头企业牵头组建集生产、加工、销售于一体的农业专业合作社。"农业科技人员+农户模式"是乡镇农业科技人员牵头创办合作社,为成员提供产前、产中、产后服务。

已步入提升发展阶段。农民专业合作社自 2007 年确立法律地位后,经过 7 年的努力,政策体系较为完善,发展的重点转向提升。一是引导发展农业专业合作社联社,鼓励发展专业合作、股份合作等多种形式的农业专业合作社;二是引导合作社成员适度做大做强,合作社成员从农户向家庭农场转变;三是完善与农业产业化重点龙头企业的利益联结机制。

2. 农民专业合作社经济效益显著——以崇明为例

崇明县地处上海远郊,是上海农业土地资源最多、分布最集中、农业生态环境优佳的地区。2007 年以来,崇明合作社呈加速增长态势,截至 2013 年底,崇明实际运营的农民专业合作社 618 家(见表 4),比 2007 年增长了 30 倍。2013 年,崇明农业合作社数占全市总数的 19.3%。对崇明农民专业合作社的效益评价主要从经济效益和生态效益两个角度。

表 4　2013 年崇明农民专业合作社生产经营情况

指　　标	单位	2013 年
生产规模		
农作物总播种面积	万亩	23.46
畜禽产品产量	万吨	8.06
水产养殖总面积	万亩	7.93
林产品总产量	万吨	0.18
经营服务		
统一组织销售农产品总值	亿元	8.28
统一组织购买农业生产投入品总值	亿元	0.33
收益分配		
总收入	亿元	10.42
总支出	亿元	8.17
盈余	亿元	2.25

生产和流通成本明显下降。崇明调查队对 200 家农民专业合作社的调查显示，农民专业合作社为社员统一组织购买农业生产投入品、统一组织销售农产品，据估算，农民专业合作社可为成员农户节约 10%～20%的农业生产投入品成本和农产品流通成本，提高 10%～15%的农产品销售价格，最终实现社员收入比同一地区非社员同业农户高出 20%以上。

经济规模大幅增加。2012 年，受访合作社平均实现营业收入 361 万元，比上年增长 25.2%；平均年末资产总额 339 万元，比上年增长 29%；平均可分配盈余总额 46 万元，比上年增长 34.7%。

利润返还收入显著增加。2012 年，受访合作社社均为农户提供收入共 81 万元，比上年增长 29.9%，其中，农户出售农产品收入 42 万元，利润返还收入 5 万元，股份分红收入 6 万元，劳务性收入 23 万元。农户户均所得利润返还收入 1027 元，股份分红收入 1417 元，比上年分别增长 47.7%、13.6%。

3. 农民专业合作社生态效益初显——以崇明为例

近三成合作社是示范社。2012 年，崇明实际运营的合作社中，有 87%的合作社执行了农产品生产质量标准，有 72%建立了农产品质量安全追溯制度，生产开发了各种优质农产品；合作社中被各级部门认定为示范社的比例为 29%，其中崇明县、上海市、国家三级别的示范社之比为 35∶22∶1。

逾三成合作社获产品质量认证。获得产品质量认证的合作社占比为

33%,其中无公害、绿色、有机三级别的认证产品之比为14∶8∶1。

逾两成合作社获县级以上品牌认证。拥有品牌的合作社占比为24%,其中崇明县、上海市、国家三级别的品牌数之比为1∶1∶1。

(二)家庭农场是实现土地适度规模经营的有效方式

1. 上海家庭农场的发展特点

家庭经营,规模适度,一业为主,集约生产。即以农户家庭为经营主体,主要利用家庭劳动力,生产经营规模适度,专业化、标准化、集约化、商品化水平较高,且以农业某一产业生产经营收入为主要收入来源的农业生产经营单位。家庭农场的经营者是本村农户家庭,主要依靠家庭成员从事农业生产活动,除季节性、临时性聘用短期雇工外,一般不常年雇佣外来劳动力从事家庭农场的生产经营活动。

缓解农业生产"后继乏人"的问题。"职业农民"一年两季"农忙"夹着"农闲"的生活方式及可观的农业生产收入,让越来越多的"农二代"放弃城市生活,选择"回乡归野"。从松江家庭农场发展情况看,家庭农场经营者年龄以46～55岁这个年龄段为主体,比面上农业生产经营者的平均年龄年轻5岁。一些"农二代"边种菜、边种田,发展"粮经复合型农业";还有些"农二代"在种田的同时,兼做农机活。相比父辈,"农二代"对新科技、新技术所能带来的劳作改善表现出了强烈兴趣,而"多面手"的角色更为他们赢得了可观收入。

近四成家庭农场规模在100～150亩之间。家庭农场的土地经营规模要与经营者的劳动生产能力相适应,土地经营规模过小达不到规模经营效益,土地经营规模过大则超出了生产能力。现阶段,上海家庭农场的土地规模以150亩以下为宜。2013年,经营面积在150亩以下的家庭农场有1531个,占总量的80.9%,其中,100～150亩的有747个;面积在150亩以上的有362个,占19.1%。

与其他现代农业经营主体实现优势互补。家庭农场、农民专业合作社、农业龙头企业是上海不同的现代农业经营主体,三个主体功能互补,融合发展。市委、市政府要求在发展家庭农场的同时,积极探索"农民专业合作社＋家庭农场"、"农业龙头企业＋家庭农场"、"农业龙头企业＋农民专业合作社＋家庭农场"发展模式。无论哪种模式,发展家庭农场都是基础。按照《农民专业合作社法》,5个以上家庭农场同样可以组建农民专业合作社,大力发展家庭农场能大大提升农民专业合作社发展质量，形成“抱团效应”，农民专业合作社可以为家庭农场解决销售难的问题。比如家庭农场的农产品统一使用合作社品牌，大的单子接过来，需要三五十吨的产品，几个家庭农场就能一起供货，合作社与家庭农场彼此得以实现利益共赢，功能互补，融合发展。

2. 家庭农场经济效益良好——以松江为例

2007 年以来，上海市松江区在高度工业化、城市化背景下，开始探索适度规模的家庭农场经营模式。7 年多来，上海家庭农场在政府的培育扶持下蓬勃发展，从松江区扩展到现在的青浦区、金山区、奉贤区和崇明县，更加规范有序发展。2013 年底，上海共有家庭农场 1893 个。其中，松江区占据主导地位，有 1267 个，占总量的 66.9%。松江区家庭农场基本情况(见表 5)。

表 5　2013 年松江区家庭农场基本情况

指　　标	单位	2013 年
家庭农场个数	个	1267
按经营类别分		
粮食种植	个	1076
机农结合	个	149
种养结合	个	42
按经营面积分		
100 亩以下(不含 100 亩)	个	597
100 亩～150 亩	个	502
150 亩以上(不含 150 亩)	个	168

亩产水平增加。2013 年，松江区水稻规模种植比例达到 90%，亩产水平超过 572 公斤每亩，比 2007 年未推行家庭农场前增产 22 公斤每亩。

劳均耕作面积大幅提高。上海调查总队对松江区 401 户家庭农场的调查显示，受访家庭农场机械化耕作率、播种率、收割率均达到 100%，其中 94%的农场从农机合作社租用大型农机具。农业机械化程度的大幅提升，使农业劳动生产率提高，调查显示，松江区家庭农场劳均耕作面积 55 亩，是全国平均水平的 9.2 倍。

亩均净收益近 900 元。调查显示，平均每户投入 15.29 万元。其中，土地流转费 7.68 万元，占 50.2%；物化费(种子、农药、化肥)3.9 万元，占 25.5%；农机租赁费、雇工费用、其他费用等占 24.3%。平均每户经营总收入 24.76 万元，其中，粮食销售收入 18.13 万元，占 73.2%；补贴收入 6.11

万元，占 24.7%；其他收入 0.52 万元，占 2.1%。平均每户的净收益为 9.47 万元，按照每户农场 108 亩计算，亩均净收益 877 元。

人均收入高于城市人均收入。松江调查队的调查数据显示，2012 年，松江区家庭农场的人均收入高达 42766 元，远高于 2012 年松江区农村人均收入 17769 元和城市人均收入 32800 元，甚至高于全市城市人均收入 40188 元，家庭农场主已经成为有体面收入的工作者。

3. 家庭农场生态效益凸显——以松江为例

秸秆综合利用率比全市高出 5%。松江区家庭农场通过收割机械进行粉碎，使秸秆在土壤中腐烂分解为有机肥，秸秆禁烧得以杜绝，2013 年，松江区秸秆综合利用率达 98.9%，比全市高出 5 个百分点。

耕地优良率比全市高出 7.6%。通过政府积极引导，掠夺性耕作被杜绝，耕地土壤基础地力保持稳定，松江区 2013 年耕地优良率（即前三等地力面积占比）为 92.3%，比全市水平高 7.6 个百分点。

亩均化肥施用量明显减少。家庭农场通过提高肥料使用效率，化肥施用明显减少，近三年来，松江区亩均化肥施用量年均减少 10%以上。

无公害农产品面积比重提高。在减少化肥农药使用量的同时，松江区还鼓励家庭农场发展无公害农业，食品安全保障水平得到提高。2013 年，松江区无公害农产品面积比重达到 56.7%，农田生态环境获得保障。

三、上海土地规模经营模式适应性研究

上海郊区不同区县之间农民非农转移、农业基础和资源条件、农业社会化服务水平、地方财政实力等都存在较大差异。一方面上海家庭农场和农民专业合作社的发展，在全市层面不宜提指标性要求，应以有效的引导激励为主，鼓励各区县、乡镇和村，结合自身实际进行现代农业生产经营方式创新，根据比较优势和细分市场定位，探索多种类型的专业化、规模化经营模式。另一方面政府出台的相关扶持政策应一视同仁，不能因经营组织形式不同而厚此薄彼。

（一）不同经济组织的经营模式适应性

1. 农民专业合作社适合在对农业依赖较高的地区推广

农民专业合作社是同类农产品的生产经营者或同类农业生产经营服务

的提供者、利用者自愿联合、民主管理的互助性经济组织，参与合作社的主体一般是农民，涉及的产业是农业。因此，农民专业合作社更宜在对农业依赖较高的地区推广。一是工业化和城市化发展较慢，农民的收入主要来源于农业，有大量农民从事同类农产品的种植。二是农民对土地的依赖性较强，地区的土地流转率较低，种植大户、家庭农场等其他规模经营主体较少。三是农民的自主权和话语权较弱，亟需相关的经营组织来有效连接“小农户”与“大市场”。

在经营类别上，农民专业合作社适合蔬果类作物的生产经营。对蔬菜、瓜果的经营形式，重点是解决三方面问题：一是科学合理选择符合当地农业规划、提高当地农业生产效益的优良作物品种；二是有可以实现高效高质生产这些农产品的技术；三是能促使这些农产品快速进入市场。这些经济类作物，通过建立农民专业合作社，充分发挥懂技术、懂市场、懂管理的专业带头人作用，把分散的小农户生产的农产品带进市场。从崇明县的实践显示，在绩效排名前 5 的合作社中蔬果类的占了 3 个，前 10 中占了 6 个。一方面，蔬果类在崇明合作社中所占比重最高，达 42%；另一方面，运营绩效好的蔬果类合作社的比重明显高于其在合作社中所占比重，说明蔬果类的合作社也相对于粮食种植、水产养殖等更容易做好做强。

2. 家庭农场适合在经济发达的城市郊区普遍推广

经济发达地区不仅是人均国民生产总值、人均财政收入、农民人均纯收入三项主要经济指标高于全国平均水平，而且其工业、城镇化的速度、土地流转率远高于其它地区。比如长三角、珠三角和京津地区，这些地区基本完成了工业化，城市化率大多达到 70%以上，地方财力强劲，有反哺农业的能力，适合家庭农场普遍推广。一是工业化、城镇化快速推进，农村劳动力就业和人地关系发生重大变化，这是发展家庭农场的基础条件；二是地方财力强劲，反哺农业的能力增强，这是发展家庭农场的经济条件；三是农业机械化程度大幅提升，农业劳动生产率提高，这是发展家庭农场的物质条件；四是构建完善的农业社会化服务体系，能为农业规模经营提供全程服务，这是发展家庭农场的制度条件。

从经营类别看，家庭农场适合粮食等大宗作物的生产经营。截至 2013 年，松江区的 1267 户家庭农场中，有 1076 是粮食种植，占 84.9%。对粮食等大宗作物的生产经营，实践证明适度规模经营与社会化服务相结合的模式比较好，大田的农业生产通过培育一个个适度规模经营的家庭农场，在拥有一定数量农业机械的农机农户的配合下，可以实现农业的规模效应。这种家庭农场可以由一户来经营，对于配套农机具的利用可以由几户来经营操作，这也是未来农业生产经营的一种形式。

（二）各种模式合作、资源共享更能发挥规模效应

家庭农场和农民专业合作社都是新型的农业规模经营主体，两者也都具有弱质性，合作社与家庭农场合作可以取长补短，资料显示，美国平均每6个农场主中就有5个利用合作社获取各种必要的物资供应、农产品运销和加工以及其他服务。

1. 农民专业合作社为家庭农场提供社会化服务。家庭农场拥有一定的适度经营规模，急需市场提供各种社会服务。农民专业合作社作为新型农业社会化服务体系的重要主体，可以为家庭农场提供资金服务、信息服务、农业技术服务、农业生产资料和农产品的供销服务、农副产品的初加工和深加工服务等全方位的社会化服务，增强家庭农场的技术风险、自然风险和市场风险防范能力。

2. 家庭农场促进农民专业合作社企业化。从经营环节看，有家庭农场参与的合作社的业务多元化进程会加速。在供销环节，合作社将农产品汇集起来，然后分级、清洗、分类、包装、储藏、销售。合作社会将家庭农场生产的农产品销售给加工厂，或者开展进出口贸易，或者对农产品进行深加工。从组织规模看，单个合作社的社员数增加，合作社与家庭农场等经济主体建立合作企业，向公司化、跨区域化发展。从演进趋势看，合作社的所有权和经营权出现分离，出资组建合作社的成员是股东，聘用经理阶层负责合作社的运营和管理，保证合作社扮演好真正的法人角色。

四、推进土地规模化经营的建议

（一）完善土地产权制度，推进确权登记工作

在土地规模化经营进程中，美国、法国、日本和中国的台湾地区的土地制度改革首先从确立农地产权开始，确立了“耕者有其田”和以自耕形态为主的农业生产形式。土地承包经营权和宅基地使用权是法律赋予农户的用益物权，明晰的土地产权和稳定的土地承包权是土地使用权流转的基础，只有把承包关系稳定下来，土地流转才能有更多空间，从而促进土地规模化经

营。2011 年开始，上海根据农业部的要求，在金山、奉贤两个区试点推进农村土地承包经营权确权登记工作。我们要加快推进农村土地确权、登记、颁证，依法保障农民的土地承包经营权、宅基地使用权。

（二）健全土地流转相关法律法规，有法可依

我国现有《农村土地承包法》、《农村土地承包经营权流转管理办法》、《物权法》等法律法规对土地流转做出了原则性规定，但有关土地承包经营权流转的配套法律法规仍不完善，对具体程序和要求还没有细化。因此，应借鉴英国、德国、法国等《农业法》、《田亩重整法》、《农业指导法》、《农业指导补充法》等现代法律，加大我国土地流转立法工作，通过法律保证农地流转不会造成耕地减少，维护国家粮食安全，明确土地流转中各方权利，规范土地经营权交易市场，保证交易过程的公平公正，防止土地兼并等，使农地流转真正有法可依。

（三）强化政策支持，促进土地流转和扩大土地规模经营

土地流转形式的多样有利于盘活农地资源、提高农地利用效率以适应农业结构调整。据近期对 2500 户农民家庭开展的专项调查显示，农民土地流转的意愿率为 85.8%，高于目前实际土地流转率 20 个百分点，土地流转有更大空间。对于目前 34.2%尚未流转的土地，要着眼于提高农民土地流转的积极性，修改和完善农村土地承包经营权流转补贴政策，提高土地流转及生态保护补贴标准，需要进一步完善土地流转服务平台，在全市逐步建立规范有序、信息快捷、网络健全、公平合理的农村土地流转公开交易市场，让更多的土地向规模经营户集中，提高农业生产经营的规模化。同时西方发达国家政府利用政策和经济等手段促进土地集中和农业规模经营，达到了非常好的效果。政府应该加强统筹谋划，利用政策和经济手段，鼓励合作社、家庭农场的健康发展。

（四）多渠道保障，弱化农地社会保障功能

如何妥善安置离土农民成为土地流转过程中急需解决的问题。发达国家在这方面有明确细致的规定，如英国给予失地农场主补助金、终身年金等，补偿标准也有明确的规定。在一定程度上，我们农村土地还存在社会保障的功能，更要做好离土、失土农民的保障工作，不断完善社会保障体系，提高养老和医疗水平，降低农民对土地的依赖。同时，规划好产业布局，保障就业岗位。完善相关政策，通过多种方式和途径鼓励失地农民自主创业，以创业带动就业，多方位多渠道扩展他们的就业渠道。从多种渠道，弱化农地社会保障功能，切实保障离土、失土农民利益。加大对规模经营主体的财政扶持政策，除国家出台的扶持政策以外，区、镇财政要对家庭农场、农民专业合作社出台配套政策予以扶持，如对生产进行补贴、对基础设施建设设立专项补贴、对购买农机具实行补贴等等，为农业规模经营户解决后顾之忧。

（五）加强培训，提高规模经营者综合素质

为推进土地规模化经营进程，按照专业化、集约化、规模化的现代农业生产经营要求，对农业规模生产经营者进行培训，在田间地头开设课堂，从耕作、播种，到灌溉、施肥等田间管理，每个环节设专人指导，降低劳动误差，提高劳作效率。通过农业生产技能、实训技术、农业政策等方面的培训，提高农业规模生产经营者的综合素质。

（六）构建完善的农业社会化服务体系

应该围绕规模经营主体的生产服务需求，充实完善农业社会化服务体系，形成产前、产中、产后依托社会化服务体系的生产经营格局。一是完善农村信贷保险体系，目前家庭农场和合作社的投资资金基本靠自筹，部分靠民间借贷，建议采取政府支持、政策引导、商业运作的方式发展农业保险担保服务。二是完善农技服务，包括向家庭农场提供种子技术、植保技术、栽培技术、气象信息等，为合作社的发展成立专门的咨询服务中心和指导机构，配备农技推广人员，提供及时高效的服务。三是完善法律援助，比如遇到土地、劳资、分红纠纷时，家庭农场和合作社成员能及时得到帮助。

完 成 单 位：国家统计局上海调查总队
课题组组长：熊　玲　冯瑶钧
课题组成员：熊　玲　冯瑶钧　金佳颖　聂钦宗
执　笔　人：金佳颖　聂钦宗

第二十六章　安徽农村土地流转现状、趋向及政策建议

摘要：本文从安徽农村土地流转的现状入手，采取问卷调查、实地调研等方式，分析安徽农村土地（指农户承包耕地）经营权流转的基本特征，把握安徽农村土地流转的发展趋向和效益，探索阻碍农村土地有序流转的若干因素，最后提出政策建议。调查结果显示，安徽农村土地流转的进程、形式、主体及农民意愿方面出现了一些新的特征，"经济价值型"土地流转渐成主流，流转效益逐步显现，但阻碍流转的因素依然较多。本文研究结论认为，农村土地能否有序流转，产权明晰固然重要，但根子不在产权制度本身，而在于如何促进农民数量的实质性减少。推动安徽农村土地有序流转，关键在于平衡好农业新型经营主体的土地需求与退出农民的土地供给之间的关系，创新城镇化发展、农村公共服务等方面的体制机制，促进农民群体加速分化，从统筹城乡协调发展的高度，才能更好地解决当前出现的一系列土地流转难题。当前，应重点从加快农民市民化进程、加强农村公共服务体系建设、创新土地流转的体制机制、培育新型职业农民和农业经营主体等方面推进改革，促进农村土地流转朝纵深发展。

土地是人类赖以生存的基础，也是农村、农业、农民问题的根本。作为农业大省，安徽人均耕地少，户均土地经营规模小，人地矛盾仍较为突出，土地制度改革一直是安徽农村改革的核心内容。随着工业化、城镇化推进和农村人口持续转移，安徽农村土地承包经营权加快流转，土地集中规模经营趋势日益明显。以所有权、承包权、经营权三权分置为主要内容的土地制度改革，正推动安徽新一轮农村改革向纵深发展。

为分析安徽农村土地（指农户承包耕地）经营权流转的基本特征，把握安徽农村土地流转的发展趋向和效益，近日国家统计局安徽调查总队在临泉等 10 个县（区），通过问卷调查和实地调研等方式，对当前安徽农村土地流转问题进行了一次专题调查。调查结果显示，安徽农村土地流转的进程、形

式、主体及农民意愿方面出现了一些新的特征，“经济价值型”土地流转渐成主流，流转效益逐步显现，但阻碍流转的因素依然较多。通过对调查数据及情况的综合分析，农村土地能否有序流转，产权明晰固然重要，但根子不在产权制度本身，而在于如何促进农民数量的实质性减少。推动安徽农村土地有序流转，关键在于平衡好农业新型经营主体的土地需求与退出农民的土地供给之间的关系，创新城镇化发展、农村公共服务等方面的体制机制，促进农民群体加速分化，从统筹城乡协调发展的高度，解决面临的土地流转难题。

一、安徽农村土地流转的基本特征

以家庭联产承包责任制为核心的农村改革，曾激发出农村改革的巨大动力。随着改革不断深入和农业生产力持续提升，土地分配平均化、细碎化的矛盾开始凸显，户均土地经营规模已难以适应生产力发展要求，土地流转应运而生。作为较早开展土地流转制度改革试点的省，安徽农村土地流转已进入一个新的阶段，出现了一些新的特征。

（一）土地流转进程明显加快

从流转总量看，截至今年10月底，全省土地流转面积3161.8万亩，其中耕地2314.4万亩，约占全省耕地总面积的37.6%，比上年底提高5.5个百分点。从发展趋势看，过去5年，全省耕地流转率年均增幅达到37.6%。从转入方流转规模看，零散流转正向集中规模流转转变。调查数据显示，庐江县50亩以下、50～500亩、500～1000亩、1000亩以上的规模土地流转分别占土地流转总面积的18%、46%、23.2%和12.8%。

（二）土地流转形式不断创新

调查发现，目前安徽农村土地流转以出租和转包为主。各地以出租和转包形式进行土地流转的面积约占总面积的80%左右。但股份合作、托管等新的流转形式发展迅速。目前，歙县以入股形式流转的土地已有1287亩。埇桥区灰古镇碾盘村依托种植专业合作社，以股份制流转村民承包地开展合作经营。同时，各地土地流转市场化程度不断提升，流转合同签订率逐步提高。以庐江县为例，2011年前该县土地流转书面合同签订率约50%，目前合同签订率已达90%以上。

(三)集体经济组织在土地流转中作用突出

在一次对长丰、肥西、埇桥、萧县等流转市场发育较好县(区)的农户问卷调查中,当问及"在土地流转合同谈判时最愿和谁谈"时,1053户农户中有827户选择村干部,占总农户数的78.5%。这表明,尽管理论界普遍认为农村土地产权存在虚置与代理人弱化问题,但不可否认的是,农村集体经济组织及其代表(村组干部),对农户土地流转行为仍具有很强的影响力。因此,在现有制度框架下,既要依法保护流转农户权益,也应关注土地集体所有权的保护和实现问题,以激活农村集体组织的功能。

(四)农民群体分化已成为土地流转的根本动力

改革开放以来,随着农民群体不断分化,其身份职业、收入来源和活动空间等方面发生了不同程度的分离。安徽数以百万计的农民沿着产业活动由农业到非农产业,收入来源由农业经营收入到工资性收入,经济活动空间由农村到城镇,身份由农民向市民的路径转换。农民群体分化,已成为农村社会经济结构演进的根本动力。但由于城乡二元体制等制度障碍,农民身份上的转变明显滞后于农民的职业、收入和空间转变,使市民化的农民群体较小、兼业农民群体庞大,也不利于职业农民群体形成。农民群体分化的不彻底,对土地有序流转,乃至农村经济社会转型影响很大。1053户农户调查问卷结果显示,45岁以上年龄组的农户对土地流转的认同度较高,但在土地流转时更倾向于留下部分"养老田"。这说明,在农村日趋老龄化之时,土地对于劳动能力下降、年龄偏大的农民仍具有重要的保障功能。

表1　不同年龄组农户的土地流转情况及对土地流转态度

年　龄	土地流转情况%			对土地流转的态度%		
	全部流转	部分流转	未流转	赞同	无所谓	反对
45岁以下	61.1	34.0	4.9	57.4	28.3	14.3
45岁以上	54.7	41.4	3.8	65.7	20.3	14.0

总的来看,安徽农村土地流转正向纵深发展,农民的群体分化、市场机制的深入将对农村土地流转,乃至农村经济社会结构调整产生重要的趋势性影响。

二、客观把握农村土地流转的发展趋向和效益变化

农民与土地有着天然的联系，农村土地承包经营权的流转，与其说是地的问题，不如说是人的问题。土地资源的配置，既有经济的功能性因素，又有社会的伦理性因素；体现了我国在农村改革发展中对公平和效率的双重追求。如果说土地转入更多基于对土地经济价值的考量，那么土地转出则往往是农户在土地的经济和社会二重性基础上，做出的理性选择。因此，分析土地流转的趋向和效益，应从经济与社会两个维度、宏观与微观两个层面展开。

（一）“经济价值型”土地流转将成为主流

产权制度是经济运行的基础，不同的产权制度有着不同的组织、技术和效率。当前理论界普遍认为，产权不明晰是我国农村土地配置效率不高的一个重要原因。但产权不是绝对的。调查中发现，由于产权的复杂性，农民对土地产权的理解和认识具有显著的层次性特征。相对来说，土地流转的空间越往外部扩展，产权的界定难度就越突出；在村民组内部进行土地流转，很少发生产权界定难题，因产权问题导致的纠纷也比较少。这说明，紧密的社会联系和血缘关系仍在土地流转活动中发挥着降低交易成本，减少交易摩擦的作用。事实上，目前安徽农村的土地流转仍有相当部分是在亲戚、朋友或村集体内部展开的。在当前阶段，“社会关系型”土地流转，对于促进土地集中仍具有积极意义。但从长期看，经济价值型的土地流转将成为主流。对农户的调查问卷显示，如果流转给亲戚，农户平均预期租金为每亩 437 元；如果流转给村里其他人，农户平均预期租金为每亩 579 元；如果流转给村外的人，则农户的预期租金可能更高。这一现象与费孝通提出的“差序格局理论”是吻合的。随着农村市场机制的不断深入，土地流转空间将不断扩展，农户基于经济利益考虑，越来越倾向于“经济价值型”土地流转。“社会关系型”土地流转将逐步让位于“经济价值型”土地流转。

（二）土地流转的微观效益正逐步显现

随着农村土地流转的加速，农村经济出现诸多积极变化。主要表现在兼业农民逐步减少、土地适度规模经营效率提升和农民收入结构优化等几

个方面。对农户的问卷调查显示，1053户农户中仍以农业收入为主的有384户；以工资性收入和非农经营收入为主的有786户，占到全部农户的74.6%。从土地流转前后经济状况变化看，1010户土地流转农户中，有545户认为土地流转后经济状况得到改善；当问及改善原因时，有372户认为是土地流转后可专心外出打工获得更多收入。土地流转正是通过促进分工，在不断优化土地资源配置的同时，促进农民收入的增长。

（三）土地流转的宏观效益变化值得关注

宏观效益变化遵循集体行动的逻辑，既可能产生正效益，也可能产生负效益。土地流转作为优化农村经济结构的动力之一，对农村改革发展无疑具有积极意义。但在土地流转进程中可能产生的农村社会稳定、耕地“非农化”和规模经营风险等诸多问题，也需要密切关注。从流转前后的种植结构看，流转前土地种植粮食为主，流转后粮食种植占比出现不同程度下降。从流转前后土地产出和效益看，1010户中有187户农民认为流转后土地亩均产量高于流转前，223户农民认为流转后亩均收益高于流转前。应该说，土地规模经营优势较为突出。但从宏观角度看，也应避免“规模不经济”、规模效益增加但比较效益下滑，或集中后土地产出率不升反降等问题的出现。

三、阻碍农村土地经营权有序流转的因素

产权明晰固然是一个重要条件。但推进农村土地流转和适度规模经营，根子不在采用何种产权制度，而在农民数量的实质性减少。没有农民群体的分化和职业农民群体生成，土地流转就会面临很多困扰。引导农村土地经营权有序流转，就是要保持农业新型经营主体（家庭农场等）的土地需求与农民退出释放的土地供给基本同步。但从现实情况看，当前安徽土地流转仍面临一些阻碍因素。

（一）农民工市民化进展缓慢，农村人口迁移受阻

新生代农民工群体的形成，为促进农村人口结构加快转型带来了难得机遇。新生代农民工情感上对土地的情结不深，经济上对土地的依赖较少，文化上与农村的距离较远。这些特点决定着新生代农民工由生存型迁移向发展型迁移，由个体型迁移向家庭型迁移，由城乡双向流动的“候鸟型”迁移

向乡—城单向流动的“留鸟型”迁移的特征十分明显。但城乡二元体制背景下，农民工永久性迁移面临着就业、住房、社会保障、随迁子女教育等诸多政策障碍和难题；即使在城市居留也面临较高的生产生活成本。农民市民化既要综合考虑生活、子女教育抚养、住房、各种政策性缴费等显性和直接成本，又要权衡社会认同、失业风险、退出农村的机会成本等隐形和间接成本。城市落户成本高，导致农村人口迁移受阻，造就了规模庞大的兼业农民队伍，对农村土地有序流转产生了较大影响。

（二）农村公共服务事业发展滞后，社会保障体系不健全

调研中发现，与新生代农民工渴望融入城市不同，第一代农民工和传统农民更愿意留守农村。当前，安徽农村正加快进入老龄化社会，养老问题成为大龄农民群体面临的首要难题。这一群体既难以追随子女实现市民化，又很难成长为职业农民，土地就成为这一群体的首要保障和几乎唯一的就业空间。全国第二次农业普查数据显示，2006 年全国农村 50 岁以上农民总量 2.03 亿人，安徽作为农业大省，50 岁以上农民总量也有 1099 万人。解决以亿万计农村老龄化人口的养老问题，无疑是个沉重负担。在当前广覆盖、低标准农村社会保障体系条件下，除少数可以完全依靠子女养老的大龄农民外，仅仅依靠土地流转收入和有限的转移支付，显然难以解决这一群体的生存问题。因此，从当前和今后一段时期看，大龄农民在土地流转时保留 1～2 块土壤最为肥沃的土地以备养老之需，也是一种理性的选择。

（三）土地细碎化和“插花养老田”导致互换并地难题

调研发现，由于土地细碎化问题的存在，农民保留的养老田，同时也是“插花田”；这对集中连片开展土地流转带了很大的困扰。但由于基层组织在土地互换调整中的权利空间模糊，村集体经济组织及其代理人在互换并地中难以有所作为。即使一些地方存在互换并地的成功案例，村集体及其代理人也是考虑社会关系，从中做个中间人角色。

（四）农村农业领域就业空间不足

除迁移受阻、农村养老、土地调整等方面的困扰外，就业渠道狭窄，就业途径偏少也是影响土地有序流转的一个重要因素。农民本地非农就业机会不多，工资性收入偏低，对农民收入的预期影响较大。调查发现，非农就业

机会越少，农民的“恋土情结”就越浓厚。

四、“减人、托底、增效”——促进农村土地流转的建议

推进农村土地健康有序流转，关键在于减少农民、保障农民和创新土地流转制度。

（一）破除城乡二元体制障碍，加快推进农民工市民化

一是逐步将农民工纳入城镇社会保障体系。通过体制机制创新，解决农民工参保预期不佳、缴费能力不足和政府责任缺失、制度平台不统一等问题，降低农民工融入城市的社会保障成本。

二是完善农民市民化多元化成本分担机制。开展农民市民化工作试点，探索建立政府主导，政府、企业、个人共同承担，市场机制运作为特征的农民市民化成本分担机制。提升企业吸纳农民工正规就业的能力，采取发放房租等直接补贴方式，改善农民市民化预期。

三是推进农民工城镇就业体系建设。大力发展中小城市和中小企业，优化城市体系和产业结构，扩大农民工就业空间，不断改善农民工就业环境，加大对农民工的职业教育和技能培训上的投入，提升农民工的整体素质和人力资源水平。

（二）加快农村公共服务体系建设，创新农村养老体制机制

在减少农民的同时，托住农村社会保障底线。重点解决好农村老龄人口养老问题，解决其后顾之忧。加大社会化养老体系建设，促进政府养老、家庭养老、社会养老协同发展机制。加强农村医疗等公共服务体系建设力度，大力建设公益性服务机。通过向社会购买公共服务等方式，一方面为农民提供基础公共服务，另一方面也可创造更多适合农民的就业机会，搞活农村公共服务体系。

（三）完善土地流转法律法规，大力培育新型职业农民

坚持从实际出发，创新农村土地资源优化配置的体制机制，提升土地资源配置效率。继续做好农村土地承包经营权确权发证工作；用制度规范土地流转工作。厘清农民集体、农户和土地转入方在土地流转中的权利义务

关系，稳步推进土地经营权抵押、担保试点，研究制定统一规范的实施办法，探索建立抵押资产处置机制。建立分级、高效、规范的农村土地流转市场体系。同时，要大力培育职业农民，扶持农业新型经营主体发展；用一系列制度安排解除农民集体、农民和土地转入方的后顾之忧，促进土地流转各利益主体互利共赢。

完 成 单 位：国家统计局安徽调查总队
课题负责人：邓德平
课题组成员：邓德平　何　凝　毛方友　张尚豪
执　笔　人：张尚豪

第二十七章　海南农产品电子商务发展状况及对策:基于 SWOT 策略分析

摘要:伴随着信息技术越来越深入广泛地作用于基础产业和商业模式升级换代,掀起一场又一场的"行业革命",近几年我国农产品电子商务呈现井喷式发展。海南是发展农产品电子商务的较佳地域,具有发展特色农产品电子商务的内在要求,近年来农产品电子商务发展态势良好。对海南发展农产品电子商务的 SWOT 策略分析结果表明,优势体现在顺政策、享资源、聚民意;劣势为政策面不完善、配套落实不足,物流和农业产业化水平制约,电子商务的基础仍很薄弱;机会体现在国际旅游岛上升为国家战略,海南与淘宝达成战略合作,特色农产品需求量日益增加,国家提供资金支持;威胁主要来自国内威胁和国外威胁。下阶段,海南要善用优势把握机会乘势而上,加大政府支持和系统建设,培育岛内新兴涉农电商。善用优势应对挑战勤练内功,善于提高和发挥资源优势,注重品牌宣传扩大影响。要避免劣势把握机会,加强人才培育,大力发展物流配送体系建设,促进海南农产品电子商务加快发展,为农民增收、农村发展提供新途径。

"三农"问题一直是党和国家工作的重点。中央在 1982 年至 1986 年连续五年、2004 年至 2014 年连续十一年发布以农业、农村和农民为主题的中央一号文件,强调了"三农"问题在中国社会主义现代化建设时期"重中之重"的地位。解决好"三农"问题的实质,是要解决农民增收、农业增长、农村稳定的问题。当前,网络迅速渗入普通民众生产和生活,正快速而深刻地改变人们的行为和习惯。截至 2014 年 6 月,我国农村网民规模达 1.78 亿,农民"触网"不可避免,发展农产品电子商务成为稳定"三农"工作的重要载体。海南调查总队课题组从电子商务着手,于 2014 年 6 月至 8 月间,调研了省内 10 家农产品电子商务网站,访问了海口、澄迈、定安、屯昌等地 20 户有触网经验的种养殖大户和合作社负责人,试图探索农民经营与电子商务的契合点,寻找农民增收的新途径。

一、海南发展农产品电子商务条件及现状

(一)农产品交易进入电子商务时代

伴随着信息技术越来越深入广泛地作用于基础产业和商业模式升级换代,掀起一场又一场的"行业革命",我国农产品电子商务近几年呈现井喷式发展。2013年阿里平台上经营农产品的卖家数量为39.40万个;农产品的包裹数量达到1.26亿件,增长106.16%;农产品销售额同比增幅达到112.15%。根据阿里巴巴平台的农产品销售数据,2010年到2012年,淘宝网农产品完成销售额分别为37.35亿元、113.66亿元、198.61亿元。由此可见,农产品电子商务的容量迅速扩大。

农产品电子商务作用体现在:一是能够弥补现有农产品生产流通中的不足,体现在缩减流通环节,节约交易成本。改善和扩大市场,一定程度上解决买卖难问题。相互传导,促进农业现代化。二是能够促进县域经济发展和农民增收的内在要求。我国县域版图广阔,人口约占全国的70%,县域经济总量约占我国GDP的50%,对农业的依赖度高。[①] 通过大力发展农产品电子商务,推动农业生产的科学化、专业化,提高农业生产的附加值,能有效达到促进农民增收,促进农村劳动力的技术提升和新就业渠道的拓宽,促进新型城镇化发展,优化农村土地流转。三是能够融合消费拉动和供给共同驱动。随着互联网的普及和支付、物流等配套设施的完善,网络购物已经被消费者广泛接受,消费类目也逐渐向日用品和食品倾斜,消费者作为交易主体,其主导地位日益凸显,在网络购物中拥有绝对的话语权。个性化、绿色健康安全成为了需求的核心价值,也促进了农产品供给向该方向的提升。农产品电子商务产业链的逐步完善,将会使农产品领域的消费拉动和供给驱动两个方面融合为一股合力,达到需求与供给的新平衡。

(二)海南是发展农产品电子商务的较佳地域

1. 海南具有发展特色农产品电子商务的内在要求。海南农产品特色鲜明、辨识度高、吸引力大,非常有利于触网。海南是我国唯一的热带岛屿省份,全年气候宜人,空气质量优良,是我国冬季瓜菜、热带经济作物、热带水

---

① 中国社会科学院工业经济研究所课题组,《中国县域经济推动产业升级实践》,2013年7月

果的重要生产基地。根据农业部下发的农计发〔2014〕1 号《特色农产品区域布局规划(2013～2020 年)》,海南的特色优势农产品有灯笼黄辣椒、葡萄、石榴、枣、龙眼、荔枝、香蕉、椰子、腰果、菠萝、芒果、槟榔、白沙绿茶、咖啡、剑麻、文昌鸡、野山蜂蜜、鲍鱼、珍珠和锯缘青蟹等,其中大多为特色农产品,如椰子、腰果、文昌鸡等,为海南省独有。根据《阿里农产品电子商务白皮书(2013)》,海南在淘宝平台上最畅销的地域生鲜土特产是芒果、椰子和文昌鸡,其他热带水果和灯笼辣椒、腰果、白沙绿茶、福山咖啡等也广受网购用户的喜爱,代表了人们对绿色、健康的向往。

2. 农产品电子商务契合国际旅游岛的内在基因。首先,海南国际旅游岛与 Online 2 Offline(简称 O2O)线上线下农业旅游天然吻合。以食用为主要用途的农产品具有非常明显的体验型产品的特征,可以说一次成功的购买体验胜过千万宣传。O2O 正是根植于这种基本需求,一方面让有过线上成功购买经验的消费者增加对品牌的粘度,另一方面让新顾客通过线下亲身体验加深对线上产品的口碑信赖。而 O2O 模式在产生之初就与旅游产业有天然的亲缘关系,其蕴含的购物体验和乡村旅游基因都与海南国际旅游岛的战略政策完全契合。其次,岛屿的封闭性,激发了岛民对广阔开放的市场渴望。海南岛具有明显的岛屿经济特征,农产品虽独具特色,但规模小,生产较为分散,销售一般采用“经纪人—批发商”的传统模式,物流环节繁复,损耗严重,且很多产品“养在深闺人未识”。农产品电子商务的发展能最大限度地开拓岛外市场,扩大外需;同时深挖本岛居民对高附加值农产品的消费潜力。

3. 海南农产品电子商务发展态势良好。海南农产品电子商务起步较早。2000 年,海南成为全国第一个电子商务试点省,随后开通了海南农垦电子商务交易中心(现为中橡商务网)。根据省农业厅数据,目前,海南电商达到 4000 多家,其中农产品电商 1600 家,每月销售额达三四亿元。2014 年一季度,海南农产品网上销售额达 15 亿元,预计全年销售额达到 60 亿元,其中生鲜产品的贡献最大,呈几十倍增长。① 根据调研结果,海南电商平台主要有 10 家。其中,经营较好的有中橡商务网和海南惠农网。而中橡商务网已发展成为全国最大的天然橡胶交易市场,海南惠农网刚起步,目前仅面向省内用户,海南农产品电子交易渠道,还是以阿里巴巴平台为主。2013 年 12

① 况昌勋．海南农业电商如何跨栏？．海南日报．2014.08.14

月 12 日淘宝网"特色中国—海南馆"正式开馆以来，海南馆入驻商家 540 家，共有粮油生鲜、热带水果、有机瓜菜、零食特产、茶叶冲饮、旅游等六大类目 6000 个品种上网销售。截止到 2014 年 7 月，累计网上成交量上亿元，2014 年连续 2 个月的综合数据排名获得全国第一①。

从全国来看，海南城市和县域网购人数位居全国前列。据阿里巴巴《阿里 2013 中国城市电子商务发展指数报告》②，海南在全国 34 个省、市、自治区（包括台湾、香港、澳门）的电子商务发展中排名第 5；在全国 294 个城市样本的评比中，三亚和海口入选全国电商百佳城市的第 23 名和第 36 名；并获得网购消费者密度最高的 25 个城市的第 18 名和第 15 名。据《2013 年中国县域电子商务发展指数报告》，海南在全国 32 个省、市、自治区（包括台湾，不包括香港、澳门）中，县域电子商务发展指数排名第 14，县域网购指数排名第 9，五指山市位列 2013 中国电子商务发展百佳县第 77 位。

从下图可以看出，海南在 2013 年淘宝网（含天猫）销售的农产品数量较

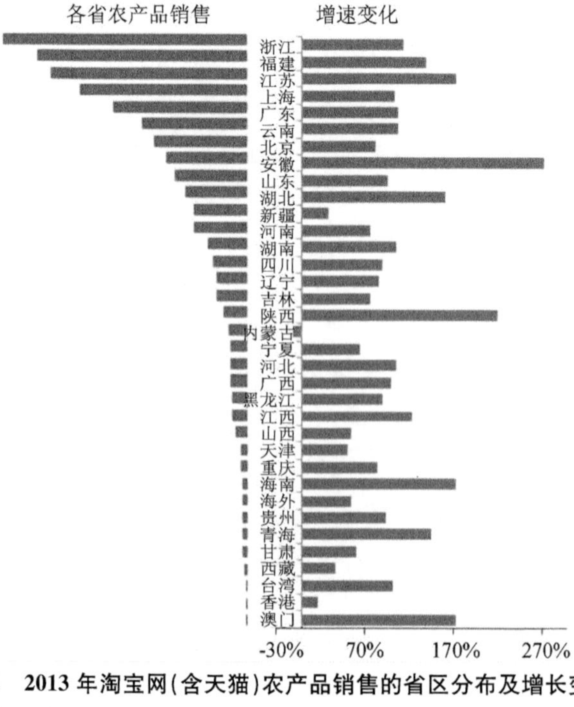

图 1　2013 年淘宝网（含天猫）农产品销售的省区分布及增长变化

① 数据来源于海南省商务厅。

② 盛振中，陈亮，张瑞东 . 2013 年中国城市电子商务发展指数报告[R]. 阿里研究所 . 2014.03:7

为靠后,但是增幅位居全国前 3 名。可以说,规模尚小,但增幅喜人。课题组随机对在电商平台发布供求信息的种植户进行电话访问。受访的 7 户种植户中,有 3 户实现网上成交,成交量占生产量的 3%～10%左右。网上营销的模式,打开了农产品销售新思路,让这些新农民感受到了新市场。

近年来,海南本地化涉农网络综合服务商兴起。海南惠农网是海南实施农产品电子商务示范园区工程、创建全省第一个国家级农村电子商务示范县、破解部分农产品滞销难题的重要平台,该网自 2008 年创建,通过几年的奋斗摸索,依托占地 1513 亩,年产 1.2 万吨蔬菜的高朗洋基地,建立起了全省第一个网络蔬菜直供直销配送中心,已有 2 万多名农户实名注册会员,网上菜篮子智能配送柜已进入海口市、屯昌县 30 多个社区,最热销的品种有豆腐、豆芽、农家土鸡蛋和屯昌土黑猪。目前整个配送中心还处于运营初期,但已获得屯昌县委县政府的大力支持,投资 3000 万元创建"网上菜篮子"便民服务平台。屯昌县将建绿色蔬菜基地 15 个,屯昌黑猪养殖基地 10 个,屯昌阉鸡养殖基地 10 个,淡水养殖基地 10 个,香草鸭养殖基地 5 个,充分满足农产品网上购销、城市社区直供直销的需求,计划 2015 年底实现农民人均增收超过 3000 元。从海南农产品结合电子商务目前的发展情况来看,电子商务打开了农产品销售的新渠道,对提高农产品品质、改善农民经营观念、促进农民增收起到了积极的作用。目前,相关增收数据还没有进行权威统计,但农民对电子商务的接纳和热情,充分显现了这一趋势的巨大空间。

二、海南发展农产品电子商务的 SWOT 策略分析

SWOT 策略分析模型,即态势分析法,是 20 世纪 80 年代初由美国旧金山大学的管理学教授韦里克提出,常用于策略分析和竞争分析等场合。该模型包括分析优势(Strength)、劣势(Weakness)、机会(Opportunity)和威胁(Threats),运用 SWOT 分析法制定策略,可分为 SO 策略、WO 策略、ST 策略和 WT 策略。

表 1　SWOT 策略建议模型

因素	优势 S	劣势 W
机会 O	SO 策略:乘势而上	WO 策略:巧借东风
威胁 T	ST 策略:勤练内功	WT 策略:走完最后一公里

(一)优势(Strength)分析

1. 顺政策。电子商务是国家推进农业发展的方向。近年来,中央出台了多项政策。2012 年底,商务部发布《关于加快推进鲜活农产品流通创新的指导意见》,提出要鼓励利用互联网、物联网等现代信息技术,发展线上线下相结合的鲜活农产品网上批发和网上零售。在 2013 年 11 月 21 日出台《促进电子商务应用的实施意见》,并推出十大措施促进电商发展,其中第二项就是“加强农村和农产品电子商务应用体系建设”。2014 年全国《政府工作报告》中也特别强调要深化流通体制改革,清除妨碍全国统一市场的各种关卡,降低流通成本,促进物流配送、快递业和网络购物发展,充分释放十几亿人口蕴藏的巨大消费潜力。2014 年 1 月,中共中央、国务院印发《关于全面深化农村改革加快推进农业现代化的若干意见》,提出要启动农村流通设施和农产品批发市场信息化提升工程,加快农产品电子商务平台建设。

海南省委省政府在发展鲜活农产品电子商务上也频频出击。2013 年 3 月 1 日,海南省地方标准《农产品(香蕉、辣椒)互联网交易规范》正式颁布实施,成为全国第一个生鲜农产品网上交易地方标准。2013 年 7 月,省委书记罗保铭在省委六届四次全会明确要求,要跟上时代发展的潮流,拓宽眼界和思路,探索发展农业电子商务,增加农民收入。海南省委省政府先后发布了琼发〔2014〕2 号《关于进一步加快发展服务业的若干意见》和琼府〔2014〕10 号《海南省人民政府关于进一步支持小微企业健康发展的实施意见》,提出要“引导小微企业发展电子信息等战略性新兴产业”,“发展信息服务、现代物流等新兴服务业”和“利用电子商务平台推动传统农业生产方式向组织化、集约化的现代农业生产方式转变”等方向。

2. 享资源。一是特色农业资源。发展特色农产品要紧扣资源依托原则,即把握区域独特资源与生态条件,突出区域特色和地方特色,海南在发展特色鲜活农产品电子商务上拥有资源优势。2013 年海南农业增加值 756.47 亿元,对经济增长的贡献率达 19.5%左右。全年新增省级农业龙头企业 28 家,累计达到 203 家;创建省级农民合作示范社 190 家、国家级 68 家,累计达到 9977 家。品牌农业发展成效初显,全省涉农商标达到 3695 件,其中著名商标 80 件,中国驰名商标 8 件。伴随着消费者对食品安全意识的不断提升和对绿色、健康理念的追逐渴望,海南高附加值特色鲜活农产品的市场前景非常乐观。二是信息网络资源。已初步建成了覆盖全省的高速、宽带、大容量的信息基础网络,光缆干线通达所有市县,实施上网工程建设,加大信息网络向乡镇延伸的力度,网络基础设施建设日渐完善。

3. 聚民意。课题组对海南海口、澄迈、定安、屯昌、乐东、琼中、三亚等市县 20 户触网种(养)植大户或合作社的深访结果表明,90%的触网农户对生鲜农产品电子商务充满期望,认为这种崭新的销售模式会打通新的销售渠道,呼吁政府要加快制定电商发展战略,尤其是在冷链物流建设上给予补贴,把海南农产品的优良品质营销出去。通过调研,课题组发现海南生鲜农产品电子商务呈现出草根农民网商、综合性平台服务商井喷式萌芽,低级、中级、高级涉农电子商务平台混合并存的局面。当前,随着互联网的普及,海南农村网民迅速增多,为电子商务提供了坚实的基础。

(二)劣势(Weakness)分析

1. 政策面不完善。政府战略层面缺失:虽然海南省政府密切关注海南涉农电子商务的发展情况,将农业电子商务列入现代农业发展战略,并自 2013 年开始着手电子商务发展规划调研工作,召开了《海南省电子商务发展规划(2014～2018)》,但海南至今未有市县入选国家电子商务示范城市,并且海南电子商务发展规划尚未建立,缺乏对电子商务发展的科学规划与引导,对生鲜农产品电子商务的纵深发展构成战略阻碍。具体执行层面落地不到位:在课题组的调研中发现,一些政策执行不到位,政府投入监管、使用不严,部分农业设施应建未建或建而不用、难用,农民技术培训流于形式,导致不少政策还没有真正发挥作用。

2. 物流和农业产业化水平不高。一是南隅孤岛对物流造成较大障碍。海南位于祖国最南端的亚热带地区,加之跨海大桥迟迟未动工,至今到内地只能靠“轮渡＋铁路”、“轮渡＋公路”和航空运输。同时,对海南热带特色鲜活农产品持较高兴趣的消费者主要来自北方,一南一北更加剧了物流的压力。且海南农产品流通存在组织化程度低、管理落后、经营粗放等问题,制约海南农业发展的转型升级。二是热带水果等特色生鲜农产品具有不易存储、质量不易控制等特征,物流要求更高。同时海南农产品质量标准体系不健全,特别是农产品的质量标准难于统一,难于满足电子商务平台展示的标准化要求。

3. 电子商务的基础不牢固。一是缺乏强有力的龙头组织来推动涉农电子商务发展。根据受访农户提供的信息,课题组对农信网、海南惠农网等省内现有的10家涉农电子商务网站进行了仔细调研，结果发现大部分网站缺乏基本运营，交易功能不健全。惠农网、农博商城等网站虽功能齐备，但整体还处于渠道筹建初期，作用发挥不明显。二是很多农户电子商务观念滞后。据阿里巴巴发布的《2013年中国县域电子商务发展指数报告》，海南县域网商指数排名第26，位于后列。调查中比较直观地感受到农民对触网有很高的热情，但是也有较大的顾虑，主要集中在不会使用、质疑安全性和怀疑实用性上。海口黑皮冬瓜种植户由于此前上农信网发布出售信息后无人联系，因此感觉网络平台不适用于瓜菜这种销售时效性很强的产品；定安展旺瓜菜专业合作社会员认为在5年内，电子商务平台难以有真正起色。三是农产品企业和农户各自为战。目前海南品牌农业的基础仍相对薄弱，特别是品牌企业整体实力不够强，国家级龙头企业数量仅占全国的1.9%。农户各自为政，加剧了整体应对市场信息不对称的阻碍。四是各类专业人才缺乏。一方面，农民普遍种植技术不高、缺乏科学化精细化的种植理念，不利于优质农产品的培育。另一方面，缺少精通网络营销的专业人才和涉农电子商务相关服务产业的专业人员。

表2　海南10家涉农电子商务网站调研结果

序号	网站名称	网址	维护单位	主要功能	存在问题
1	海南农产品流通公共信息服务平台	http://www.hincps.gov.cn/html/qiyb/	省商务厅信息中心	主要发布主要农产品价格、行情、政策等信息，包含海南农产品供求对接系统。	供求对接系统信息更新缓慢。大部分供应信息无法打开。
2	海南惠农网	http://www.hn－hn.net/	海南惠农网科技有限公司	提供农业信息化、农业小额贷款、农村电子商务在线交易的服务。	尚处于前期试点，仅屯昌高朗洋常年蔬菜基地目前有小部分成交记录。
3	中橡商务网	http://www.e－hifarms.com/	中橡电子交易市场有限公司	天然橡胶大宗交易市场。	只限于橡胶的大宗交易。
4	海南农业信息网	http://www.hiagri.gov.cn/sites/MainSite/	省农业厅	主要是农业厅政务信息、政策、公告等。	还只处于农产品电子商务的最初级阶段。
5	海南农产品商城	http://www.hnapmall.com/index.php	网站自营	主营海南特色生鲜农产品，提供在线支付功能。	价格较高，成交记录仅1条。
6	海南农村经营信息网	http://hpsfca.com/	海南省农民专业合作社	只提供供求信息发布。	信息更新较慢，发布信息较少，不提供在线交易功能。

续表

序号	网站名称	网址	维护单位	主要功能	存在问题
7	海南农业价格网	http://nong.hnpi.net/	省物价局信息中心	提供农产品价格行情、动态、政策和供求信息等。	供求信息极少,且只提供信息发布的平台,不提供在线交易。
8	海南农信网	http://www.0898100.com/	网站自营	发布交易信息。	商品信息极少,更新较慢,没有商品价格,不能直接在线交易。
9	中国咖啡商城网	http://coffee58.smehi.cn/	聚金网络科技有限公司	主要售卖咖啡机、磨豆机、咖啡壶等。	很久未更新,没有商品价格介绍,不能直接在线交易。
10	农博商城	http://www.963110. net/index. html	海南省科技厅、农博网科技公司	在线购物、企业品牌推广、农产品供求信息发布,可以实现对农产品种植、溯源管理上的有效监管,支持自助付款购物。	海口市区内满 88 元配送,也可选择自提。商品品种不多,多种商品缺货,肉类、蔬菜等商品价格偏高。

(三)机会(Opportunity)分析

1. 国际旅游岛上升为国家战略。2010 年 1 月 4 日,国务院发布《关于推进海南国际旅游岛建设发展的若干意见》,明确了建设国际旅游岛的六大战略定位,其中之一为国家热带现代农业基地,为海南进行各项实验性改革点亮了绿灯。且海南以海洋大省作为今后发展的重大举措,将极大推进海洋渔业发展的空间。

2. 海南与淘宝达成战略合作。2013 年 12 月,海南省委书记罗保铭会见马云,提出与淘宝加强合作的意向。12 月 12 日,“特色中国—海南馆”正式开馆。通过聚划算汇聚海南之“海南厨房”活动和淘宝网 · 特色中国海南馆,已让海南农业生产者看到了触网的巨大利益。

3. 特色农产品需求增加。2013 年中国(海南)国际热带农产品冬季交易会共签约农产品订单 2234 宗,成交金额 308 亿元,增长 6.0%,创历史新高。2014 年第五届中国海南(屯昌)农民博览会签订订单 120 宗,同比增加 650%;实现订单金额 4.47 亿,同比增加 645%。而两次交易会的最大亮点都是融入了电商模式,对海南特色生鲜农产品起到了很好的推介作用。

4. 国家提供资金支持。海南省澄迈鲁兴农产品冷链物流等 5 个项目共获得 650 万元中央投资支持,主要建设冷库、交易大棚、检验检测和信息发布系统、相关配套设施等,有助于进一步改善海南省农产品流通条件,推进农产品储藏、加工、配送、运输全过程冷链物流，降低流通损耗，实现保质保鲜。

(四)威胁(Threats)分析

1. 国内威胁。海南特色农产品虽具有较大竞争优势，但面临内地农业大省的严峻挑战。尤其是云南、广东、广西等省的水果和反季节瓜菜对海南省农作物具有较强的挤出效应。

2. 国外威胁。越来越发达的物流体系使得泰国等地进口农产品变得触手可及。如果海南不立足个性化营销打造独特概念，将陷入同质化竞争的困境。

三、基于 SWOT 策略的对策建议

课题组深入分析了农产品电子商务 SWOT 模型各项构成要素，把 SO 策略、WO 策略、ST 策略和 WT 策略定义为乘势而上、勤练内功、巧借东风、借势营销策略。

(一)SO 策略:善用优势把握机会——乘势而上

1. 加大政府支持和系统建设。发展农产品电子商务，适逢其时。要尽快建立电子商务发展规划和交易规范，积极制定优惠政策，强化电子商务的科学引导和政策扶植；完善配套体系建设，夯实网络基础设施，积极推进电子商务产业园区建设和农产品电子商务服务业的发展，吸引国内外农产品电子商务配套服务企业入驻，加强电子商务示范。

2. 培育岛内新兴涉农电商。目前海南农产品电子商务还处于初级发展阶段，且主要针对家庭和个人消费，难以带来规模效益。政府应制定阶段性发展战略，细分消费市场，发展 B2B 大宗农产品网上交易模式，推进电子设备模式向传统模式“渗透”，不断提升农产品电子销售的占有率。积极鼓励农民、各类生产组织和涉农企业开展电子商务市场，聚集并整合原有的产业集配中心、销地市场等多级渠道，积极探索推广多样化的电子商务营销模式。

(二)ST 策略:善用优势应对挑战——勤练内功

1. 提高和发挥资源优势。随着电商时代的来临，把互联网优势与海南优质农产品资源优势链接起来，降低交易成本，满足消费者日益提升的品质化生活水平是大趋势。面对国内外的双重威胁，海南应“勤练内功”，一方面

大力推广高附加值农产品的科技种植,从产品质量源头上抢占先机;另一方面要加大对东盟市场的开拓力度,同时加大对岛内市场潜力深挖力度,改变以往重岛外轻岛内的现象,争夺外部市场同时扩大"内需"。

2. 注重品牌宣传扩大影响。海南拥有独特的区位战略优势资源,拥有博鳌亚洲论坛这一亚洲地区及至世界最为活跃、最具品牌价值的国际经济论坛,并逐渐打响了冬交会和农博会的品牌。这都为海南打响优势特色农产品知名度,扩展农产品电子销售的客户群打下良好基础。政府应善用每一次大型对外活动,极力传播海南特色农产品的生鲜故事,使海南绿色、健康、无疫区的形象深入人心;要鼓励精品农业,引导企业找准发力点,变价格战为品质战,努力挖掘农产品的附着价值,使它们变得有故事、有趣味、有品位,从而吸引网络消费者。

(三)WO 策略:避免劣势把握机会——巧借东风

制约海南生鲜农产品电子商务的两大关键难题就是人才瓶颈和冷链物流。

1. 加强人才培育。海南应利用阿里巴巴成熟的营销人才培训手段,同时多方借鉴国内成功的生鲜农产品电子商务模式,依托职专类院校,建立系统化的培训体系。

2. 大力发展物流配送体系建设。物流和冷链建设是海南电子商务的短板。需要大力发展冷链物流、加工配送、直供直销等基础性设施和业态,形成与电子商务相适用的物流配送体系。推广 O2O 线上线下结合的模式,支持线下提货,整合仓储、运输等物流基础设施,完善配送网络建设。

(四)WT 策略:避免劣势应对挑战——走完最后一公里

从调研情况看,政策执行很关键。新供给学派强调服务型政府的有为而治对经济社会发展的关键性作用,落到执行层面无疑就是八个字:"注重细节,殚精竭虑"。措施要接"地气",执行要"落地",结果要讲"实效",加大政策执行的责任追溯和质量监管,切实在政策执行上走完最后一公里。

完 成 单 位:国家统计局海南调查总队
课题组组长:陈运兴
课题组成员:郑　路　杨维善　彭桂洁　陈　震　成　晓　廖忠芳　钱　娇
执　笔　人:彭桂洁　陈　震　成　晓　廖忠芳

参考文献

1. 蔡昉、王德文、都阳.中国农村改革与变迁:30 年的历程和经验分析[M].上海:格致出版社,2008.
2. 陈亮、张瑞东.淘宝村研究微报告 2.0[R].阿里研究所.2013(12).
3. 陈锡文.我国城镇化进程中的“三农”问题[J].国家行政学院学报,2012(6).
4. 丁亮、赵玉、李维.湖北省农民增收的宏观经济因素分析—基于主成分回归模型的分析[J].乡镇经济,2007(11).
5. 丁玉、孔祥智.日本农民增收的经验和启示.世界农业.2014(5).
6. 耿玉春.推进我国农业规模经营发展的外部困扰与化解对策[J].经济纵横,2013(10).
7. 顾吾浩.提升农民专业合作社发展水平 加快农业现代化进程[J].上海农村经济,2013(2).
8. 国家统计局崇明调查队课题组.崇明农民专业合作社的现状和问题、绩效评价与发展思考[J].上海调查课题研究报告集,2013.
9. 国家统计局上海调查总队课题组.上海松江粮食家庭农场模式研究[J].上海调查课题研究报告集,2013.
10. 国家统计局松江调查队课题组.松江粮食家庭农场考核评估研究[J].上海调查课题研究报告集,2013.
11. 郭熙保、白松涛:农业规模化经营——实现“四化”同步的根本出路.光明日报, 2013.2.8.
12. 何德华、韩晓宇、李优柱.生鲜农产品电子商务消费者购买意愿研究[J].西北农林科技大学学报.2014.06.
13. 洪涛.农产品电子商务及其模式创新[J].北京财贸职业学院学刊,2013(12).
14. 洪涛.我国农产品电子商务模式发展研究(上/下)[J].商业经济研究.2014(16、17).

15. 黄砺、谭荣.中国农地产权是有意的制度模糊吗？[J].中国农村观察，2014(6)：2—13.
16. 李刘艳.发达国家农地流转市场建设成效及借鉴.江苏农业科学，2012(2).
17. 李巧莎、吴宇.日本增加农民收入的途径及启示.日本问题研究，2010.4.
18. 刘耀森.1978 年以来中国农村居民收入周期波动研究.经济科学出版社.2013.
19. 刘润幸.利用 SPSS 进行主成分回归分析[J].国公共卫生，2001(8).
20. 刘运彪.规模化生产方式产生的原因及改进建议.中国改革论坛网 2013.11.11.
21. 况昌勋.海南农业电商如何跨栏？海南日报.2014.08.14.
22. 孟勤国：中国农村土地流转问题研究(法律出版社、2009 年)
23. 盛振中，陈亮，张瑞东.2013 年中国县域电子商务发展指数报告[R].阿里研究所.2014
24. 盛振中、陈亮、张瑞东.2013 年中国城市电子商务发展指数报告[R].阿里研究所.2014 .03
25. 孙雷.上海家庭农场的探索与实践[M].上海财经大学出版社.2013(10)
26. 孙志刚、胡飞，李胤珠.云南省农产品电子商务营销渠道模式初探[J].经营管理者.2014.05
27. 陶应虎.农村居民收入区域差异及其影响因素研究—以江苏省为例.清华大学出版社.2009
28. 汤金惠.基于 SWOT 模型的电子商务在农产品贸易中应用的可行性论证——以新疆农产品电子商务为例[J].商业经济.2014.02
29. 童元保.海南农产品电子商务发展现状、问题与对策研究[J].改革与开放.2011.07
30. 王利云.江苏特色农产品电子商务发展的 SWOT 分析[J].现代农业科技.2014.04
31. 王嘉琦.农产品电子商务营销模式探析[J].价格月刊.2014.04
32. 王崇锦.我国农产品电子商务模式研究[D].华中师范大学.2013.04
33. 王力.中国农地规模经营问题研究[M].西南大学博士论文，2012
34. 王勇.家庭农场和农民专业合作社的合作关系问题研究[J].2014(7)
35. 汪海燕等.北京低收入农户增收的政策体系研究.中国农业科学技术出版

社.2013
36. 吴航、黄恒君.农民增收的主成分回归分析[J].中国统计,2005(12).
37. 吴玉刚.电子商务在我国农产品贸易中的应用研究[D].安徽农业大学,2001.
38. 向敏、陈建.重庆农产品电子商务交易模式探索[J].商业时代.2014.02
39. Y.巴泽尔.产权的经济分析[M].上海:上海人民出版社,1997.
40. 杨利娟:农村土地流转存在的问题、原因及对策探析.中国改革论坛.2014.2.22.
41. 叶小芬、郑亚琴.安徽省特色农产品电子商务SWOT分析[J].黑龙江对外经贸,2009.04。
42. 苑金凤、刘琦、王倩、刘爱军.我国农产品电子商务发展特征——以淘宝网为例[J].电子商务.2014.(2).
43. 张飞、许能锐、胡盛红.海南热带农产品的网络营销初探[J].广西热带农业.2006(11).
44. 张丽娟、魏雪涛.嘉兴市农产品电子商务发展现状与建议[J].现代农业科技.2014(5).
45. 张融.海南农产品网络营销的现状和建议[J].商品与质量,2012(1).
46. 张瑞东、陈亮、樊春晖.遂昌模式研究——服务驱动型县域电子商务发展模式[R].阿里研究所,2013(10).
47. 张瑞东、陈亮.阿里农产品电子商务白皮书(2013)[R].阿里研究所,2014.
48. 张文霖.主成分分析在SPSS中的操作应用[J].市场研究,2005(12).
49. 中国电子商务研究中心.~2013年度中国电子商务市场数据监测报告[R],2014(3).
50. 中国电子商务研究中心.2013年度中国电子商务人才状况调查报告[R],2014(4).
51. 中国电子商务研究中心.2014年(上)中国电子商务市场数据监测报告[R],2014(8).
52. 中国互联网络信息中心.2013年中国网络购物市场研究报告[R],2014(4).
53. 中国互联网络信息中心.2013中国农村互联网发展状况调查报告[R],2014(5).
54. 中国农业银行海南省分行课题组,石九生.农业银行服务农业和农村信息化建设实证研究——以海南惠农网为视角[J].海南金融,2013(11).
55. 中国社会科学院工业经济研究所课题组.中国县域经济推动产业升级实践,2013(7).
56. 周灿芳.农民收入增长机制研究—以广东为例.中国农业出版社.2012.